KB016077

토층에 담긴 인천의 시간

유적으로 보는 인천 이야기

인천학연구총서 39

토층에 담긴 인천의 시간

유적으로 보는 인천 이야기

박성우 · 이희인

보고사

땅속 인천 이야기를 시작하며

유적 발굴은 불과 2~30여 년 전만 해도 대학에서 고고학을 공부하는 소수의 전공자나 역사 연구자가 아닌 이들에게는 낯선 분야였다. 광복 이듬 해 국립박물관에서 경주 호우총 조사를 주관하면서 일본인이 독점하던 문화재 발굴을 우리 힘으로 진행하기 시작했지만 어느 날 갑자기 체계적인 조사와 연구가 이루어지기는 어려웠다. 1950년대까지 만해도 고고학 조사와 연구방법을 제대로 배운 사람이 없었기 때문에 일본의 조사 성과를 정리하고 답습하는 정도였다. 우리나라에서 고고학이 대학의 정규 과정이 된 것은 이로부터 십 수 년이 지난 1961년이었다.

그로부터 반세기가 흐른 요즈음 전국적으로 매년 진행되는 유적 발굴이 2~3,000여건을 넘나들게 되었다. 그야말로 뽕나무 밭이 푸른 바다가 되어 버린 셈이다. 뉴스나 신문에서는 새로운 유적과 중요한 유물이 발견되었다는 소식을 심심치 않게 접할 수 있다. 오늘날 고고학이라는 학문과 발굴이 보통 사람들에게도 더 이상 낯설지 않게 되었다.

시간이 가면서 고고학에서 다루는 영역도 점차 넓어지고 있다. 문자 기록이 없거나 빈약한 선사와 고대 중심에서 고려~조선을 거쳐 근대에까지 관심이 미치고 있다. 또한, 기록으로 과거를 연구하는 역사학자들도 땅속에서 드러난 유적과 유물이 담고 있는 정보에 귀를 기울이기 시작했다. 발굴로 드러난 고고학 자료가 역사책에 없는 또 다른 '기록'이 되고 있다는 것이다.

잘 알려져 있지 않지만 인천은 고고학과 유적 조사가 체계화되기 전부터 발굴이 시작된 곳이다. 비록 간단한 조사였지만 고인돌과 도요지, 패총 등 몇몇 유적이 땅속에서 나와 세상의 빛을 보았다. 인천에서 많은 유적·유물이 확인되기 시작한 것은 90년대 말 부터였다. 물론 인천만의 일은 아니고 전국적인 현상이었다. 당시 문화재법 개정으로 일정 면적 이상의 땅을 개발 하려면 지표조사를 거쳐 유적이 발견될 경우 발굴 조사를 해야 했기 때문이었다. 유적을 파괴하는 행위로 인해 유적이 세상에 드러나게 되는 역설적인 상황이지만 그로 인해 교과서의 내용이 바뀔 정도로 많은 유적·유물이 쏟아져 나왔다.

불과 20여 년 전만해도 인천의 역사를 소개하는 책은 보통 '선사시대부터…'라는 말로 시작 하곤 했다. 선사시대는 문자가 없는 시기로 시간의 길이가 수백만 년에 달하는 것을 감안하면 무척이나 막연한 표현이다. 그도 그럴 것이 당시만 해도 인천 지역에서 제대로 선사시대 유적이 발견된 사례는 많지 않았다. 그러나 2000년대 이후 3~4만 년 전 구석기유적부터 청동기시대 집자리와 무덤에 이르기까지 다양한 선사 유적이 발굴되면서 상황은 바뀌었다. 최근에는 시간의 폭이 점차 넓어져 선사시대뿐만 아니라 고대와 중세, 100여 년 전 건물 흔적에 이르기까지 땅속에 묻혀 있던 인천의 시간을 담은 유적이 곳곳에서 드러나고 있다. 바로 이 시간에도 인천 어딘가에서 발굴이 이루어지고 있고 한편으로 그동안의 성과를 바탕으로 연구가 진행 중이다.

문제는 인천에서 벌어진 고고학 조사와 연구 성과를 대중이 접하기 어렵다는 것이다. 인천 역사에 관심이 깊은 사람이라도 전문 용어로 적힌 보고서나 논문을 찾아보는 것은 쉽지 않다. 연구자라 하더라도 고고학을 전공하지 않거나 현장 경험이 없으면 보고서를 이해하는 것이 큰 일이 된다. 우리나라에서 고고학은 학문적 기틀을 마련한지 반세기가 조금 지난, 어쩌면 아직 성장기에 있는 학문이라 할 수 있다. 그래서 학문의 가치나 의미, 성과를 알리는데 익숙하지 않았던 것이 사실이다. 근래 들어 폐쇄적이던 발굴현장을 일반인에게 개방하고 체험 교육도 하면서 대중에게 다가 가려는 노력을 많이 하고 있다. 고고학 연구의 활용과 대중화를 위한 가칭 '대중고고학'이라는 학문적 움직임이 있다는 소식도 들린다. 인천에서도 고고학을 주제로 하는 검단선사박물관이 문을 열어 인천 출토 유적·유물의 의미를 시민들이 쉽게 이해할 수 있도록 전시나 교육을 진행하고 있다.

이 책은 인천을 알고 싶은 사람들에게 지금까지 지역의 고고학적 성과를 가능한 쉽게 전달해보자는 생각에서 출발하였다. 전문적인 내용을 보통 사람의 입장에서 흥미를 느낄 수 있는 이야기로 꾸며 보고자 한 것이다. 그러기 위해 2명의 필진이 전공에 따라 선사와 역사시대로 나누어 그동안 밝혀진 내용을 대중의 눈높이에 맞춰 정리하였다. 선사시대는 일반적인 시대 구분법을 따라 구석기, 신석기, 청동기시대로 나누고 시대별 유적의 현황과 특징을 정리하였다. 역사시대는 삼국~통일신라, 고려, 조선, 근대로 나누어 시기마다 가장 대표적인 주제를 선정하고 이를 중심으로 이야기를 펼쳐보았다. 그러나 "아무리 뛰어난 천재라도 인류의 전체적 경험은 불가능하다."는 프랑스 역사학자의 말처럼 구석기시대부터 근대까지 방대한 자료를 대중의 시각에 맞게 포장 하는 것이 생각한 만큼 쉽지 않았다. 아마도 독자의 눈에는 어렵고 딱딱한 내용도 있을 것으로 생각된다. 시작은 창대했으나 끝은 미약할 수 있다는 말로 독자의 질책을 면해보고자 한다.

흔히들 인천은 역사적 깊이가 없는 도시라고 한다. 하지만 우리가 딛고 서있는 땅 밑에는 기록되지 않은 다양하고 많은 정보가 숨겨져 있다. 역사책은 기록을 했던 사람들이 남기고 싶었던 것만 전하지만, 유적과 유물은 있던 그대로 남겨진 어제의 증거다. 이제 땅 속 인천 이야기를 들어볼 시간이다.

이 책의 선사시대는 박성우가, 역사시대는 이희인이 정리하였으며 각 시대별 유적 현황과 도면은 한국고고인류연구소의 오승렬이 정리 보완하였다. 글을 다듬고 교정해 주신 극단 MIR 레퍼토리의 이한솔 작가와 이 책을 발간할 수 있도록 기회를 주신 인천학연구원의 여러 분께도 감사의 마음을 전한다.

목차

제1장

고고학자, 인천을 발굴하다

1. 발굴, 땅속 인천이 드러나다

우리가 살고 있는 한반도에서 근대적인 유적 조사는 일찌감치 유럽에서 고고학을 배운 일본인의 손으로 처음 시작되었다. 목적은 순수하지 않았지만 한일병합 이전부터 고건축 및 고적 조사가 시작되었다. 1916년부터 5년 동안에는 지역별로 고대부터 고려시대까지 유적을 조사했다. 1920년대에는 평양 일대의 낙랑과 경남일대의 가야, 경주의 신라유적을 중심으로 발굴이 이루어졌다.[1] 평양 토성리 토성과 낙랑 무덤, 김해 양산패총 그리고 금관 출토로 유명한 경주 금관총 등이 당시 조사된 대표적 유적이다. 인천 지역에서는 강화도 고적조사가 이루어졌는데 고인돌, 참성단, 삼랑성, 전등사, 고려 왕릉 등이 대상이었다.[2]

---

1) 이순자, 『일제강점기 고적조사사업 연구』, 숙명여대 박사학위논문, 2007, 21~22쪽 참조.

2) 조선총독부, 『대정오년도 고적조사보고』, 1916, 218~260쪽.

오늘날 행정구역을 기준으로 인천에서 처음 발굴이 이루어진 것도 이 때였다. 1916년 조선총독부 고적조사단이 강화 하도리 고인돌을 발굴했다.[3] 강화도는 한반도 중부 지역에서 고인돌이 가장 많은 곳으로 약 150기가 분포한다. 이후 인천 내륙 지역에서도 발굴이 진행되었는데 이때도 고인돌이 대상이 되었다. 1927년에 문학산 일대의 고인돌 3기가 발굴되었다. 지금은 4기만 남아있지만 당시까지만 해도 문학산 일대에는 10~11기의 고인돌이 있었다. 당시 발굴된 고인돌은 오늘날 학익동 인천 법원 근처에 있었던 것으로 추정된다. 여기서 토기편과 화살촉, 돌칼 등이 출토되었다.[4] 이때 발굴된 고인돌 중 1기는 현재 인천시립박물관에 있다. 그러나 한 동안 인천 지역에서 유적 조사는 이루어지지 않았다. 광복 이후에도 엄두를 내기 어려웠다. 발굴을 제대로 할 줄 아는 사람이 없었던 것이다. 물론 이것은 인천의 문제는 아니었다.

광복 이듬 해 국립박물관에서 경주 호우총(壺杅塚)을 발굴 했다. '광개토대왕'명이 새겨진 청동 항아리(壺杅)가 출토되면서 유명해진 호우총 발굴은 우리가 주관하여 처음 진행한 유적 조사였다. 우리나라 고고학사에서 의미가 큰 발굴이지만 현장조사는 일본인 학자 아리미쓰 교이치(有光教一)의 도움을 받을 수밖에 없었다. 일제강점기 일본인이 유적 조사를 독점하면서 한국인이 정식으로 발굴을 배울 기회가 없었기 때문이었다. 여기서 얻은 경험으로 이듬해인 1947년 개성 법당방 고려 벽화무덤을 순수 우리 힘으로 발굴하면서 실력을

3) 조선총독부, 앞의 책.
4) 강동석·윤용구, 「인천의 청동기문화」, 『인천 문학동 선사유적』, 인하대박물관, 2000, 87쪽.

키워갔다.

그런데 잘 알려져 있지 않지만 이 시기에, 시대를 앞서간 조사가 인천에서 이루어졌다. 1949년 인천시립박물관 이경성 관장이 인천 전역을 문학산, 주안, 계양산 등 7개 지역으로 나누어 고적 조사를 실시했던 것이다. 요즈음으로 말하자면 지표조사인 셈이다. 지표조사는 땅 위에 드러난 유적·유물의 흔적을 확인하는 작업으로 고고학 조사의 첫 단계이다. 정식으로 간행되지는 못했지만 조사결과를 일종의 보고서인 『인천고적조사보고』에 담았다. 그때까지 유적 조사 자료는 일제가 만든 『조선고적도보』 정도였다는 것을 감안하면 우리나라 문화재 조사·연구사에 한 획을 그을 만한 성과였다. 특히 조사 방식도 읍지 등 문헌 자료를 검토한 뒤 현장 조사를 하고, 필요한 경우 실측도를 그리거나 비문을 옮겨 적는 등 오늘날과 큰 차이가 없었다.[5] 당시 조사에서 발견된 유적 가운데 서구 녹청자 도요지는 20여 년 뒤 발굴로 이어졌다.

1957년에는 주안고인돌과 시도패총이 발굴되었다. 고인돌 발굴은 하루 만에 끝났고 패총 조사도 간단한 시굴이었지만, 광복 이후 인천에서 이루어진 첫 발굴이었다. 주안고인돌 발굴에는 한국 고고학의 아버지라 불리는 당시 국립박물관의 삼불 김원룡 선생이 참여해 눈길을 끈다. 1963년에는 인천고등학교 향토반 학생들과 인천시립박물관이 영종도 야산에서 우연히 발견한 운남동고인돌을 발굴하기도 하였다. 지금 기준으로 보면 그때의 발굴은 제대로 된 조사라 하기는 어렵지만 문화재 발굴이 보편화 되지 않았던 당시 인천에서 발굴이

---

5) 인천시립박물관, 『인천시립박물관 70년』, 2016, 83~85쪽.

이루어졌다는 것 자체가 의미가 있다고 하겠다. 한편 인천에서 공식적인 발굴이라 할 만한 것은 서구 녹청자 도요지 조사다. 1965년부터 이듬해까지 4차례에 걸쳐 국립박물관과 인천시립박물관이 공동으로 진행하였다.[6] 당시 조사에는 미술사학자 최순우 선생과 도자 전공의 정양모 선생이 참여하였다. 경서동도요지 발굴은 그때까지 불확실했던 녹청자의 형태와 양식의 수수께끼를 풀 단서를 제공해 우리나라 도자 연구에 크게 기여를 하였다. 1967년에는 강화 삼거리 고인돌이 발굴되었다.[7]

그로부터 한동안 인천 지역에서 고고학적 조사는 소강기에 접어들었다. 1970~80년대에는 북도면 시도패총(70년)과 백령도 말등패총(82년)에 대한 간단한 조사가 이루어졌을 뿐이다. 다만 80년대 국립박물관과 서울대박물관에서 실시한 인천 서해도서 지역 지표조사를 통해 대략적인 신석기시대 유적 현황을 파악하게 되었다. 당시 조사결과는 이후 서해도서 지역의 유적 조사와 연구의 밑거름이 되었다.[8]

인천 지역에서 발굴이 조금씩 늘어나게 된 것은 1990년대부터다. 특히 인천공항 건설을 계기로 영종도에서 여러 차례 발굴이 진행되었다. 그러면서 발굴의 목적과 성격도 변화하게 된다. 80년대까지 횟수는 많지 않았지만 인천에서 진행된 고고학적 조사는 대부분 학술적 문제를 파악하고 해결하기 위한 목적이었다. 반면 90년대부터

---

6) 국립박물관, 『서해도서조사보고』, 1970.
7) 국립박물관, 『한국지석묘연구』, 1967.
8) 이희인, 「인천 서해도서지역의 고고학적 조사성과」, 『박물관지』 14, 인하대박물관, 2011, 32~33쪽.

는 개발로 유적이 파괴되기 전에 고고학적 정보를 얻기 위한 구제조사(救濟調査)가 많은 비중을 차지하기 시작한 것이다. 영종도에서 진행된 조사도 대부분 공항 건설에 따른 것이었다. 당시 영종도에서는 신석기시대 유적이 많이 확인되었다. 송산유적, 운서동유적, 삼목도 유적 등이 이때 발견된 대표적 유적이다. 유적의 종류도 다양한데, 패총과 화덕자리가 가장 많지만 서해도서 지역에서는 최초로 대규모 집자리 유적이 조사되면서 이 지역에서 신석기문화가 생각보다 다양하게 전개되었던 사실이 밝혀졌다.[9] 그러면서 인천은 신석기문화의 보고(寶庫)로 자리매김하기 시작했다.

인천 지역의 고고학적 조사는 1990년대 말부터 급격히 증가하기 시작했다. 개발 사업을 진행하기 위해서는 먼저 유적 조사를 해야 하는 제도가 정착되었기 때문이다. 당시 개정된 문화재보호법에 의하면 일정 면적 이상의 형질을 변경하는 개발에 앞서 지표조사를 실시하고 유적이 확인될 경우 발굴을 하게 되어있다. 개발이 대규모화하면서 예전과 달리 다양한 시대와 종류의 유적들이 짧은 시간 동안 드러나기 시작했던 것이다.

당시 인천에도 개발의 열풍이 강하게 불었다. 90년대 말 인천 북부의 서구 오류, 원당, 불로동과 계양구 동양동 등에서 택지 조성을 위한 토지구획정리사업이 시작되면서 많은 유적이 쏟아져 나왔다. 그때만 해도 검단 지역은 경기도에서 인천으로 넘어 온지 얼마 되지 않아서 논밭과 임야, 소규모 공장들이 혼재되어 있는 도시 외곽 지대였다. 도심화가 아직 진행되지 않았던 탓에 유적이 비교적 온전히 남

9) 이희인, 앞의 글, 2011, 33쪽.

아 있을 수 있었다. 2000년대 들어 본격화된 발굴을 통해 원당동에서는 인천 지역에서 처음으로 구석기유적이 발견되었고 검단, 불로, 동양동에서 청동기시대에 대규모 집자리 유적도 드러났다. 특히 청동기시대 원당동유적은 당시로는 서울·경기 지역에서 규모가 큰 유적으로 학계의 관심을 받았다. 또, 불로동에서는 삼국시대 가마터가 조사되었고, 동양동에서는 3~4세기에 조성된 무덤도 발굴되는 등 선사와 고대 유적이 여럿 확인되었다.

2000년대 후반에는 인천경제자유구역 조성에 따라 영종도 일대에서 또 다시 많은 유적이 발굴되었다. 섬의 해안가 구릉지대에서 신석기시대 유적과 함께 그동안 인천 지역에서는 존재가 확인되지 않았던 기원 전후부터 3~4세기, 무덤과 집자리, 패총이 조사되었다. 운북동, 운서동, 운남동, 중산동유적에서 그동안 베일에 감춰져 있던 고대 인천 서해안 일대의 모습이 일부 드러난 것이다. 특히 운북동유적과 운남동패총에서 중국 오수전과 외래계(外來系) 토기가 출토되어 이목을 끌었다. 낙랑 또는 중국 사람이 영종도에 거주했던 증거로 파악되면서 영종도 일대가 오래전부터 문물의 교류와 교역의 중심지였음이 확인되었다.

2010년 이후에는 아시안게임 개최를 위한 시설을 건설하는 과정에서 내륙지역을 중심으로 새로운 유적이 발견되었다. 서구 연희동 아시안게임 주경기장 부지에서는 마한(馬韓)의 대규모 분묘군이 발견되었고, 남동구 구월동 선수촌 부지에서는 청동기시대 집자리 유적과 함께 마한의 분묘 십 여기가 발굴되었다. 인천 지역에서 그동안 알려지지 않았던 원삼국~삼국시대 흔적이 영종도는 물론 내륙에서도 발견되면서 안개 속에 있던 고대 인천 지역의 문화와 역사상을 밝힐 수 있는 단서가 마련되었다.

한편 강화도는 여러 현실적 규제에 따라 도시 지역과 달리 대규모 면적의 조사 보다는 고인돌과 조선시대 관방유적, 고려 왕릉 등 기왕에 알려진 유적에 대한 발굴이 주로 이루어졌다. 그런데 최근 강화 북부에 도로를 개설하는 과정에서 청동기시대~조선시대의 건물터, 무덤, 집자리 등이 대거 드러났다. 그동안 발견 사례가 거의 없었던 청동기시대 집자리가 확인되었고 원삼국~삼국시대 분묘도 새롭게 발굴되었다. 또, 고려시대 강화의 속현인 하음현의 치소로 추정되는 건물터를 비롯한 강도시기 건축물과 도성(都城)이 발굴되었다. 강화 읍내에서는 건물과 도로 건설에 따른 발굴에서 강도시기 고급 건물지가 여러 군데 발견되면서 불확실한 고려 도읍 강화의 공간 구조를 밝힐 수 있는 자료가 조금씩 늘어나고 있다.

인천 지역에서 유적 조사는 비교적 일찍부터 시작되었지만 90년대까지만 해도 발굴은 생소한 분야였다. 그러나 최근 20여 년 간 대규모 개발 사업과 관련되어 많은 유적이 드러나면서 인천시사(仁川市史)를 새롭게 써야 할 정도가 되었다. 지금까지의 조사 성과는 앞으로 밝혀야할 인천의 '기록'이 된 것이다.

2. 시대별 유적 현황

인천은 내륙과 100여 개가 넘는 섬이 한데 어우러져 있는 곳이다. 해안과 도서 주변에는 먹거리를 손쉽게 얻을 수 있는 얕은 바다와 넓은 갯벌이 펼쳐져 있다. 내륙 지역도 지금은 오랜 간척으로 본래의 모습을 찾아보기 어렵지만 해안가에서 바닷물이 깊숙하게 들어오는 지형을 이루고 있어 사람들이 생계를 영위하기에 유리한 자연 조건을 갖추고 있다.

지정학적으로 인천 지역은 한반도 서해안의 중심이자 한강 하구를 통해 바다와 내륙을 잇는 요충지에 해당한다. 그래서 고대부터 바다를 통한 문물 교류의 창구 역할을 하였으며 삼국시대 백제와 고구려, 신라가 치열하게 공방을 벌였던 장소이기도 했다. 고려~조선시대에는 강화도가 주목 받았다. 강화도는 바다와 갯벌이라는 천혜의 자연 방어선이 펼쳐져 있고 지리적으로도 각각의 수도에 인접해 있어 여몽전쟁기 고려의 도읍으로, 조선시대에는 왕실의 보장처가 되었다. 한편 19세기말 인천은 개항으로 근대 문물이 가장 빨리 유입된 곳이기도 했다.

인천 지역에서는 이러한 자연·지리적 조건을 배경으로 선사시대부터 근대까지 수만 년 동안 이루어진 역사적 활동의 자취가 최근 20여 년 간 지속적으로 이루어진 지표조사와 발굴조사를 통해 조금씩 세상에 드러났다. 그동안 존재 여부가 확인되지 않던 구석기시대 유적이 발견되었고 바다와 도서지역을 중심으로 집자리와 패총, 화덕자리 등 다양한 신석기시대 유적이 발굴되었다. 청동기시대 유적으로 200여 기 이상의 고인돌과 집자리가 조사되었다. 역사시대 유적으로 삼국시대 산성과 강화 천도기 성곽과 건축물, 조선시대 강화도의 관방유적 등이 발굴되어 실체가 확인되고 있다. 본격적인 땅속 인천 이야기를 시작하기에 앞서 독자의 이해를 돕기 위해 지금까지 인천 지역에서 발굴된 유적의 현황과 분포를 각 시대별로 살펴보도록 하겠다.

1) 구석기시대

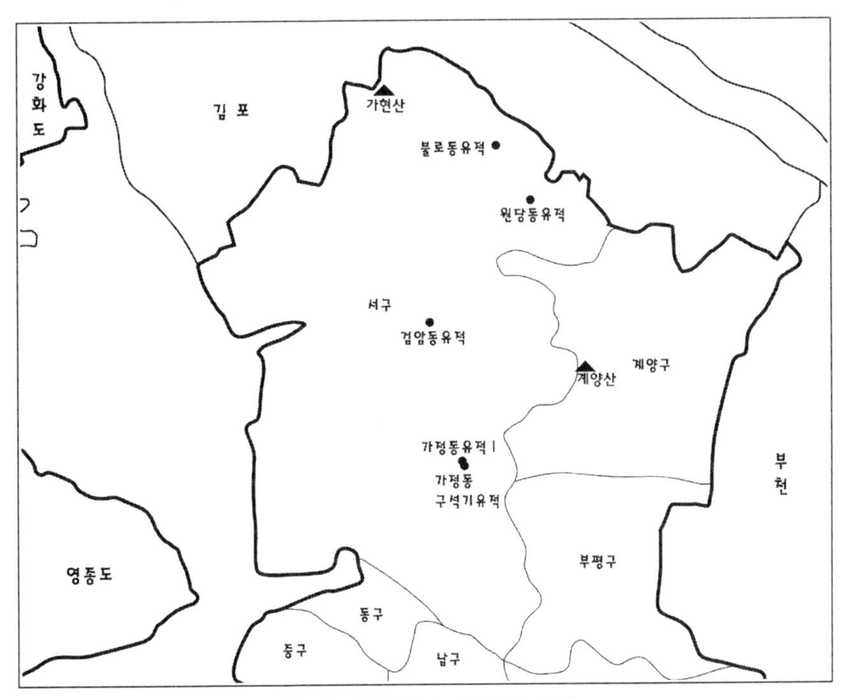

지도 1. 인천지역 구석기시대 유적

〈표1〉 인천지역 구석기시대 유적 일람표

번호	유적명	위치	성격	내용	비고
1	원당동 유적	서구 원당동 산120	문화층	원당지구 4구역 '라'지점 구석기문화층인 적갈색사면붕적토에서 몸돌, 외면찍개, 여러면석기, 밀개 등 99점이 출토	
2	불로동 유적	서구 불로동 77-43임	문화층	불로지구 3구역 구석기문화층인 적갈색사면분적층(쐐기층)에서 찍개, 긁개, 홈날, 몸돌 등 26점이 출토.	
3	검암동 유적	서구 검암동 415-1	문화층	인천 국제공항고속도로 검암IC 건설사업구간 1지점 암갈색점토층에서 여러면석기, 격지 등의 유물이 출토되었으며, 사업	

				구간 내에 전체적으로 고토양층이 발달해 있는 것으로 파악됨, 유물은 16점이 출토	
4	가정동 유적	서구 가정동 산118-2	문화층	경인고속도로 직선화 건설공사 구간 암적갈색점토층에서 상성화산암제의 주먹도끼, 여러면석기, 긁개, 격지 등과 규암을 이용한 찌르개, 긁개, 밀개 등 169점이 출토	
5	가정동 유적 I	서구 가정동 289-2	문화층	루원시티 도시개발사업과 관련한 우회도로 구간 황갈색점토층에서 석영제 몸돌, 긁개, 격지 등 3점이 출토	

2) 신석기시대

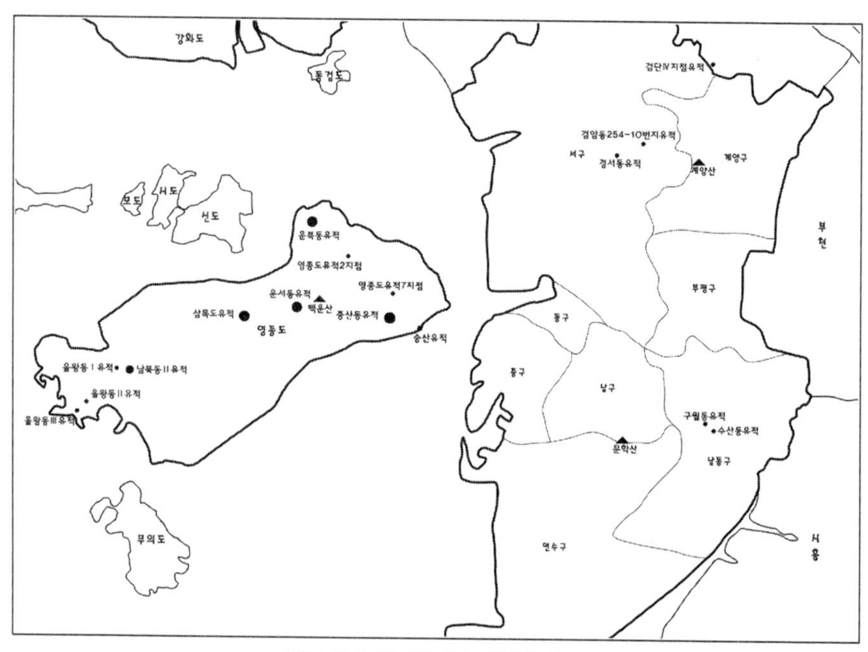

지도 2. 인천지역 신석기시대 유적

〈표2〉 인천지역 신석기시대 유적 일람표

번호	유적명	위치	성격	내용	비고
1	을왕동유적	중구 을왕동 산62-21일원	생활 및 생산 유구	영종도 북측유수지~을왕리해수욕장 도로공사 구간 A구역에서 패각층 1기, 주거지 3기, 수혈 2기, B구역에서 주거지 1기가 각각 확인됨.	
2	을왕동유적 I	중구 운서동 2957	생산 유구	신공상고속도로 건설구간에서 패각층 10기, 야외노지 11기가 확인됨. 반관통의 공열문이 시문된 빗살무늬토기편을 비롯한 소량의 유물이 출토됨.	
3	을왕동 234-5번지 유적	중구 을왕동 234-5	생활 유구	근린생활 신축부지에서 주거지 2기가 조사됨.	
4	송산유적	중구 중산동 589	생산 유구	신공항고속도로 건설구간에서 야외노지 21기가 조사됨, 내부에서 빗살무늬토기편과 더불어 갈판, 갈돌 등이 출토.	
5	남북동유적 I	중구 운서동 2957	생산 유구	신공항고속도로 건설구간 중 용유외곽도로에서 야외노지 82기가 확인됨. 단치횡주어골문의 빗살무늬토기편이 주류이며, 석기 및 토제품 일부가 출토됨.	
6	남북동유적 Ⅱ	중구 남북동 산 1	생산 유구	영종도 T1-T2 연결도로 부지 상층 문화층에서 야외노지 33기 및 패각더미, 하층 문화층에서 야외노지 57기와 패각더미가 각각 확인됨. 횡주어골문과 사선대문의 문양이 시문된 빗살무늬토기편이 주류를 이루고, 비교적 장기간에 걸쳐 점유된 유적으로 확인됨.	
7	삼목도유적 I	중구 운서동 2235	생활 유구	인천국제공항 도로건설과 관련하여 조사된 유적으로, 야외노지 18기가 조사됨.	
8	삼목도유적 Ⅲ	중구 운서동 1830-1	생활 유구	인천국제공항 관세자유무역단지 부지에서 주거지 17기가 확인되었으나 이중 10기만 조사됨.	
9	중산동유적 (한강)	중구 중산동 832전, 1008-1 일대	생활 및 생산 유구	영종하늘도시 3구역 21지점에서 주거지 10기, 야외노지 7기가 23지점에서 주거지 21기, 야외노지 20기가 각각 확인됨.	

10	중산동유적 (중앙)	중구 중산동 산92 일대	생활 및 생산 유구	영종하늘도시 3구역 1·2-1·2-2·2-3·3·4-3·7·8-1·8-2지역에서 각각 주거지 4기와 야외노지 54기가 조사됨.	
11	운서동유적	중구 운서동 1441-3산137 일대	생활 유구	영종하늘도시 1구역 1지점에서 주거지 8기, 야외노지 5기, 패각층 1기가 확인되었고, 2지점에서는 주거지 58기, 야외노지 7기, 수혈유구 18기가 각각 조사됨, 서해안 일대에서 확인된 주거지 중 가장 빈도수가 높은 곳임.	
12	영종도유적	중구 운북동 464, 중산동 874-5 일대	생활 유구	영종도 예단포~중산동간 도로개설구간 Ⅱ지점과 Ⅶ지점에서 주거지 1기가 각각 확인됨.	
13	운서동 는들유적	중구 운서동 산 155	생활 및 생산 유구	신공항고속도로 건설구간(I.C변경지역으로 추정) A지구에서 주거지 1기와 B지구 수혈 3기가 조사되었고, 빗살무늬토기편이 다량으로 출토됨.	
14	운서동 젓개말을 유적	중구 운서동 155-1	생활 유구	신공항고속도로 I.C변경지역에서 확인된 것으로, 주거지 3기, 야외노지 3기, 수혈 18기가 조사됨,	
15	운북동유적	중구 운북동 산106-2 일원	생활 유구	운북복합레저단지 조성부지 1·4·5·8지점에서 주거지 1기, 2지점에서 주거지 4기, 야외노지 67기, 6지점에서 주거지 10기, 야외노지 14기가 각각 확인됨.	
16	강화 덕성리유적 1·2	강화군 불은면 덕성리 322-15, 847일대	생활 유구	단독주택 신축부지와 강화 외성이 위치한 지점에서 확인된 유적으로 강화도에서 처음으로 확인된 주거유적임, 강화 외성구간은 정식 발굴조사가 이루어지지는 않았으나 절단면에서 주거지 단면이 확인되었고, 지형적인 조건 등을 고려했을 때 주택 신축부지를 중심으로 다수의 주거 유적이 부존할 것으로 판단되고 있음.	
17	경서동유적	서구 경서동 산37일원	생활 유구	경서동 국민임대주택단지 2지점에서 주거지 2기 조사됨.	
18	검암동 254-10유적	서구 검암동 254-10	생활 유구	검암근린공원 국궁장 조성부지에서 야외노지 1기가 확인됨.	

19	구월동유적	남동구 구월동 730-2 일대	생활 유구	구월 보금자리주택지구 1지점에서 수혈 2기, 야외노지 4기가 확인됨.	
20	수산동유적	남동구 수산동 185-38 일원	생활 유구	매소홀로(호구포로~남동경기장) 도로 개설공사 구간 3-1구역에서 주거지 1기 확인됨.	
21	옥골 도시개발사 업부지 유적	연수구 옥련동 산43-6임 일원	생활 유구	옥골도시개발사업부지 2지점 시굴조사에서 확인된 것으로, 문학산의 남서쪽 구릉 말단부에 해당되는 곳임. 신석기 시대 추정 주거지 1기, 수혈 3기가 확인되었음.	
22	검단신도시 Ⅳ지점 유적 (중앙)	서구 원당동 산63-2 일대	생활 유구	검단신도시 Ⅳ-라지구에서 주거지 3기가 확인됨. 말각방형으로 출입구와 단이 존재하는 것으로 파악됨.	
23	대연평도 까치산패총	옹진군 연평면 연평리 184-4·5·6	생활 유구	패각층은 약 3m 두께로 퇴적되어 있으며, 패각층 내에서 야외노지 5기, 주거지 1기가 확인됨.	
24	연평 모이도 패총	옹진군 연평면 연평리 산15	생활 유구	패각층은 약 6m 두께로 퇴적되어 있으며, 패각층 내에서 야외노지 8기, 주거지 2기가 확인됨.	
25	소연평도 패총	옹진군 연평면 연평리 1010, 1011, 1015	생산 유구	패각층은 약 2~3m 두께로 퇴적되어 있으며, 2개의 패각층이 확인됨.	
26	영흥도 외1리 패총	옹진군 영흥면 외리 산 7-4	생산 유구	패각층은 약 1~2m 두께로 퇴적되어 있으며, 2개의 패각층이 확인됨.	
27	소야도유적	옹진군 덕적면 소야리 산 56 일원	생산 유구	덕적도~소야도 연도교 건설구간에서 확인된 유적으로, A지점에서 수혈 18기, B지점에서 패각층 4기, 야외노지 24기, 추정 작업장 7기가 확인됨.	

3) 청동기시대

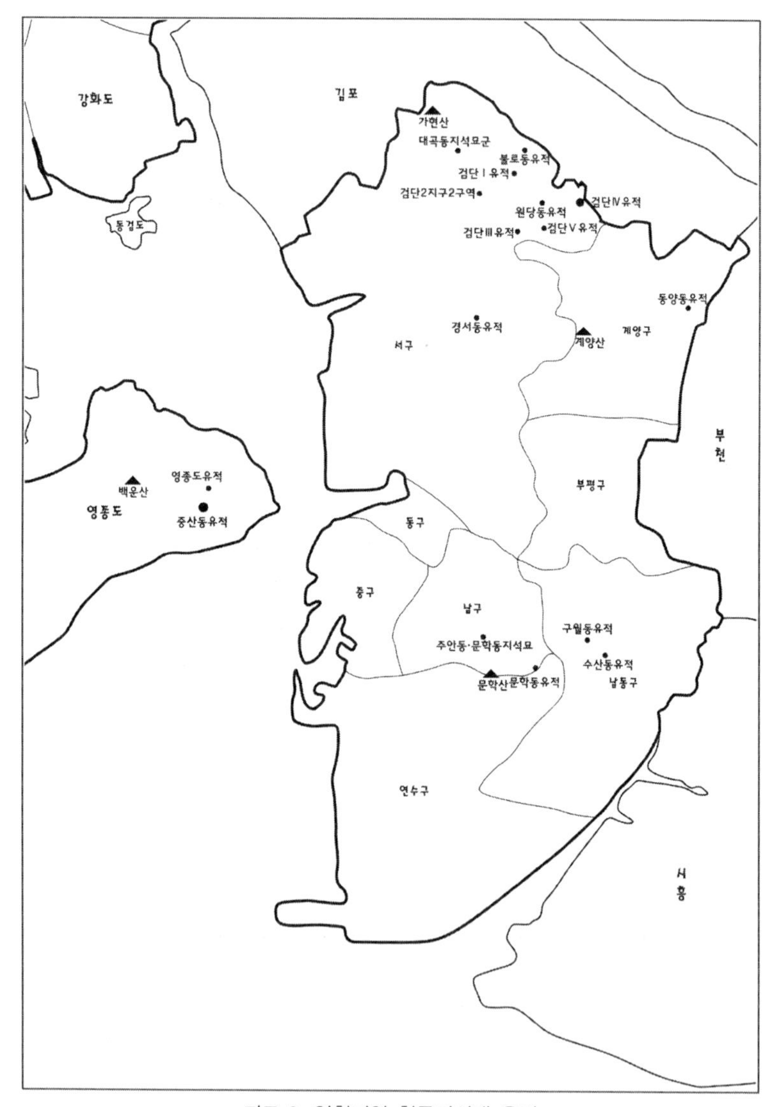

지도 3. 인천지역 청동기시대 유적

〈표3〉 인천지역 청동기시대 유적 일람표

번호	유적명	위치	성격	내용	비고
1	불로동유적	서구 불로동 77-43임	생활유구	불로지구 3구역에서 주거지 1기가 조사됨. 이중구연토기편, 석촉, 석창, 석부 등의 유물이 출토됨	
2	원당동유적 (한국문화재보호재단)	서구 원당동 811-2공	분묘	1구역 '가·나'지점에서 4기의 석관묘가 확인됨, '나'지점에서 확인된 3기는 능선을 따라 일렬로 분포, 4호 석관묘에서 석착 1점이 출토됨	
		서구 원당동 산120 일대	생활유구	4구역 '가'지점에서 주거지 19기, '나'지점에서 주거지 7기, '라'지점에서 주거지 5기가 각각 확인됨, 3구역은 현재 '검단선사박물관'으로 이용 중.	
3	원당동유적 (인하대)	서구 원당동 651-16 일대	생활유구	원당~불로지구간 도로개설구간에서 세장방형 주거지 1기와 수혈유구 1기가 조사됨.	
4	검단동유적	서구 검단동 698-2	생활유구	검단2지구 2구역에서 주거지 2기가 확인됨, 이중구연토기편과 마제석촉 등이 출토됨.	
5	동양동유적	계양구 동양동 638	생활유구	동양택지개발부지 1지구 '가'지점에서 주거지 3기, 2지구에서 수혈유구 1기가 조사됨.	
6	중산동유적 (중앙)	중구 중산동 1880-4 일대	생활유구	영종하늘도시 3구역 2-2지역에서 주거지 1기, 3지역에서 주거지 34기가 각각 확인되었는데, 송국리식 주거지로 추정되는 말각방형(또는 방형) 형태의 주거지 조사된 점이 주목됨.	
7	영종도유적	중구 중산동 1362-9, 874-5 일대	생활유구	영종도 예단포~중산동간 도로개설구간 Ⅳ지점에서 주거지 1기, Ⅶ지점에서 주거지 2기가 각각 확인됨.	
8	경서동유적	서구 경서동 산37일원	생활유구	경서동 국민임대주택단지 2지점에서 석곽묘 1기, 3지점에서 말각방형 주거지 1기가 조사됨. 석곽묘에서는 마연토기와 저부편 2점이 출토됨.	
9	문학동유적	남구 문학동 482	생활유구	문학경기장 절토잔여지에서 확인된 유적으로, 구상유구가 확인되었던 문	

				학동 선사유적의 모체가 되는 구릉 정상부에 위치한 곳임. 세장방형의 주거지 7기가 확인됨.	
10	수산동유적	남동구 수산동 185일원	생활유구	매소홀로(호구포로~남동경기장) 도로개설공사 구간 1구역에서 주거지 5기, 2-1구역에서 주거지 3기, 3-2구역에서 주거지 3기 등 세장방형 및 장방형이 각각 확인됨.	
11	구월동유적	남동구 구월동 533-1, 730-2일대	생활유구	구월 보금자리주택지구 1지점에서 주거지 26기, 2지점에서 주거지 4기, 3지점에서 주거지 3기, 4지점에서 주거지 10기가 각각 확인됨.	
12	강화 장정리 유적	강화군 하점면 장정리 산73임 일대	생활유구	인화~강화 도로구간에서 주거지 7기가 조사됨. 강화지역에서 최초로 확인된 청동기시대 생활유적임. 이후 솔정리와 대산리에서 각각 주거지가 확인되었음.	
13	인화~강화 도로구간 G지점	강화군 송해면 솔정리 349-4	생활유구	인화~강화 도로구간에서 주거지 3기, 수혈 4기가 조사됨, 확인된 주거지는 송국리형 주거지로 추정되는 말각방형 계통의 유구가 확인됨.	
14	인화~강화 도로구간 강화산단지점	강화읍 대산리 산106, 산109임 일대	생활유구	인화~강화 도로구간 강화산단지점에서 주거지 9기와 환호(環濠) 1기가 확인됨, 주거지는 구릉 정상부를 둘러싼 형태로 조성되었고, 환호는 주거지를 파괴하고 설치됨.	
15	검단신도시 Ⅳ지점 유적 (중부)	서구 원당동 산 75-9	생활유구	검단신도시 Ⅳ-1·3·9·10·21지점에서 각각 주거지와 수혈이 확인됨. 이중 9지점에서 주거지 17기가 조사되었음.	
16	검단신도시 Ⅳ지점 유적 (중앙)	서구 원당동 산 68-22	생활유구	검단신도시 Ⅳ-'마'지구에서 주거지 15기, '바'지구에서 주거지 1기가 각각 조사되었음.	
17	검단신도시 Ⅰ-7지점 유적(대동)	서구 불로동 산 142	생활유구	검단신도시 Ⅰ-7지점 A구역에서 주거지 20기, B구역에서 주거지 22기와 지석묘가 각각 확인되었음.	

18	검단신도시 Ⅱ 유적(호남)	서구 불로동 290-5, 산39-3일대	생활 유구	검단신도시 Ⅱ-6지점 황화산의 동쪽 사면부에서 주거지 24기, Ⅱ-2지점에서 16기가 확인됨	
19	대곡동 지석묘	서구 대곡동 산123-1 일대	분묘	서구 대곡동과 김포시 마산리 경계에 위치한 가현산 북쪽 능선상에 군집을 이루고 있는 것으로 확인, 지표상에서 A군에 1기, B군에 6기, C군에 75기, D군에 8기, E군에 9기 등 모두 99기가 분포하고 있는 파악됨.	
20	주안동·문학동 지석묘	남구 학익동 25-11번지 미추홀공원 내	분묘	북방식 고인돌로 추정되며, 개석의 표면 위에 성혈(星穴)이 확인됨.	
21	운남동 지석묘	중구 운남동 산36	분묘	북방식 고인돌로 추정. 내부에서 유물은 출토되지 않았지만 서쪽 지석부근에서 빗살무늬토기편, 편병편, 청자편 등이 출토.	

지도 4. 강화도지역 청동기시대 유적

4) 철기시대~삼국시대[10)]

〈표4〉 인천지역 철기~삼국시대 유적 일람표

번호	유적명	위치	성격	내용	비고
1	영종도 늗들유적	중구 운서동 산155	분묘	신공항고속도로 건설구간 B지구에서 방형의 주구(周溝)만 확인된 것으로, 조사당시에는 신석기시대의 회자형 방형구(回字形 方形溝)로 추정되었으나, 인근의 영종하늘도시(1구역, 운서동유적)의 발굴조사에서 이와 유사한 형태의 분구묘가 확인되면서 매장주체부가 삭평되고 주구만 잔존하는 유구로 인식이 변화됨.	
2	불로동유적	서구 불로동348-1	생산 및 생활 유구	불로지구 4구역에서 주형(舟形)형태의 가마 1기와 주거지 3기 등이 확인되었는데, 가마는 서울·경기지역에서 처음으로 조사되었고, 대형옹·기와·토기 등을 제작한 것으로 파악되었음, 주거지는 출토된 유물을 통해 3~4세기로 추정됨.	
3	동양동유적	계양구 동양동 638	생활 유구	동양택지개발부지 1지구 '가'지점에서 분구묘 1기, 목관묘 4기가 조사됨. 분구묘는 주구만 확인됨.	
4	가정동유적 I	서구 가정동 289-2	분묘	루원시티 도시개발사업과 관련한 우회도로 구간에서 주구토광묘(周溝土壙墓) 1기가 조사됨, 주구는 방형으로 추정되며, 매장주체부 내에서 단경호 1점이 출토	

10) 한국 고고학에서 철기시대란 철기가 사용되기 시작한 B.C. 300년경부터 삼국이 정립된 A.D. 300년경까지를 말한다. 그러나 일부 고고학자들 중에는 이 시대를 두 시기로 나누어 B.C. 300년에서 A.D. 원년 (혹은 B.C. 100년)까지를 초기철기시대(初期鐵器時代)로, A.D. 원년(혹은 B.C. 100년)부터 A.D. 300년까지를 원삼국시대(原三國時代)로 구분하기도 한다. 반면 일부 연구자는 이를 통합해서 삼한시대(三韓時代)로 지칭하기도 하는데 아직 학계에서 합의된 명칭과 시기구분 없이 연구자마다 선호하는 용어를 사용하고 있는 실정이다.

5	검암동유적	서구 검암동 415-1	분묘	인천 국제공항고속도로 검암 IC 건설 사업 구간 1지점에서 세형동검, 주조철부(鑄造鐵斧), 삼각형점토대토기편 등이 출토되는 분묘 1기 조사됨.	
6	오류동유적	서구 오류동 산 48	생활유구	Ⅱ지구에서 장타원형 형태의 수혈유구 1기가 확인됨. 내부에서 장경호편과 원형점토대토기편이 출토.	
7	연희동유적	서구 연희동 826 일대	분묘	2014 인천 아시아경기대회 주 경기장 건립부지에서 원삼국시대~삼국시대 분구묘 48기, 옹관묘 3기, 주거지 8기가 조사됨.	
8	구월동유적	남동구 구월동 730-2, 775 일원	분묘 및 생활유구	구월 보금자리주택지구 1지점에서 분구묘 9기, 토광묘 2기, 2지점에서 분구묘 5기, 6지점에서 주거지 10기, 수혈 21기가 각각 확인됨.	
9	만수동유적	남동구 만수동 770-2	생활유구	서창2지구 주변도로(대3-112호선) 구간에서 방형으로 추정되는 주거지 1기가 조사되었으며, 타날문토기(打捺文土器)와 불명철기가 출토됨.	
10	중산동유적 (한강)	중구 중산동 산92 일대	생활유구	영종하늘도시 4구역 23지점에서 방형의 4주식(四柱式) 주거지 1기가 확인됨, 심발형토기(深鉢形土器), 시루, 원저단경호(圓底短頸壺), 철겸(鐵鎌, 쇠낫), 철착(鐵鑿, 쇠끌) 등이 출토됨.	
11	중산동유적 (중앙)	중구 중산동 1880-4 일대	분묘	영종하늘도시 3구역 7지역에서 주거지 1기, 8-3지역에서 주거지 7기, 11지역에서 분구묘 2기가 각각 확인됨. 주거지는 후대 경작 등으로 인해 교란되어 정확한 형태가 확인되지 않음. 분구묘의 주구는 방형으로 조성됨.	
12	운서동유적	중구 운서동 산 137	분묘	영종하늘도시 1구역 2지점에서 분구묘 1기가 조사됨, 환두대도와 궐수문장식 철모가 출토되었고, 궐수문장식의 유물을 통해 3세기대 진·변한지역에서 반입되었을 것으로 추정됨.	
13	운북동유적	중구 운북동	생활	운북복합레저단지 조성부지 5지점에	

		산41-3임 일대	유구	서 주거지 2기, 수혈유구 8기가 확인됨, 특히 2호 주거지에서는 낙랑토기편을 비롯하여, 철경동촉과 세꾸러미의 오수전이 출토됨. 또한 1호 수혈에서도 화분형토기편을 비롯한 철경동촉, 찰갑(札甲, 갑옷)편 등이 출토됨	
14	인화~강화 도로구간 강화 산단지점	강화읍 대산리 산106, 산109임 일대	분묘	인화~강화 도로구간 강화산단지점에서 분구묘 9기가 조사됨, 매장주체부는 1·7·9호에서만 확인되고 나머지는 모두 유실된 상태임. 강화 옥림리유적(중원) 구간에서도 분구묘가 확인되었으나 출토된 유물은 없음.	
15	검단신도시 Ⅳ지점 유적	서구 원당동 산 56	생활유구	검단신도시 Ⅳ-21지점에서 단면 플라스크형으로 추정되는 원형수혈 10기가 확인됨, 또한 21지점과 23지점에서도 수혈이 각각 1기씩 확인됨. 4지점에서는 주거지 1기가 확인됨.	
16	검단신도시 Ⅳ지점 유적	서구 마전동 산79-1	분묘	검단신도시 Ⅲ-1지점의 일부분으로 사지구로 명명된 곳에서 분구묘 9기, 수혈 1기가 확인되었고, Ⅳ지점 '바'지구에서 석곽묘 1기가 각각 확인됨. '사'지구에서 확인된 분구묘는 능선 정상부에서 1·4·5·8호묘에서만 매장주체부가 확인됨. 단경호, 직구호, 환두도자 등이 출토됨.	
17	검단신도시 Ⅰ-7지점 유적 (대동)	서구 불로동 산 142	생활유구	검단신도시 Ⅰ-7지점 A구역에서 분구묘로 추정되는 구와 목관묘가 7기, B구역에서 분구묘 2기가 각각 확인됨.	
18	검단신도시 Ⅱ 유적 (호남)	서구 불로동 290-5	분묘	검단신도시 Ⅱ-6지점 황화산의 동쪽 사면부에서 분묘 2기가 확인됨, 매장주체부는 등고선과 평행하게 조성되었음.	
19	운남동 패총	중구 운남동 1120-6 1405-3 일대	생산 및 생활유구	영종하늘도시 2구역 A지구에서 패총 1개소, 주거지 2기, 수혈유구 16기, 옹관묘 등이 B지구에서 패총 5	

				개소, 주거지 4기, 수혈유구 32기 등이 조사됨, 패총에서 오수전(五銖錢)과 철경동촉(鐵莖銅鏃)이 수습되었으며, 주거지는 4주식의 방형주거지로 파악됨.	
20	장금도 패총	서구 경서동 981-2 일대	생활유구	청라지구 경제자유구역 장금도 A·B와 소문첨도에서 패총 3개소가 조사됨, 신석기시대 이후부터 삼국시대까지 이용된 것으로 확인됨.	
21	교동 대룡리 패총	강화군 교동면 대룡리 902답 일대	생활유구	서해와 접해 있는 논경작지 일대에서 패각층 2개소, 야외노지 11기, 수혈 15기가 각각 확인됨, 삼국시기 전기에 해당하는 유적으로 추정됨.	
22	계양산성	계양구 계산2동 산10-1번지 일대	성곽	인천시 기념물 제 10호로 지정된 산성으로, 연차 발굴조사를 통해 삼국~고려시대에 이르는 유물 등이 출토되고 있음.	

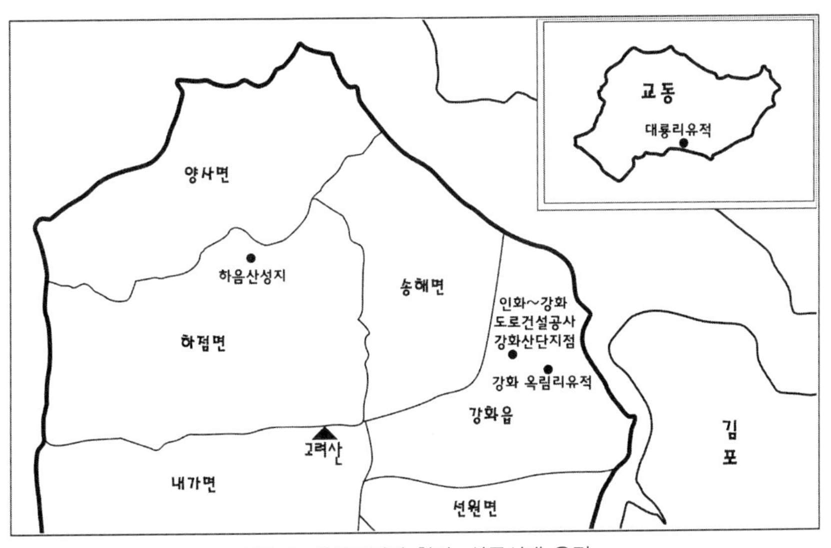

지도 5. 강화도지역 철기~삼국시대 유적

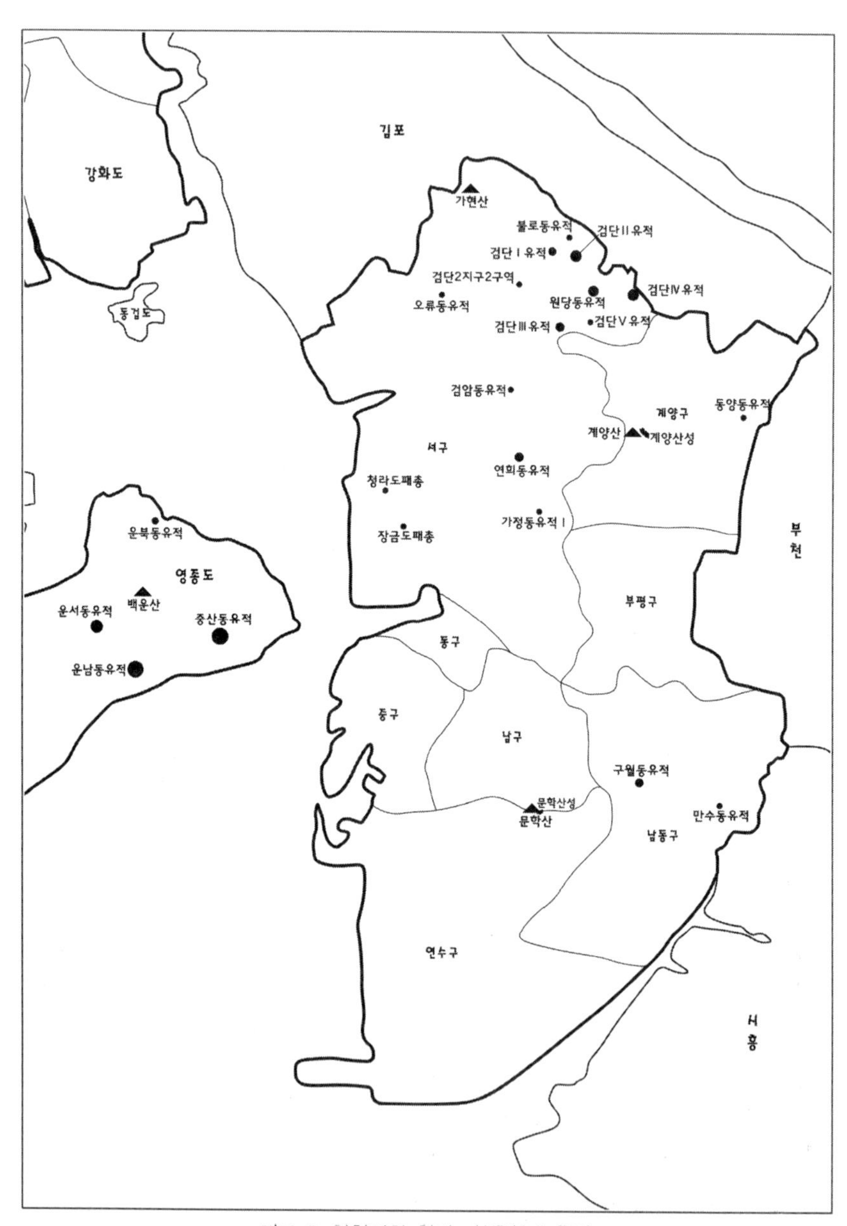

지도 6. 인천지역 철기~삼국시대 유적

5) 통일신라시대

〈표5〉 인천지역 통일신라시대 유적 일람표

연번	유적명	위치	성격	내용	비고
1	문학산성 주변 유적	남구 학익동 82-19	제의	삼호현에서 문학산성으로 향하는 등산로 부근에 자연 암반을 이용하여 'ㅁ'자 형태의 유구가 확인됨. 다량의 기와편과 토기가 출토되었는데, 유적은 7~9세기에 주로 사용되었고, 고려시대인 10~12세기까지 이용된 것으로 추정됨. 특히 '순화원년칠월일관(淳化元年七月日官, 990년, 고려 성종)' 명문기와(銘文瓦)가 출토되어 주목됨.	
2	구월동유적	남동구 구월동 730-2일대	분묘	구월 보금자리주택지구 1지점에서 석실분 2기가 확인됨.	
3	인화~강화 도로구간 K지점	강화읍 용정리 702-8전	생활유구	인화~강화 도로개설 구간 K지점에서 주거지 1기, 수혈 13기가 확인됨.	
4	검단신도시 Ⅳ지점 유적(중부)	서구 원당동 산 55 일대	분묘	검단신도시 Ⅳ-3·4·9·17·21에서 토기가마, 주거지, 석곽묘 등이 확인됨.	
5	검단신도시 Ⅳ지점 유적(중앙)	서구 원당동 산13-2 일대	분묘	검단신도시 Ⅳ지점 '가'지구에서 석실묘 10기, 석곽묘 7기, '바'지구에서 석곽묘 1기, 석실묘 2기가 각각 확인됨.	
6	검단신도시 Ⅱ 유적(호남)	서구 불로동 290-5, 산39-3일대	분묘 및 생활유구	검단신도시 Ⅱ-6지점 황화산의 동쪽 사면부에서 석곽묘 3기, 기와가마 1기, Ⅱ-2지점에서 주거지와 수혈이 각각 확인됨.	

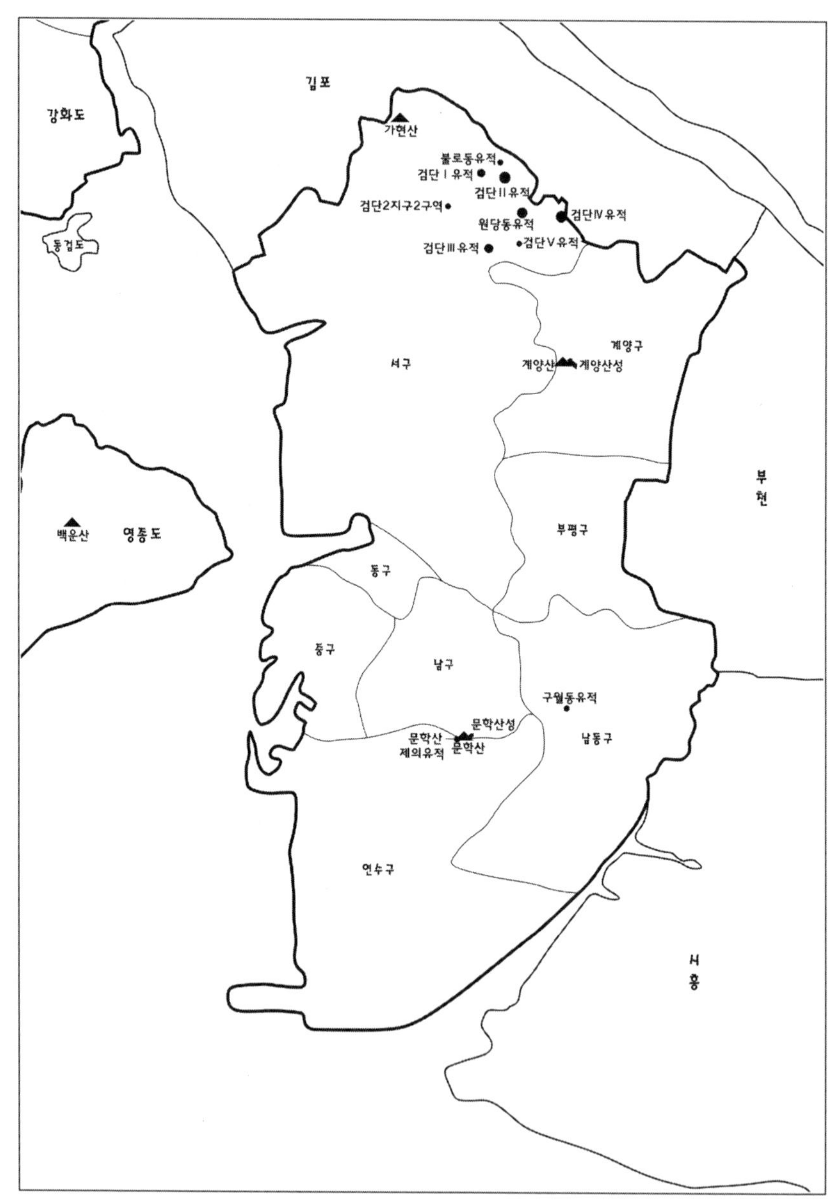

지도 7. 인천지역 통일신라시대 유적

6) 고려시대

〈표6〉 인천지역 고려시대 유적 일람표

번호	유적명	위치	성격	내용	비고
1	경서동 녹청자요지	서구 경서동 산146	생산유구	현재 인천국제CC부지에서 확인된 곳으로 3차례에 걸쳐 개축 보완하여 사용한 것으로 확인됨.	
2	운북동유적	중구 운북동 산9-27	생산유구	운북복합레저단지 조성부지 5지점에서 가마(탄요) 12기, 8지점에서 주거지 6기, 소성유구 6기가 확인됨.	
3	구월동유적	남동구 구월동 730-2, 514일원	분묘	구월 보금자리주택지구 1지점과 5지점에서 각각 석곽묘 1기가 확인됨.	
4	검암동유적	서구 검암동 415-1	분묘	인천 국제공항고속도로 검암IC 건설사업 구간 1지점에서 석곽묘 1기가 조사됨, 관정 외에 출토된 유물 없음.	
5	수산동유적	남동구 수산동 185-38 일원	생활유구	매소홀로(호구포로~남동경기장) 도로개설공사 2-2구역에서 주거지 3기, 수혈 5기, 건물지 2기가 각각 확인됨.	
6	왕길동유적	서구 왕길동 산133-1 일원	생산유구	검단3구역 도시개발사업부지에서 고려말~조선초에 조성된 기와가마 1기가 확인됨.	
7	관청리 657번지 유적	강화읍 관청리 657	건물지	성광교회~동문간 도시계획도로 구간에서 확인된 유적으로 고려시대 건물지 4기가 확인되었는데, 건물지는 공공건물에 사용된 회랑 건물지로 추정되는 되고 있으며, 이곳이 '고려궁지(高麗宮址)'로 새롭게 조명되고 있음.	
8	강화중성	강화읍 옥림리, 국화리, 남산리, 신정리 일원	성곽	고려 고종 37년(1250)에 축조된 것으로 최근 옥림리·신정리·남산리 등의 발굴조사와 과거 해안선 범위 등을 종합한 결과 강도(江	

				都)시기에 조성된 '도성(都城)'으로 새롭게 되고 있음.	
9	강화 신정리 572-29번지 유적	강화군 선원면 신정리 572-29	건물지	단독주택 및 창고 신축예정부지에서 건물지 2기 및 축대유구가 확인되었는데, 출토된 유물 기와 중 선문에 물고기 문양(漁紋)이 시문된 기와가 출토되었음. 건물지의 규모 및 입지환경 등을 고려해 볼 때 관청 건물일 가능성이 제기됨.	
10	강화 월곶리·옥림리 유적	강화읍 월곶리 74-3임 일대	건물지	강화 일반산업단지 조성지역에서 확인된 유적으로 강도시기에 조성된 관청건물지일 것으로 추정되고 있음.	
11	인화~강화 도로구간 M지점	강화읍 용정리 산97	건물지	인화~강화 도로구간 M지점에서 건물지 6동, 석축 1기가 조사됨. 이중 가-2호 건물지 암거(배수)에서 경상(鏡像) 및 동경(銅鏡) 6점이 출토됨.	
12	인화~강화 도로구간 강화산단지점	강화읍 대산리 산106, 산109임 일대	분묘	인화~강화 도로구간 강화산단지점에서 건물지 1동, 석곽묘 4기, 토광묘 155기 등 분묘 총 169기가 조사됨. 건물지에서는 금동여래입상, 청동여래좌상, 금동팔엽문고리장식 등이 출토되었음.	
13	검단신도시 Ⅳ지점 유적(중앙)	서구 원당동 산13-2 일대	건물지	검단신도시 Ⅳ지점 가·나·라·마·바 지구에서 건물지 총 28기, 석곽묘 총 27기, 주거지 총 6기가 각각 확인됨.	
14	검단신도시 Ⅱ 유적(호남)	서구 불로동 290-5, 산39-3일대	분묘 및 건물지	검단신도시 Ⅱ-6지점 황화산의 동쪽 사면부에서 석곽묘 4기, 곡간부에서 위치를 달리하여 조성된 건물지 2기, Ⅱ-2지점에서 석곽묘 6기가 각각 확인되었음.	
15	문학도시개발 사업부지 유적	남구 문학동 117-1번지 일대	건물지	문학산 북쪽 능선상에 위치한 곳으로, 문학도시개발사업부지에서 건물지와 주거지 등이 다수 확인됨.	

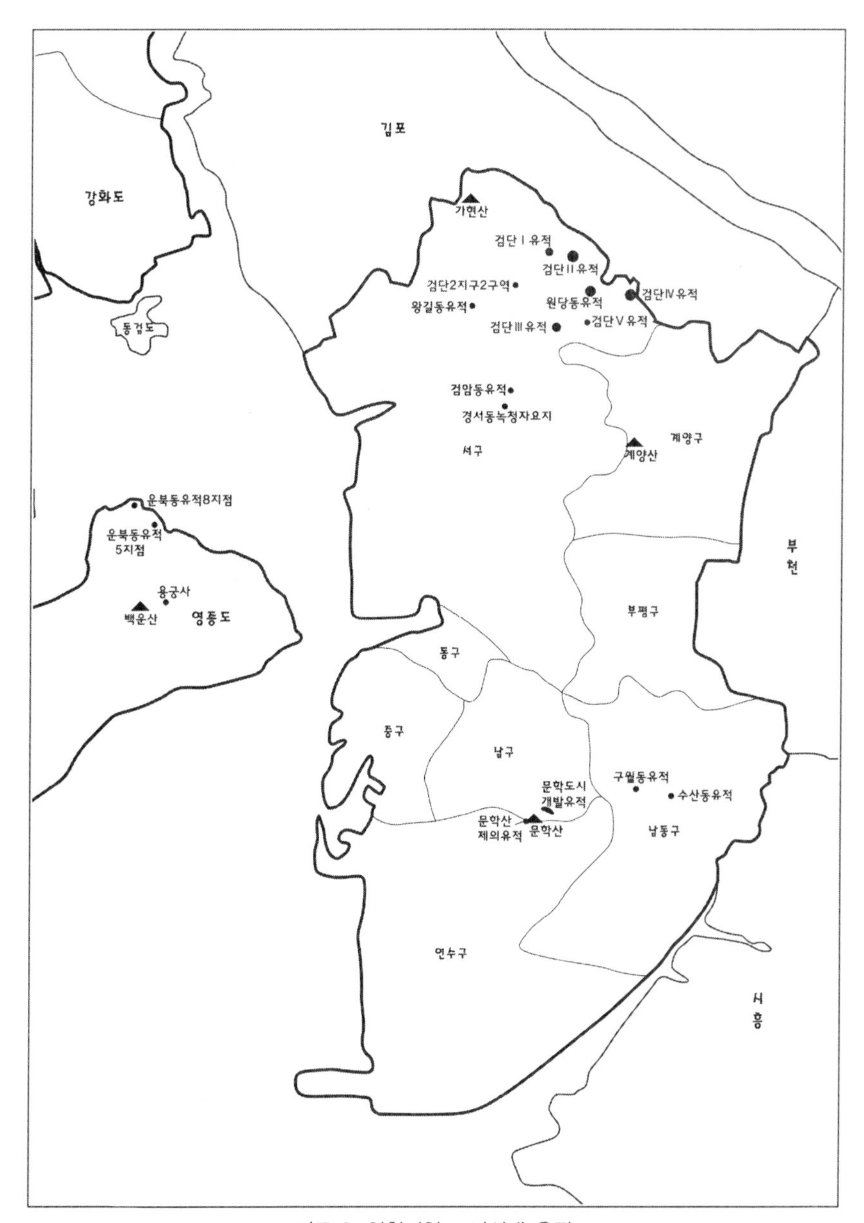

지도 8. 인천지역 고려시대 유적

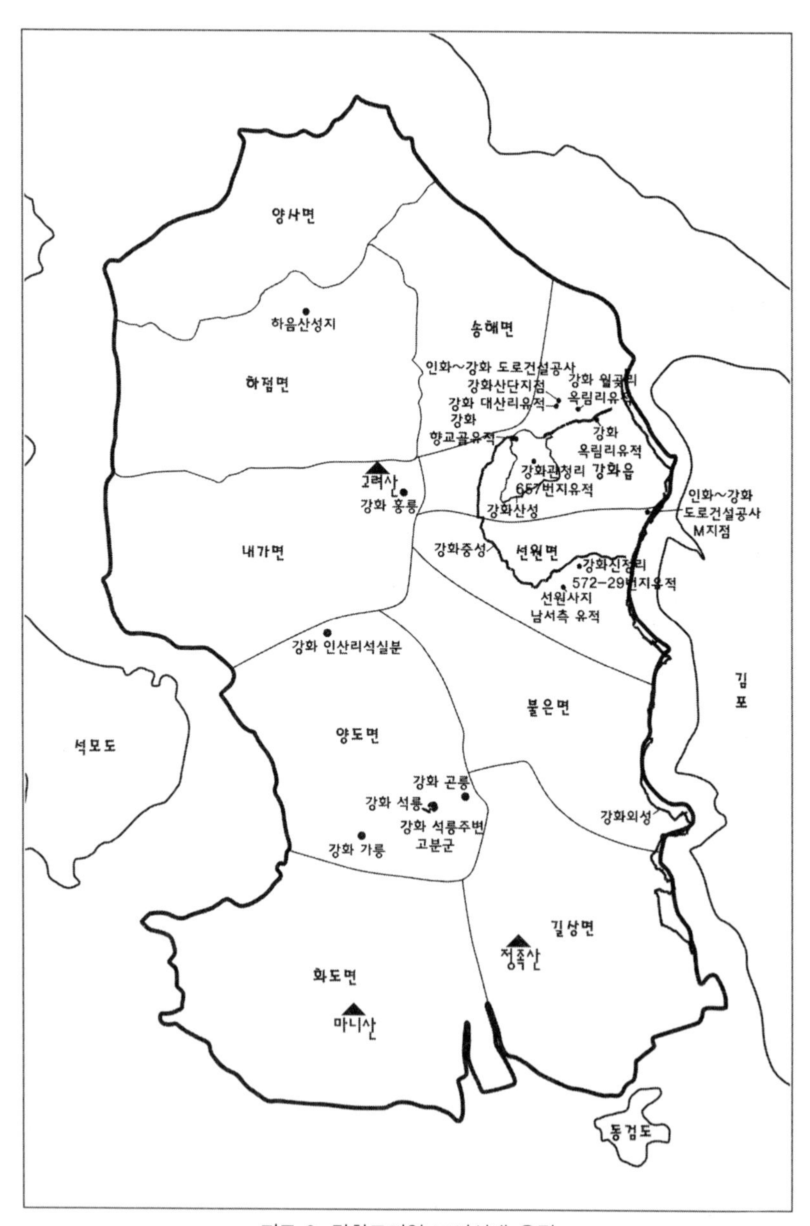

지도 9. 강화도지역 고려시대 유적

7) 조선시대~근대

〈표7〉 인천지역 조선시대 유적 일람표

번호	유적명	위치	성격	내용	비고
1	원당동유적	서구 원당동 811-2공	분묘	원당지구 1구역에서 토광묘 3기가 확인되었으며, 내부에서 청동수저 및 분청자대접이 출토됨.	
		서구 원당동 849공	분묘	원당지구 2구역에서 소성유구 2기, 분묘 91기가 확인됨, 1호 소성유구에서는 '金浦○○'명의 암기와가 출토되었으며, 분묘에서는 분청자대접을 비롯하여 開元通寶(唐 高祖, 621~?), 順治通寶(淸 世祖, 1644~1661) 등의 동전출토.	
2	검암동유적	서구 검암동 415-1	분묘	인천 국제공항고속도로 검암IC 건설사업 구간 1지점에서 주거지 3기, 분묘 11기, 수혈유구 28기가 조사됨.	
3	가정동유적Ⅰ	서구 가정동 289-2	건물지 및 생산유구	루원시티 도시개발사업과 관련한 우회도로 구간에서 건물지 2기, 가마 1기 등이 조사됨.	
4	오류동유적	서구 오류동 산 48, 산148일대	생활유구	Ⅱ지구에서 건물지 1기, 주거지 7기, Ⅲ지구에서 주거지 3기와 수혈 10기가 각각 조사됨.	
5	귤현동유적	계양구 귤현동 306-1 일원	생활유구	귤현도시개발사업구역 1지점에서 건물지 1기, 소성유구 3기, 2지점에서 석렬유구 1기, 토광묘 2기 등이 조사됨.	
6	동춘동유적	연수구 동춘동 산42-31 일원	분묘 등	송도지식정보산업단지 진입도로 개설공사 구간 1지점에서 분묘 7기와 2지점에서 석축유구 1기 등이 조사됨.	
7	육도유적	서구 오류동 1194-1 일원	생산유구	검단일반산업단지 육도 Ⅰ-1지점에서 가마 7기와 수혈 7기가 조사됨.	
8	경서동유적	서구 경서동 산37일원	생활유구	경서동 국민임대주택단지 1지점에서 분묘 8기, 3지점에서 건물지, 4지점에서 분묘 5기가 조사됨.	
9	검암동 254-10 유적	서구 검암동 254-10	분묘	검암근린공원 국궁장 조성사업부지에서 분묘 16기가 확인됨. 분청사기 및 청동시(靑銅匙, 청동숟가락) 등이 출토됨.	

10	왕길동유적	서구 왕길동 산133-1 일원	생활 및 분묘	검단3구역 도시개발사업부지에서 건물지 1동, 주거지 3기, 분묘 29기, 숯가마 2기 등이 조사됨.	
11	중산동유적 (중앙)	중구 중산동 1880-4 일대	생활 및 분묘	영종하늘도시 3구역 2-1·2-2·3·4-1·7 지역 등에서 주거지 40기, 분묘 87기 각각 확인됨.	
12	학산서원 터 유적	남구 학익동 83-10번지	건물지	학산서원 터 주변에 대한 조사결과, 고려~조선시대 문화층이 확인됨. 문화층은 고려 말~조선후기까지 3개층이 확인되었음.	
13	강화 산성	강화군 강화읍 국화리 산 3일원	산성	강화읍을 에워싸고 있는 산성으로, 북쪽의 북산, 동쪽의 견자산, 남쪽의 남산, 서쪽의 진고개로 연결되는 총 길이 7,122m의 석축성. 현재 확인되는 성은 조선시대 축성한 것으로, 고려 때 축성한 내성(內城)은 확인할 수 없음. 조선시대 정묘호란과 병자호란을 겪으면서 숙종 36(1710)년에 현재와 같은 규모로 개축되었음.	
14	강화 외성	강화군 강화읍, 선원면, 불은면, 길상면, 해안방조대주변	산성	강화중성(中城)을 수비하기 위해 축조한 성, 토성과 석성이 대부분으로, 오두돈대와 광성돈대 구간 일부만 전성(塼城)으로 축조된 상태. 고려 몽고의 요구로 고종 46년(1259)에 헐리었으나 조선시대 들어서 국방상의 이유로 고려시대 토대 위에 증축과 개축이 진행됨.	
15	강화 통제영학당지 및 진해루지	강화군 강화읍 갑곶리 1061번지 일대	건물지	조선 후기 건물지로 추정되는 축대 및 담장 시설이 확인됨, '강화도 행렬도' 및 '강화부전도'에 보이는 어변청일 가능성이 제기됨.	
16	강화 정족산성진지	강화군 길상면 온수리 산 42	건물지	정족산성 내에 위치한 것으로, 정족산사고(鼎足山史庫)를 수호할 목적으로 만든 건물지로, '정족산성진(鼎足山城鎭)'지도에 표현되어 있는 건물지의 형태가 확인됨.	
17	강화 조선궁지	강화군 강화읍 관청리 743-1	건물지 (관아)	기존 '고려궁지'로 알려진 곳으로, 수차례에 걸친 발굴조사 결과 고려시대에 해당하는 유구나 유물은 출토되지 않고, 조선시대 건물지와 유물 등이 다수 출토되고 있어 조선시대 관청인 강화유수부 동헌건물	

				과 이방청 건물 등과 관련된 유구가 존재할 것으로 추정되고 있음.	
18	강화 길상마장 유적	강화군 길상면 장흥리 산190일대	목장	길상배수지 및 송·배수관로 건설공사 중 확인된 길상마장과 관련된 유적으로 추정됨. 마장시설로 추정되는 시설물이 확인되었으며, 마장과는 별도로 추정되는 석축시설이 추가로 확인됨.	
19	강화 황골고묘 유적	강화군 양도면 인산리 산204-2임	분묘	문화유적분포지도 작성당시 확인된 유적으로, '장씨'성을 가진 목사(牧使) 묘로 알려짐. 이후 정비목적으로 발굴조사를 실시한 결과, 매장주체부 2기와 묘갈, 비좌 등이 노출됨. 묘갈의 명문 내용을 통해 제주목사를 거친 '장림(張琳)'묘로 확인됨. 전형적인 조선전기 사대부의 묘역 양식을 보여주고 있음.	
20	검단신도시 Ⅱ 유적(호남)	서구 불로동 290-5, 산29-7일대	분묘	검단신도시 Ⅱ-6지점 황화산의 동쪽 사면부에서 분묘 24기, Ⅱ-8지점에서 분묘 35기, Ⅱ-2지점에서 분묘 25기가 각각 확인되었음.	
21	인천 문학초등학교 강당부지 유적	남구 문학동 343-2 학	건물지	인천문학초등학교 다목적강당 증축부지에서 확인된 유적으로, 인천시 유형문화재 제1호인 인천도호부청사와 관련된 창고시설(군기고, 수미고, 사창)이거나 좌기청, 향청 등의 일부에 해당할 것으로 추정되고 있음. 해당부지 중 북쪽에서 석렬, 담장, 배수로, 건물지 등이 조사되었고, 남쪽에서 건물지 3기와 구들시설, 잡석기초시설 등이 확인됨.	
22	인천 서창동유적	남동구 서창동 산8-2	분묘	문화유적 분포지도에 표기된 '서창동 유물산포지'지역에서 조사결과 분묘 2기가 확인됨. 2기 모두 회곽묘이며, 이 중 부부합장묘의 지석을 통해 '심긍지(沈兢之)'라는 인물로 확인됨. 청동숟가락을 비롯한 관정이 출토됨.	
23	중앙동1가 18유적(대불 호텔) 유적	중구 중앙동 1가 18	근대 건축물	중구 개항장에 근대식 호텔로, 발굴조사 결과 벽돌조 건물의 하부구조와 함께 건물 아래 기초부분이 양호하게 잔존하고 있음이 확인되어 보존된 상태.	

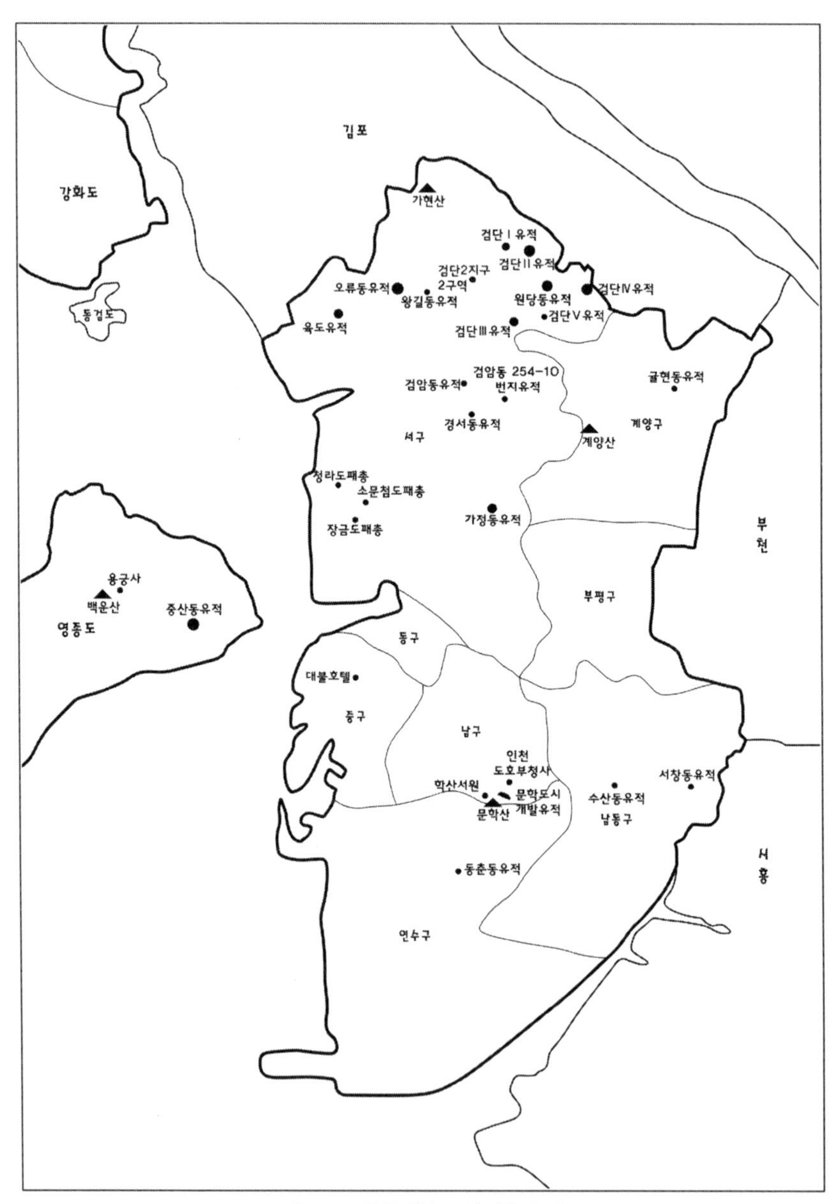

지도 10. 인천지역 조선시대 유적

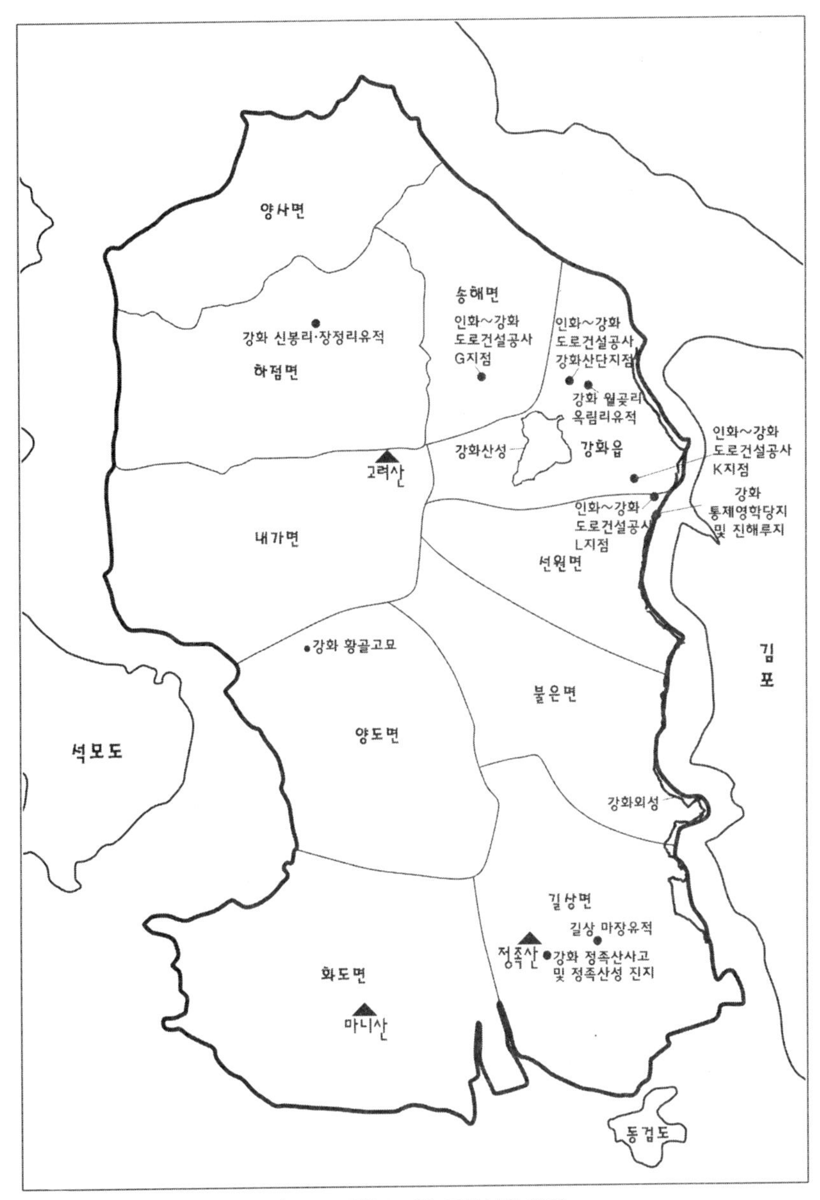

지도 11. 강화도지역 조선시대 유적

제2장

선사시대 인천 알아보기

1. 인천에 처음 살았던 사람들은 어디에서 왔을까?

인류 진화의 역사에서 절대적으로 긴 시간을 차지하는 것이 구석기 시대이며 지질학적으로는 홍적세(Pleistocene, 洪積世)에 해당한다. 이 시기는 수차례 빙하기와 간빙기가 반복되었는데 빙하기에는 지금보다 기온이 낮아 해수면이 하강한 시기였다. 기원전 1만여년 전부터 충적세(Holocene, 沖積世)가 시작되면서 기후가 따뜻해지고 해수면이 상승하면서 점차 오늘날의 해안선을 형성하게 된다. 이 시기 인류의 문화는 후기구석기에서 이른 시기의 신석기시대로 접어드는데 해안선이 지금보다 훨씬 바다 쪽으로 나가있었다. 따라서 당시의 유적들이 지금보다 해안 쪽에 위치했었다면 이후 해수면이 지속적으로 상승하였기 때문에 그 곳에 자리한 유적이 바다 속에 잠겨있을 가능성이 있다.[1] 인천 지역에서 구석기 유적의 빈도가 낮은 것도 해수

1) 해저에 구석기와 신석기시대 이른 시기의 유적의 존재여부는 해수면 변동에 따른 추정으로 이에 대해서는 체계적인 연구가 이루어진 바는 없다.

면 변동에서 원인을 찾아 볼 수 있을 것이다.

한반도의 구석기시대는 대략 70만 년 전부터 시작되어 약 1만 년 전까지 지속되었던 것으로 알려져 있다. 1960년대부터 한반도지역에서 구석기시대 유적이 발견되기 시작했으며 한반도 중부 지역에는 전곡리 유적을 비롯해 임진강과 한탄강을 중심으로 다양한 구석기 유적이 발견되고 있다. 구석기인들은 여러 곳을 옮겨 다니며 채집과 고기잡이, 사냥 등으로 생활하였다. 뗀석기는 처음에 주먹도끼와 같이 상대적으로 형태가 단순하고 큰 석기가 이용되었으나 제작기술이 발달함에 따라 점차 크기가 작아지면서 정교해지고 쓰임새별로 형태도 다양해졌다.

1) 인천의 구석기시대 유적

인천 지역에서 발굴조사를 통해 확인된 구석기 유적은 원당동유적 내 4구역, 불로동유적 3구역, 그리고 가정동(서경), 가정동(서해), 검암동에 위치하며 서구에서만 유일하게 확인되었다. 각 유적에 대한 내용을 살펴보면 다음과 같다.

인천 지역에서 발굴조사를 통해 처음 확인된 구석기 유적은 원당동유적이다. 원당동 구석기 문화층은 한국문화재보호재단의 2002년 4월~2004년 8월 발굴조사를 통해 확인되었다.[2] 원당동유적 4구역 '라'지점에서는 토양 쐐기층이 Ⅲ~Ⅵ층에 걸쳐 발달되어 있는데 석기유물은 주로 Ⅳ지층에서 산재되어 출토되었다. 석기의 종류로는 석영맥암을 이용한 몸돌, 여러면석기, 긁개, 격지, 망치 등이 있고,

2) 한국문화재보호재단, 『인천 원당동 유적(Ⅱ)』, 2008.

원당동유적 층위(한국문화재보호재단)

규암재질의 찍개, 잔손질된 격지도 출토되었다. 보고자에 따르면 Ⅳ지층에서 석기들이 무작위로 흩어져 있는 것으로 보아 안정된 문화층이 아닌, 당시의 유물이 지질변화 과정에서 재 퇴적된 유물포함층으로 해석하고 있다.[3] 출토된 석기는 모두 99점으로 몸돌 8점, 격지 5점, 양면찍개 11점, 외면찍개 7점, 여러면석기 5점, 주먹대패 4점, 긁개 21점, 밀개 10점, 홈날 8점, 뚜르개 5점, 톱니날 3점, 복합석기 3점, 망치 3점 등이 있다. 석기 대부분이 석영맥암을 이용하여 만들었으며, 일부 규암도 이용하였다.

원당동 구석기유적은 인천지역에서 최초로 정식 발굴조사 된 유적이라는 점에서 학술적인 의미가 있으며, 또한 김포 장기동 구석기유

3) 한국문화재보호재단, 앞의 책, 254~255쪽.

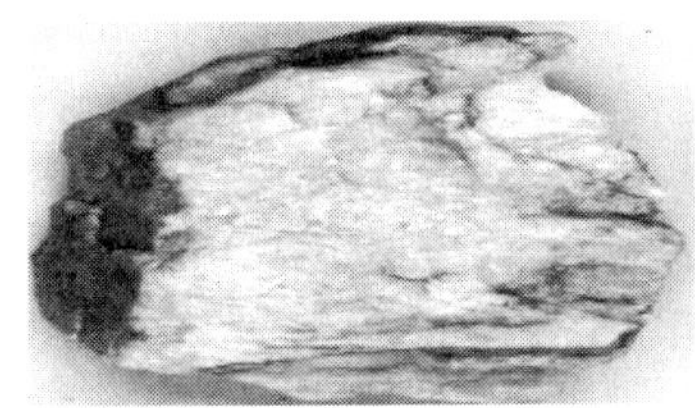

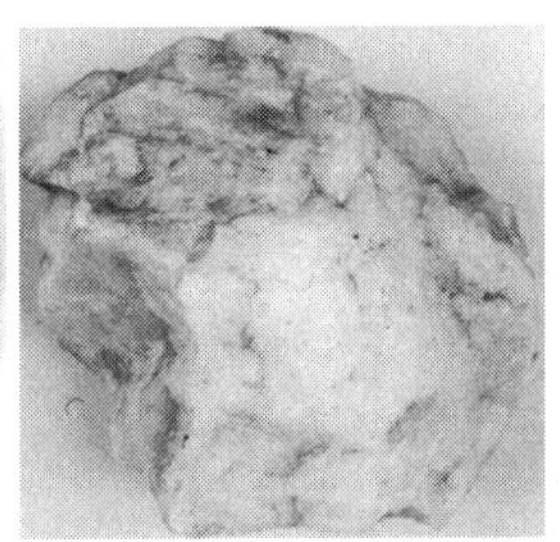

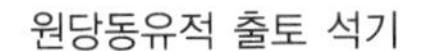

원당동유적 출토 석기

적 등 인천과 인접한 유적의 구석기와 상호 비교·검토를 통해 한강 하류역의 구석기시대 문화상을 규명하는데 많은 도움을 줄 것으로 기대하고 있다.

불로동유적은 원당동유적에 이어 인천에서 두 번째로 확인된 구석기시대 유적으로 원당동유적에서 동쪽으로 5km 가량 떨어져 있다. 불로동유적은 원당동유적과 마찬가지로 서구 검단토지구획정리사업지구 내에 포함되어 있으며 2003년 발굴조사가 이루어졌다.[4] 유적은 해발 20m 내외의 얕은 구릉의 남쪽 사면에 위치하며 호우로 인해 석기가 지표면에 노출되면서 유적의 존재가 밝혀졌다. 구석기시대 문화층은 5개의 지층으로 구성되어 있는데 석기는 VI층에서 주로 출토되었으며, 2층과 3층은 원지형이 대부분 삭평된 상태이다. 출토된 석기는 석영과 규암으로 만든 몸돌 7점, 격지 6점, 주먹도끼 1점, 찍개 5점, 밀개 2점, 긁개 1점, 홈날 1점, 새기개 1점, 톱니날 1점, 망치 1점 등 26여점이다.[5] 보고서에 따르면 유적에 대한 AMS분석 결과 B.P. 26,150±120, B.P. 23,750±230, B.P. 2,650±120의 값이 나타났는데, 보고서에는 이 값이 어느 층에서 얻어졌는지에 대한 구체

4) 한국문화재보호재단, 『인천 불로동 유적』, 2007(a).

5) 한국문화재보호재단, 앞의 책(a), 2007. 44쪽.

불로동유적 전경

불로동 구석기문화층 단면

불로동유적 출토석기 (한국문화재보호재단)

적인 언급이 없다.

가정동 구석기문화층은 서경문화재연구원이 2012년 4월 16일부터 2012년 5월 15일까지 실시한 시굴조사를 통해 확인되었다.[6] 가정동 유적에서는 화산암제 주먹도끼와 몸돌, 여러면석기, 긁개 등과 규질암으로 제작한 찍개와 찌르개, 긁개, 홈날석기, 밀개, 몸돌과 격지 등 약 300여점의 석기가 확인되었는데 이 중에서 길이 26cm의 주먹도끼가 출토된 점이 주목된다. 이 주먹도끼는 인천에서 최초로 확인된 것으로 화산암으로 제작되어 자갈돌을 이용해 제작하는 다른 지역의 주먹도끼와는 차이를 보이고 있다. 가정동에서 수습된 화산암제 석기들은 계양산과 철마산의 서쪽지역을 중심으로 발달한 화산암

6) 서경문화재연구원, 『인천 가정동 구석기유적』, 2014.

에서 채취한 석재를 이용하여 제작한 것으로 추정하고 있다. 그러나 수습된 석기의 대부분은 석영맥암이나 규질암을 이용한 것으로 169점의 석기가 선별되었다. 이 유물들 중 다듬은 석기가 25점, 나머지는 몸돌, 격지 등 석기제작 과정에서 나온 유물들이다. 이들 석기의 돌감은 석영 119점, 응회암 30점, 규암 18점, 유문암 1점, 편암 1점 등으로 주변에서 구하기 쉬운 돌감을 주로 이용하였다. 특히 주목되는 것은 조사지역과 인접한 계양산, 철마산 일대에 분포하고 있는 용결응회암의 활용이라 할 수 있다. 일반적으로 응회암 등의 돌감은 후기 구석기시대에 접어들어 석기제작기술이 발전하면서 사용된 것으로 알려져 있는데, 가정동유적에서는 비교적 이른 시기에 속하는 주먹도끼의 제작에도 응회암이 사용되고 있는 점으로 미루어 다른 양상을 보여주고 있다.[7)]

가정동유적은 모두 8개의 지층으로 구성되어 있는데 2, 3, 4층에서 유물이 확인된다. 그러나 이들 지층을 명확하게 나눌 수 있는 기준이 없고 몸돌(24점)에 비해 격지(6점)의 수가 극히 적은 것은 볼 때 재 퇴적에 의해 형성된 지층들로 판단하고 있다. 보고자는 다듬은 석기들 중 몸돌석기가 다수를 차지하는 것으로 보아 도구의 제작 시기가 중기구석기시대에 해당될 가능성이 높은 것으로 보았다. 그러나 토양에 대한 AMS연대 측정 결과 후기구석기시대에 해당하는 연대가 나타나 층위가 재 퇴적 되었을 가능성이 있으며 석기의 제작시기와는 관련이 없을 가능성이 있다. 이와 같은 양상은 인천과 인접한 김포 등지의 유적에서도 확인되는 특징으로 우리나라 중서부지역 해안

---

7) 서경문화재연구원, 앞의 책, 36~37쪽.

가정동유적 전경(서경문화재연구원)

지역 구석기유적의 공통적인 현상으로 보고 있다. 가정동 구석기유적은 비록 재 퇴적된 층위에서 석기가 출토되기는 했지만, 원당동, 불로동유적에 비해 다듬은 석기가 다수 출토되었고, 특히 응회암으로 제작된 주먹도끼가 출토되어 인천지역 구석기유적 연구에 중요한 자료로 평가 된다.

서해문화재연구원이 발굴 조사한 가정동 구석기시대 유적은[8] 서경문화재연구원이 조사한 유적에서 동북방향으로 약 200m 정도 떨어져 있다. 현재는 가정역(인천지하철 2호선)을 가운데 두고 두 유적이 위치한 지역에는 모두 도로가 개설되어있다. 구석기 고토양층은 발굴조사 구간 가운데 남쪽에 넓게 분포하고 있으며, 이 가운데 구석기시

8) 서해문화재연구원, 『인천 가정동 유적 I』, 2016.

가정동유적 지층

가정동유적 출토 석기

대 문화층은 1개 층으로 고토양층 1지점의 제4층에서 긁개와 격지 같은 타제석기들이 소량이 출토되었다. 출토된 석기는 몸돌 1점, 긁개 1점, 격지 1점 등 모두 3점이다. 발굴조사 구역에서 석기의 출토범위가 매우 제한적이고, 석기의 출토 수량도 매우 적은편인데, 이는 토층의 상단부가 근세에 도로 건설과 건물지가 축조되면서 문화층의 상당부분이 삭토(削土)되었기 때문일 것으로 판단하고 있다. 이 지점에서 출토된 석기 중에서 원석과 망치돌 등이 출토되지 않았는데, 이는 조사지역에서 일정한 석기제작 행위가 있었다기 보다는 짧은 점거 또는 재 퇴적된 유물의 분포일 것으로 보고자는 판단하고 있다.

2011년에 발굴 조사된 서구 검암동유적은 동-서 방향으로 형성된 긴 구릉의 동사면과 남동사면 일부를 포함하는 해발 약 10~16m 내에 위치한다. 고토양층은 너비 약 11~12m, 깊이는 1.5~1.8m 정도의 4개층으로 구성되어 있다. 유물은 Ⅰ층인 암갈색 점토층의 상면에서만 출토되었는데, 이 층에서는 쐐기구조가 관찰되지만 대부분 삭평되어 하단부만 확인된다. 출토된 유물은 총 26점으로 대부분 석영제이며, 일부 응회암이 포함되어 있다. 그 종류는 몸돌 7점, 격지

검암동유적 출토 석기(중부고고학연구소)

5점, 조각 6점, 다듬은 석기 7점이다. 다듬은 석기는 몸돌석기로 찍개 1점과 여러면석기 4점, 잔손질된 석기로 긁개 1점과 홈날 1점 등이 있다.

보고자는 검암동 2지점의 지층이 김포 신곡리, 김포 장기동유적과 유사한 양상으로, 약 4만 년 전후시기에 해당되는 중기 구석기시대 후반부의 유적으로 판단하고 있다. 퇴적층에 대한 연대측정결과 대략 B.C. 30,000~50,000 사이에 위치하는 것으로 나타났다. 유물은 석편이 다량 혼입된 층의 상부에서 석기가 확인되고 있는데 이는 석기 제작 당시나 그 이후에 재 퇴적 과정을 거쳐 형성된 것으로 보고 있다.[9)]

2) 인천지역 출토 구석기의 기술적 특성

앞서 살펴본 바와 같이 인천지역에서는 유일하게 서구지역에서만 구석기시대 유적이 확인되었다. 이 유적들은 그동안 지표상에서만

9) 중부고고학연구소, 『인천 검암동 유적』, 2014, 135~136쪽.

확인되던 구석기 유물이 정식 발굴조사를 통해 보다 구체적으로 확인 되었다는 점에서 그 학술적 가치가 크다. 다만 발견된 유적과 유물의 수가 상대적으로 적어 인천지역의 구석기 문화를 상세하게 파악하는데는 한계가 있다. 이들 유적의 기본적인 속성들을 정리해 보면 다음 표와 같다.

〈표 8〉 인천지역의 구석기유적

유적명	입지(해발 m)	출토유물	추정연대(AMS/OSL)[10]	위치
원당동유적	구릉 골짜기 (33m)	석영맥암/규암 등 99점	B.P. 15,000	원당동 산 130 원당동 산 118
불로동유적	구릉 사면 (59~20m)	석영/규암 등 26점	B.P. 26,150~22,650	불로동 348-1
가정동유적 (서경)	낮은 구릉 (31m)	석영/응회암/규암등 119점	B.P. 20,230~13,680	가정동 산 118-2
가정동유적 (서해)	낮은 구릉 (16-19m)	석영제 석기 소량	B.P. 40,000~26,000	가정동 289-2
검암동유적	낮은 구릉 (10-16m)	석영제 석기	B.C. 42,800~28,800	검암동 415-1

10) AMS(Accelerator Mass Spectrometry): 가속기 질량분광분석기는 방사성탄소연대측정법과 동일한 원리를 사용하지만, 탄소원자들을 가속시킬 때 무거운 탄소14가 자기장에서 덜 휘는 성질을 이용해 정확히 탄소14와 탄소12의 비율을 알아낸다. 유물에서 연대측정을 위해 뜯어내야 하는 시료의 양이 0.001g으로 줄었고 훨씬 정확한 연대를 알 수 있게 됐다.
OSL(Optically Stimulated Luminescence): 방사성탄소측정법으로 측정할 수 없었던 5만 년 이상 된 유물을 측정할 수 있다. 이 방법은 유물 자체가 아니라 유물이 묻힌 지층의 연대를 측정하는 방법이다.
B.C.: Before Chist; 예수가 태어나기 이전 이라는 뜻으로 서기 이전이란 의미이다.
A.D.: Anno Domini; 라틴어의 약자로 예수가 태어난 해를 나타내는 서기 원년을 의미한다.
즉 B.C. / A.D. 는 기독교 세계관이 반영된 서구식 연대표기 방법이다.
B.P.: Before Present; B.P. 5000는 현재로 부터 5000년 전이라는 의미로, 방사성탄소연대측정법이 본격적으로 사용되기 시작한 1950년을 기준으로 한다는 견해들이 있

인천지역에서 확인된 구석기 유적들의 기본적인 속성을 살펴보면 대략 해발고도 10m~60m 내외의 저평한 구릉지대에 위치하고 있다. 석기들은 대부분 석영암을 사용해 제작하였으며 다음으로 응회암과 규암이 많이 사용되었다. 유적에 대한 절대연대측정 결과를 살펴보면 대략 1만 5천년에서 4만 년을 전후한 광범위한 시간대를 나타내고 있으나 이 유적들은 모두 재 퇴적된 층으로 파악되고 있어 연대측정치의 신뢰도는 낮은 편이다. 즉 유물이 실제로 제작된 시기와 해당 지층이 형성된 시기가 같지 않을 가능성이 높다는 것이다. 연대측정치만은 놓고 봤을 때 인천지역에서 확인된 구석기 유물들은 대략 4만 년 이전까지 올라가지는 않는 것으로 볼 수 있다.

각 기관들이 발굴한 구석기 유적들을 비교해 살펴보면 5개소의 유적 모두 유사한 특성들을 보이고 있다. 우선 인천지역 일대에서 조사된 구석기시대 유적의 편년은 토층과 수습된 유물들을 비교 검토하여 판단할 수 있다. 한반도지역 구석기시대 유적 간 층위를 비교할 때 가장 유용한 것은 암갈색 점토층 내에서 발달된 쐐기구조의 형성이다. 쐐기구조(soil-wedge)는 후기구석기를 대표하는 표식적인 지층으로 알려져 있는데 아래 사진에서 보이는 수직방향으로 색깔을 달리하여 마치 나무뿌리처럼 뻗어 내린 형태를 지칭한다. 쐐기구조는 마지막 빙하기 동안 동결과 융해가 거듭 반복되면서 형성된 것이라는 이론이 있는데 아직 그 원인이 입증된 바는 없다. 쐐기구조의 형성 원인에 대해서는 다양한 의견이 존재하고 있지만 대략 2만 년~4만 년 내외의 시기에 형성되었다는 의견이 일반적이다. 인천지

으나 국제적으로 공인된 현재(Present)의 기준년도는 명확하지 않다.

가정동 구석기유적(서해) 지층

역 일대의 구석기시대 문화층은 가정동(서경), 가정동(서해), 검암동유적의 경우 석기는 토양쐐기를 포함한 암갈색점토층의 상면에서 확인되고 있는 반면, 원당동과 불로동유적에서는 암반층 바로 위층에서 석기들이 출토되었다.

구석기 유물들이 확인된 지층과 연대측정 결과를 살펴보면 서경문화재연구원이 조사한 가정동유적에서는 제3층인 암적갈색 점토층 하단부에서 유물이 다수 출토되었다. 이 층의 최상부 20㎝ 구간에서 채취한 시료는 OSL 연대가 B.P. 36,000±4,000로 측정되었다. 보고자는 유물층에서 몸돌석기가 격지석기나 잔손질된 소형석기에 비해 많이 출토된다는 점을 근거로 자연현상에 의해 후기 구석기시대에 재 퇴적되었을 가능성이 높은 것으로 해석하였다.[11] 또한 서해문화재연구원에서 2014년의 인천 루원시티지구(가정오거리)에 대한 제2차 발굴조사에서 확인된 제1문화층에 대한 OSL 연대는 B.P. 40,000±2,000로 측정되었다.[12]

한국문화재보호재단이 발굴한 원당동유적에서는 쐐기구조가 제3층인 암갈색 사질점토층과 제5층인 암적갈색 사질점토층에 발달되어

---

11) 서경문화재연구원, 앞의 책, 36~37쪽.
12) 서해문화재연구원, 앞의 책, 78~82쪽.

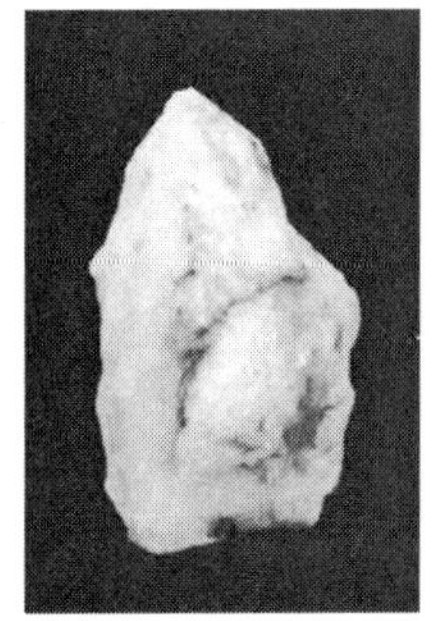

가정동유적(서해) 출토 석영제 석기

있으며, 유물은 풍화암반층의 바로 위층인 황갈색 사질점토층에서 출토되었다. 보고자는 유물이 출토되는 층이 구석기인들의 행위를 보여주는 안정된 문화층이 아니고 당시의 유물이 지질변화 과정에서 재퇴적된 유물포함층으로 판단하였다.[13] 한국문화재보호재단이 발굴한 불로동유적에서는 제4층인 적갈색층에서 석기들이 출토되었다. 이 유적은 AMS 연대측정결과 B.P. 26,150±120, B.P. 23,750±230의 연대가 측정되었으나, 측정된 층위가 어느 층의 연대인지는 보고서에 명확하게 기술되어 있지 않다. 중부고고학연구소에 의해 2011년에 발굴 조사된 인천 검암동유적에서는 암갈색 점토층의 상부에서 유물들이 출토되었다. 적갈색 점토층(토양쐐기1)의 OSL 연대측정은 B.P. 35,300±1,500, B.P. 32,300±1,400, B.P. 35,700±1,500로 측정되었다.

인천지역에서 출토된 구석기 유물들 중 가정동에서 수습된 주먹도끼는 임진, 한탄강 유역뿐만 아니라 전국적으로 확인된다. 또한

13) 한국문화재보호재단, 앞의 책, 2008, 254~255쪽.

이른 시기 구석기유적에서 주먹도끼보다 광범위하게 더 높은 빈도로 나타나는 것은 찍개와 다각면석기이다. 찍개의 경우 가장 이른 시기의 지층에서 시작되어 후기구석기시대의 유물군에서도 발견되어 가장 오랫동안 지속된 형태의 석기라 할 수 있다. 남부지방에서는 죽내리 등에서 보이듯 비교적 이른 시기에 석영암이 아닌 안산암이나 응회암등을 이용하여 석기를 제작하였지만 중부지역에서는 비교적 늦게까지 석영암을 이용한 석기제작기술이 계속된 것으로 추정하고 있다.[14]

인천 서해안지역에서 발견되는 구석기 유물은 석영제 석기가 대부분이다. 석영암은 조악한 석재로 인식되기 쉽지만 주변에 흔하게 분포하고 있어 구하기가 쉽고 박편을 떼어낼 경우 석기의 날이 날카롭고 내구성도 좋은 편이어서 석재로서는 충분히 사용 가능하다. 특히 소형 석영암석기 유물군의 특징으로는 치밀한 조직을 가진 원석을 골라, 최대한 석영함의 장점을 살려 날카롭고 견고한 날을 가진, 작으면서도 다양한 형태의 석기를 제작할 수 있다.[15]

한국의 많은 구석기 유적들 중소형 석영암 석기군은 토양 쐐기층 상부에서 집중적으로 확인되지만 하부에서도 확인되며 돌날석기가 유행하던 시기까지 존속된 것으로 파악된다. 그러나 이 시기 한반도에서는 르발루아(Levalloisian stone-flaking technique) 기법[16]과 같

14) 성춘택, 「한국 구석기시대 석기군 구성의 양상과 진화시론」, 『한국상고사학보』 51, 1996, 26쪽.

15) 성춘택, 위의 글, 28쪽.

16) 19세기 프랑스 파리의 교외 지역인 르발루아페레 지역에서 여러 점의 석기가 발견되었다. 이 석기들 은 이전의 뗀석기보다 정교하였고, 돌의 중심부에서 돌 조각을 깎아내는 등 이전과는 다른 기법들을 발견할 수 있었다. 타격면이 한쪽 끝에 생성되어 있으며, 타격면을 활용하여 전 가장자리를 돌아가며 박리를 시도하여 박리면의 끝단이 가운데

은 몸돌을 준비하는 기술은 보이지 않으며 자연면을 그대로 갖춘, 타격면을 별도로 손질하지 않거나 약간의 손질만이 가해진 것들이다. 즉, 주변에 산재해있는 석영암을 손쉽게 구해 효율적인 석기를 제작할 수 있었기 때문에 굳이 노력을 들여 몸돌을 준비하지 않아도 되었던 것이다.[17)]

석영암 석기 주도의 석기군에서 규질혈암(응회암)이나 반암, 흑요석 등 정질의 암석으로 만들어진 돌날 중심의 석기군으로 변화하는 후기 구석기로 넘어가게 된다. 석영암의 장점은 날카로우면서도 오래 견딜 수 있는 날을 가진 석기를 만들 수 있다는 점이지만 가장 큰 단점은 내부 절리면의 구조 때문에 소형의 정형화된 석기를 제작하기 어렵다는 점이다. 구석기 말기에는 길이가 너비보다 두 배 이상인 정형화된 돌날을 제작하여 사용하는 양상이 보편화 된다. 즉 석영암의 내부 절리의 특성상 얇고 긴 돌날을 만들어내는 작업에는 부적당한 것이다. 석영암은 구하기가 쉽고 제작하는 비용이 저렴하여 석영암제 석기는 구석기 후기에도 격지, 긁개, 톱니날석기 등으로 제작하여 사용된다. 돌날석기들은 첫째 토양쐐기층 중부-상부를 중심으로 분포하는데 대략 B.P. 30,000 전후한 시기에 해당된다.[18)]

한편 인천·경기지역에서 수습되는 구석기 유물들은 임진강·한강 유역에서 발견되는 구석기 유물들과 서로 연결되는 속성들을 보여준다. 그러나 임진강 유역에서의 용암대지 형성과 관련된 연대측정의 문제에서는 아직도 많은 논란의 여지가 있다. 임진강 유역에서 발견

로 모여 서로 연접하도록 만든 기법이다.

17) 성춘택, 앞의 글, 29쪽.

18) 성춘택, 앞의 글, 31~32쪽.

되는 유적의 연대는 70~80만 년 전 이상 심지어는 100만 년 이전까지도 올라갈 수 가능성이 있다고 보는 견해가 있다.[19]. 즉 임진-한탄강 유역 구석기 유물 및 주먹도끼가 오래되었다고 주장하는 소위 중기 홍적세설은 기존의 전곡리 보고서에서 제시된 연대를 신뢰하는 견해이다. 반면 최근 발굴된 구석기 유적들에서 새롭게 측정된 연대들을 기반으로 이들 유적의 연대가 10만 년 전후한 시기에 형성되었을 가능성도 제기되고 있다.[20]

임진-한탄강 유역 주먹도끼의 특징으로는 첫째, 계획적인 박리작업이 이루어지지 않은 것을 들 수 있다. 즉, 양면가공이 이루어진 경우 수차례의 박리흔이 있을 뿐 전면적으로 외곽을 성형한 흔적은 보이지 않는다. 또한 주먹도끼 제작 공정이 원만히 이루어지지 못한 것으로 파악하고 있다. 이 경우 주먹도끼 제작에 필요한 원활한 확보가 이루어지지 못하고, 의도된 박리작업을 가능하게 해 주는 타격면 예비조정(preparation)이 존재하지 않는다. 기술적으로 뚜렷한 속성이 주먹도끼의 외형에 반복적으로 반영되지 않고 각기 다른 결과물을 나타낼 수 있다는 것이다. 따라서 임진-한탄강 유역 주먹도끼는 아슐리안 주먹도끼와 유사하기는 하지만 아슐리안 공작 기술전통에 해당하는 뚜렷한 형식학적 특징이 나타나지 않는다는 것이다.[21]

이와 같이 구석기시대 지층의 형성과 도구제작의 기술적 특성과

---

19) 이선복, 「임진강유역의 플라이스토세 전기-중기초 구석기유적 상보」, 『한국고고학보』 46, 2002, 97~100쪽.

20) 유용욱, 「속 임진-한탄강 유역 주먹도끼의 특성에 대하여」, 『한국고고학보』 101, 2016.

21) 유용욱, 「임진-한탄강 유역 주먹도끼의 특성에 대하여」, 『한국고고학보』 36, 1997, 18~120쪽.

관련된 여러 이견들이 있다. 그러나 인천·서해안일대에서 발견되는 구석기들이 임진-한탄강 유역에서 발견되는 것들과 유사한 양상을 나타내는 것으로 볼 때 임진-한탄강 유역 구석기전통의 맥락에서 이해하면 될 것이다.

인천지역에서 현재까지 확인된 구석기 유적 및 유물들은 다른 지역과 비교해 볼 때 그 수가 상대적으로 적은편이다. 따라서 현재까지 확보된 구석기 유물만으로 인천지역 구석기 문화의 성격을 논하기에는 명백한 한계가 있는 것이 사실이다. 다만 확인된 구석기 유적의 입지와 지층구조, 수습된 석기들의 기술적 속성 등은 임진-한탄강 유역 구석기 전통과 연관성이 있으며 인천지역에서도 후기구석기 문화가 형성되었음을 확인할 수 있다.

인천지역에서 살았던 구석기인들은 누구일까? 우리가 유적을 통해 알고 있는 것 보다 더 오래전부터 이곳에서 사람들이 살았을까? 아니면 유적이 이야기 해 주는 대로 3만 년 전 언제쯤 다른 곳으로부터 이주해 온 사람들인가? 결론부터 말하자면 아직은 확실히 알 수 없다. 그러나 우리는 이 질문에 답하기 이전에 몇 가지 생각해 봐야 할 문제들이 있다.

우리가 사용하는 구석기(舊石器)라는 용어는 2백만 년이 넘는 기간에 여러 인류의 종(種)들이 사용했던 모든 도구들을 포함하는 다소 모호한 개념으로 사용되고 있다. 인류의 진화선상에서 처음 석기가 등장하는 것은 호모 하빌리스(Homo Habilis)의 올도완(Oldowan Industry) 석기 제작 기술로 대략 250만 년 전에 사용된 도구이다. 올도완 석기는 탄자니아(Tanzania) 올두바이 계곡(Olduvai gorge)에서 발견되어 붙여진 이름이다. 호모 하빌리스는 버려진 동물사체의 뼈를 깨드려 골수를 얻는데 주로 석기를 사용한 것으로 추정하고 있다. 이후 대략 150만 년 전 호모 에렉투스(Homo Erectus)단계에서는 아슐리안(Acheulian Industry) 석기제작 기술이 등장하였다.[22] 호모 하빌리스가 사용하던 올도완 구석기는 자갈돌을 이용해 만든 외날 형태의 단순한 기능의 도구인 반면 아슐리안 석기는 양면석기로 하나의 석기가 여러 기능을 갖는 보다 발전된 형태의 도구이다. 이후 구석기는 전기, 중기, 후기의 여러 단계의 기술적 변화를 거쳐 마지막 빙하기인 2만~1만 년 전 사이에는 세석기(microlith)가 등장하게 된다. 이러한 석기는 시기에 따라 기술적 전통과 제작기법들이 다양하고 세계 각 지역마다 그 전개 양상이 서로 다르다. 그러나 우리는 이 광범위한 시간대의 다양한 석기제작 기술들을 모두 포함하여 단순하게 '구석기'라는 용어로 표현하고 있는 것이다.

그렇다면 이러한 기술 발전의 원인은 무엇이며 왜 올도완 구석기에서 아슐리안 석기공작으로 발전하는데 약 100만 년이라는 오랜 시간이 걸린 것일까? 우선 이 질문과 관련해서는 학계에서 많은 이견(異見)들이 현재까지도 논의되고 있다. 신진화론(Neo-evolutionism)적 관점에서 볼 때 아슐리안(Acheulian)[23] 양면석기(biface)들은 올도완(Oldowan)[24] 찍개(chopper)보다 그 모양이나 기능면에서 더 우수하고 발전된 형태의 것으로 흔히들 생각한다. 즉, 아슐리안 도구들이 올도완 도구제작 기법을 이어받아 보다 더 우수한 기능으로 발전된 형태의

22) 이상희·윤신영, 『인류의 기원』, 사이언스북스, 2015.

23) 아슐리안(Acheulian) 석기: 호모 에렉투스(1.6백만~3십만 년 전)가 사용한 석기제작 기술.

24) 올도완(Oldowan) 석기: 호모 하빌리스(2.5~1.5백만 년 전)가 사용한 석기제작 기술.

것이라고 일반적으로 받아들인다. 그러나 일단의 학자들에 따르면 어느 한 도구의 형태가 다른 형태로 변하여 나타나는 것이 반드시 기술적 진보에 따른 특정한 수준과 관련이 있는 것이 아니라고 주장한다. 예를 들어 아슐리안 석기들도 올도완 석기와 마찬가지로 올두바이 계곡(Olduvai Gorge)에서 처음 등장한다. 이 지역에서는 아슐리안 석기를 만들기 위한 원석(raw material)을 채취할 수 있는 가장 가까운 장소는 그 도구들이 발견된 유적지로 부터 평균 10km 이상 떨어져있다. 이 지역에서 발견된 아슐리안 양면석기의 형태는 기능적인 측면에서 만들어 진 것이 아니라 주변의 지형적 조건 안에서 도구들을 효과적으로 운반하기에 가장 편리한 형태로 만든 것이라는 주장이다. 다시 말해서 현재 남아있는 아슐리안 도구들의 형식학적 특징들은 도구의 기능을 극대화하기 위한 결과로서 만들어진 것이 아니라 원석의 효과적인 채집과 운반의 필요에 따라 남겨진 외형적 속성일 수가 있다는 것이다.[25] 이러한 주장을 다른 석기 공작에도 적용한다면 현재 우리가 발굴조사를 통해 발견하는 석기들은 제작당시의 형태가 아닌 사용하다가 마지막에 폐기되었을 당시의 형태로서 석기를 제작, 사용, 수리, 재활용 하는 동안 형태상의 변형이 있을 수 있다는 주장이다.

석기를 제작하는 기술뿐만 아니라 인류가 발전시켜온 모든 기술들을 한마디로 정의하자면 '기술(技術) 이란 필요에 의해서 만들어지고 용도가 다했을 때 폐기되는 인류 진화의 한 적응방식'이라고 할 수 있다. 현재까지 알려진 바에 의하면 올도완 석기와 아슐리안 석기제작 기술이 등장했던 시기에는 급격한 자연환경의 변화가 있었고 세

25) Hayden, Brian, "From Chopper to Celt: the Evolution of Resharpening Techniques", Time, Energy, and Stone Tools, 1989, pp.7~16.

석기 제작기술은 혹독한 빙하기를 거치면서 북반구에 처음 등장한다. 즉, 새로운 기술은 인류가 급격한 환경변화에 따른 심각한 생존 압박을 받을 때 이를 극복하기 위한 적응 방식이라는 것이 인류학/고고학자들의 일반적인 견해이다.

아슐리안 석기공작(Acheulian Industry)이 호모 에렉투스의 기술 전통이라면, 대략 6~7만 년 전쯤 아프리카를 출발해 전 대륙으로 퍼져나간 현생인류(Homo Sapiens)는 다양한 형태의 격지석기(flake tool Industry) 제작기술을 발전시켜 왔다. 한반도 지역에서는 호모 에렉투스의 인골이 확인된 바는 없으나 전곡리를 비롯한 여러 구석기 유적에서 확인된 아슐리안 기법의 석기와 절대연대측정 결과들을 볼 때 호모 에렉투스가 한반도 일대에 살았을 가능성은 높다고 할 수 있다. 그러나 현재까지 인천에서 발견된 구석기 유적들 중에는 대략 5만 년 이전의 유적은 확인되지 않고 있다. 즉, 석기의 제작기술과 절대연대 측정치만으로 볼 때 인천지역에서는 현생인류(Homo Sapiens)의 유적만이 확인된 것이다.

그러나 가정동유적에서 발견된 주먹도끼는 학계의 관심을 끌기에 충분한 이유를 갖고 있다. 가정동유적의 주먹도끼는 전곡리 등지에서 발굴된 아슐리안 주먹도끼와 많이 닮아 있다. 그렇다면 가정동에서도 호모 에렉투스가 살았던 것일까? 여기에는 몇 가지 가능성을 생각해 볼 수 있다. 첫째는 가정동을 비롯한 인천지역에서 발굴된 구석기유적들은 모두 재퇴적된 층위에서 발견된 것으로 보고되었다. 이는 형성된 지층이 여러 시기에 걸쳐 복잡하게 퇴적되어 정확한 연대기적 선후 관계를 확인하기 어렵다는 뜻이다. 후기 구석기 지층이 형성될 당시에 전기 구석기 유물인 주먹도끼가 재퇴적시 흘러들어와 함께 묻혔을 가능성이 있다는 것이다. 둘째는 호모 에렉투스의 한 무리가 한반도에 들어와 (현생인류가 아프리카 대륙에서 나오기 전인) 최소한 10만 년 이전부터 상당히 오랜 기간 진화를 거듭하면서 3~4만 년 전까지 생존해 왔고 이들이 남긴 아슐리안 전통의 석기가 가정동에서 발견되었을 가능성이다. 셋째는 한반도에서 진화해 온 호모 에렉투스의 한 무리가 3~4만 년 전쯤에 이주해온 호모 사피엔스의 무리와 접촉하였고, 공존하게 되면서 아슐리안 석기제작 기술 전통이 부분적으로 호모사피엔스 문화 속에 존속해 왔을 가능성이다. 넷째는, 호모 에렉투스와 진화선상에서 유전적인 연결고리를 갖고 있는 한반도의 호모 사피엔스가 석기제작 과정에서 기능적인 목적에 따라 우연히 아슐리안 석기와 유사한 석기를 만들었을 가능성이다.

인도네시아에서 확인된 호모 플로렌시스(Homo Florensiensis)는 현생인류의 반 정도 밖에 안 되는 작은 몸집으로 인도네시아 일대에서 대략 6만 년~18,000년 전까지 생존했던 것으로 알려져 있다. 호모 플로렌시스가 어느 종(species)에 속하는지는 아직 확실하게 밝혀진 것은 아니지만 분명한 것은 호모 사피엔스와는 다른 종이며 일부 학자들은 호모 에렉투스에 속하는 종(種)으로 파악하고 있다.[26] 이것이 사실이라면 호모 플로렌시스는 호모 에렉투스 단계에서 인도네시아 지역 플로렌스 섬에 들어가 독자적인 진화의 길을 걸었던 것이다. 중동과 유럽지역에서도 네안데르탈인(Homo neanderthalensis)과 호모 사피엔스가 3~4만 년 전까지 공존했던 것은 널리 알려진 사실이며 최근 DNA 연구결과 중동지역에서 8~5만 년 전 쯤에는 네안데

---

26) 이상희·윤신영, 앞의 책, 243~244쪽.

가정동유적(서경) 출토 주먹도끼

르탈인과 현생인류 사이에 교배가 이루어졌던 증거도 확인되었다. 마찬가지로 지구상의 다른 지역 어디에서라도 호모 에렉투스와 호모 사피엔스가 일정기간 공존했을 가능성은 있는 것이다.

인천 지역에서 살았던 구석기인들은 누구인가? 어디로부터 왔는가? 사실 현재 우리가 확보한 자료만으로는 이 질문에 대해 답하기 어렵다. 그러나 한 가지 분명한 사실은 대략 3~4만 년 전에 사람들이 인천지역을(서해 도서지역을 포함하여) 기반으로 삶을 영위했다는 것이다. 그리고 가정동 주먹도끼를 언제, 누가, 왜 만들었는지 정확히 알 수는 없지만 여러 가지 가설들을 상상해 보는 것만으로도 흥미로운 유물이라 할 수 있을 것이다.

2. 인천은 신석기 문화의 보고

지금으로부터 약 1만 년 전, 차가웠던 지구의 기후가 따뜻해지면서 해수면이 점차 상승하고 식생도 오늘날과 비슷한 모습으로 변화하게 된다. 이러한 기후와 환경의 변화 속에 인류는 신석기시대(新石器時代)라는 새로운 문화를 발전시켰다. 신석기시대가 시작되는 시점은 지질학적으로 오늘날과 같은 충적세(Holocene)로 접어드는 때로 자연환경도 현재와 비슷하게 변화되는 때이다. 이 시기의 가장 큰 특징은 농경과 가축사육을 통한 생산경제의 시작과 토기의 등장이다. 물론 어로와 사냥, 채집 등이 여전히 주요한 생업으로 자리하고 있지만 농경과 가축의 사육은 생산력의 비약적인 발전을 가져오게 되었고, 그에 따라 정착생활이 이루어지면서 이후 단계의 획기적인 문화 발전에 바탕이 되었다.

한반도에서 신석기 문화가 시작된 것은 약 8,000년 전 경이며, 청동기가 등장하는 기원전 1,500여년 경까지 지속되었다. 우리나라의 신석기문화는 빗살무늬토기로 대표되며 강가나 바닷가에 움집을 짓고 모여 살면서 어로, 사냥, 채집 생활을 하였다. 한반도의 빗살무늬토기는 시베리아지역의 빗살무늬토기와 연결되는 것으로 보는 시각이 많다. 빗살무늬토기는 한반도 전역에서 등장하는데, 서해안과 동북해안, 남해안 등 3개의 지역별로 토기의 양상에서 차이가 있다. 그 가운데 서해안의 토기는 밑이 뾰족한 첨저형(尖底形:포탄형)이 일반적이다. 그리고 토기의 문양도 시기별로 차이를 보이고 있는데 신석기 전기에 속하는 토기들은 토기의 몸통 전체에 빗살무늬를 시문하고 있으나, 시간이 지날수록 무늬가 점차 감소해 바닥부분부터 문양을 넣지 않게 된다. 후기가 되면 토기의 아가리에만 남아있게 된다.[27]

---

27) 신숙정, 「중서부지역 신석기문화 연구의 성과와 전망」, 『한국 신석기연구 제15호』, 한국 신석기연구회, 2008.

신석기시대에 주로 사용된 도구는 마제석기다. 처음에는 일부분만 갈아서 만든 경우가 많지만 후기로 갈수록 석기의 형태와 제작기법이 정교해지고, 그 종류도 많아진다. 유물들은 석부와 석검, 화살촉, 어망추, 갈돌과 갈판 등이 발견되는데, 갈돌과 갈판의 경우 곡식을 가공하는 도구로서 신석기시대에 곡물자원을 적극 활용하였음을 추정해 볼 수 있다. 한편 신석기시대는 구석기시대에서 보이지 않던 움집(수혈주거지)이 등장한다. 주로 강변이나 해안가에 자리한 구릉지대에 위치하는데 대체로 원형의 형태를 띠고 있다. 움집의 등장은 사람들이 일정한 지역에 한시적이나마 정착했음을 보여주는 것으로 먹거리를 따라 지속적으로 이동하던 생활방식에서 점차 탈피하고 있음을 알 수 있다.

신석기시대의 문화적 특징 중 하나가 농경의 시작인데 한반도지역에서는 신석기시대에 농경이 시작한 증거는 일부 유적에서 찾아볼 수 있으나 집약적인 농경이 이루어졌다는 증거는 아직 확실하지 않다.[28] 신석기시대 한반도의 사람들은 대체로 바다나 하천가에 생활하면서 해산물 등을 주요한 먹거리로 삼아 생계를 유지하는 것이 일반적이었다. 따라서 서해안지역과 같이 풍부한 먹거리를 쉽게 얻을 수 있는 곳은 신석기인에게는 매력적인 생활 장소가 되었을 것이다.

인천지역은 어로와 사냥, 채집생활을 주로 하는 한반도의 신석기

한반도 서해안지역의 신석기시대의 편년은 대체로 토기의 문양이나 시문면적의 변화를 기준으로 전기, 중기, 후기로 구분되며, 전기는 B.C. 4,000년 이전, 중기는 B.C. 4,000~3,000, 후기는 B.C. 3,000 이후로 나뉘어진다. 그러나 최근 자료가 급격히 증가하면서 기존의 편년에 대한 비판적인 견해도 나타나고 있다.

28) 최근 인천 중산동 신석기시대 유적에서 조와 기장이 출토되어 농경이 이루어 졌을 가능성을 제시하고 있다.

인들이 거주하기에 최상의 조건을 갖추고 있다. 인천 연안은 수심이 얕고, 넓은 갯벌이 발달되어 있어 신석기시대의 중요한 식량자원인 해산물을 풍부하게 얻을 수 있다는 장점을 가지고 있다. 이러한 환경은 신석기인들에게 적절한 생활근거지를 제공할 수 있었고, 그 결과 인천·서해안 일대는 신석기문화의 보고(寶庫)를 이루게 되었다.

1) 인천의 신석기시대 유적

인천 지역 신석기시대 유적은 내륙 지역에서도 발견되지만 도서해안 지역에서 주로 분포한다. 유적의 종류로는 주거지, 야외노지, 패총이 대다수이다. 지금까지 인천 지역에서는 27개소의 신석기시대 유적이 확인되었다. 인천 내륙지역에서는 동양동, 경서동, 수산동, 구월동에서 신석기시대 유적이 조사되었다. 영종도를 중심으로 하는 도서지역에서는 을왕동, 중산동(중앙), 중산동(한강), 운서동 젓개마을, 운서동 는들, 운북동, 삼목도 Ⅲ유적, 중산동 송산, 운남동, 용유도, 소야도 등에서 유적이 확인되었다. 또한 대연평도(까치산), 소연평도, 모이도, 장금도, 영흥도에서는 신석기시대 패총유적이 확인되었다.

우선 인천 내륙지역에서 확인된 유적들을 살펴보면, 계양구 동양동에서는 신석기시대 주거지 1기가 확인되었는데 대부분 삭평된 상태로 일부만이 확인되었으며(33cmX34cm) 빗살무늬토기편과 마제석부가 수습되었다. 주거지 내부에서 출토된 빗살무늬토기는 단치구를 이용한 횡주어골문(橫走魚骨文)[29]이 시문되었으며, 시문된 문양대의

29) 토기 표면에 줄을 엷으로 교차하여 새긴 물고기 뼈 모양의 문양.

간격이 조밀하고 문양선이 뚜렷하게 표시되어 있다. 보고자는 문양이 동체부에 단치 횡주어골문이 시문된 점으로 보아 신석기 중기 이후로 보고 있으나 절대연대측정이 이루어지지 않아 연대 설정에 어려움이 있다. 보고자는 이 주거지에서의 정주기간이 길지 않았을 것으로 판단하였다.[30]

수산동유적에서는 신석기시대 주거지 1기가 확인되었는데 해발 35m 내외의 완만한 경사지에 입지해 있다. 현재 유적과 해안선의 거리는 약 10㎞이지만, 간척사업 이전의 근세지도를 통해 보면 약 7.5㎞ 인접한 곳에 해안선이 존재했던 것이 확인된다. 주거지의 평면 형태는 방형이며, 350x290x26cm 크기에 면적은 10.2㎡이다. 주거지 주변에서 외부시설은 확인되지 않았으며, 내부시설은 노지와 주혈 2기가 확인되었다. 주거지 중앙에 수혈식 노지 1기와 남쪽 벽면 및 북동쪽 벽면 모서리에 인접하여 주혈이 각각 1기씩 확인되었다. 주거지의 형태는 중서부지역에서 주로 확인되는 방형으로, 이러한 형태의 주거지는 4기의 주혈 및 중앙에 1기의 수혈식 노지가 설치된 예가 많다. 출토 유물로는 빗살무늬토기편과 갈돌 2점이 수습되었다. 토기편은 압날(押捺)기법으로 시문된 단사선문이 주로 확인되며, 동체 및 저부에서는 침선기법으로 시문된 종주어골문(縱走魚骨文) 또는 횡주어골문이 주로 확인된다. 복합문의 경우 구연부는 3~4조의 압날 기법으로 단사선문이 시문 되고 그 아래에 압날기법 또는 침선기법으로 종주어골문·사선문이 시문되었다. 보고자는 수산동 주거지의 평면 형태 및 구조는 시흥 능곡동, 안산 신길동 주거지와 유물의 양상

---

30) 한국문화재보호재단, 『인천 동양동 유적』, 2007(b), 92~93쪽.

수산동유적 신석기 주거지 출토 유물(서경문화재연구원)

은 연천 삼거리 유적과 유사하다고 보고 이러한 속성들을 근거로 이 주거지가 신석기시대 전기에 속하는 유적으로 판단하고 있다.[31]

경서동유적은 해발 32.7m 정도의 낮은 잔구성 구릉에 위치하고 있다. 이곳은 현재 서해안과 5km 이상 떨어져 있으나 간척 이전에는 조사지역에서 300m 정도 떨어진 공촌천 하구까지 밀물이 들어왔던 곳이다. 경서동유적에서는 2지점에서 신석기시대 주거지 2기가 확인되었다. 1호 주거지의 평면 형태는 960x960cm의 방형이며 1호 주거지 동북쪽으로 중복되어 축조된 2호 주거지는 780x480cm 규모의 장방형으로 1,2호 모두 삭평되어 잔존 깊이는 30cm 내외 정도이다. 1호주거지 내부 중앙에는 수혈식 노지가 위치하고 있으며 동편에도 직경 80cm, 깊이 15cm의 원형노지가 위치하고 있다. 주거지 평면 형태는 (장)방형의 4주식이며 출토 유물로는 대형 갈판과 빗살무늬 토기편이 출토되었다. 경서동유적은 AMS 측정결과 B.C. 3,055~2,960로 나타났으며 보고자는 중산동, 운북동과 유사한 신석기시대 후기의 주거지로 파악하고 있다.[32]

---

31) 서경문화재연구원, 『인천 수산동 유적』, 2015, 240~245쪽.
32) 한강문화재연구원, 『인천 경서동 유적』, 2012(a), 89~92쪽.

경서동유적 1,2호 주거지 및 출토유물(한강문화재연구원)

구월동유적에서는 주거지는 확인되지 않았으나 신석기시대 수혈 2기와 야외노지 4기가 확인되었다. 수혈 내부에서는 빗살무늬 토기 편들이 수습되었으며 횡주어골문이 시문되어 있다. 야외노지는 풍화암반의 기반층을 굴착하여 조성하였고 평면 형태는 타원형이다. 내부 퇴적토는 암갈색 사질점토와 재, 할석이 포함되어 있다. 내부에서는 특기할만한 유물이 수습되지는 않았다.[33)]

33) 한강문화재연구원, 『인천 구월동 유적』, 2014, 59~64쪽.

구월동유적 1호 야외노지 및 수혈 출토 토기편(한강문화재연구원)

도서지역에서는 영종도를 중심으로 다수의 신석기시대 주거지가 확인되었다. 운북동유적에서는 신석기시대 주거지 18기, 수혈 16기, 야외노지 84기, 구상유구 1기가 확인되었다. 주거지는 구릉의 정상부와 완만한 경사면(해발 20-27m)과 평탄면(해발 10-12m)에 위치하고 있다. 주거지는 방형 17기, 원형 1기이며 상대적으로 큰 중대형 이상의 주거지에서는 주로 위석식 노지가 확인된다. 위석식 노지는 신석기 후기에 주로 나타나는 것으로 알려져 있는데 을왕동 Ⅲ유적,

중산동유적에서도 중대형 주거지에서 위석식 노지가 확인된다. 이러한 위석식 노지는 서울 암사동유적, 연천 삼거리유적, 연평 모이도패총 1·2호 주거지, 인천 을왕동유적, 파주 당동지구 등에서도 확인되고 있다. 위석식 노지는 중서부지역에서는 암사동, 삼거리유적과 같이 비교적 이른 시기부터 나타나 모이도패총의 늦은 단계까지 지속되는 것으로 보고되고 있다.[34)]

운북동유적에서는 주거지들 중 2기만이 4주식 형태를 보이고 있으며 나머지 주거지의 주혈 형태는 일정하지 않은 것으로 보고되었다. 운북동유적의 AMS 측정 연대치는 1호 주거지 B.C. 3,175, 3호 주거지 B.C. 2,885, 19호 야외노지 B.C. 1,955, 24호 야외노지 B.C. 1,905, 28호 야외노지 B.C. 1,440, 47호 야외노지 B.C. 2,210 등 비교적 광범위한 연대를 나타내고 있다. 즉 주거지 측정연대는 B.C. 3,200~2,800사이에 분포하고 야외노지는 B.C. 2,300~1,400를 나타내고 있어 보고자는 주거지와 야외노지가 같은 시기에 조성되지 않았을 가능성이 높은 것으로 보고 있다.[35)]

운북동 신석기 유적에서 출토된 석기의 돌감은 갈돌, 갈판과 같은 도구는 편암과 사암이 많이 사용되었으며 화살촉은 셰일이 대부분을 이루고 있다. 이들 석기의 용도를 살펴보면 식량자원을 가공하는 갈돌과 갈판이 가장 많은 수를 차지하고 있다. 유적이 바닷가와 인접한

34) 국립중앙박물관, 『암사동』, 1994.
경기도박물관, 『연천 삼거리유적』, 2002.
국립문화재연구소, 『연평 모이도 패총』, 2003.
중앙문화재연구원, 『인천 을왕동 유적』, 2006.
기전문화재연구원, 『문산 LCD지방산업단지(당동지구) 문화재 시(발)굴조사 5차 지도위원회의-7·8지점-』, 2006.

35) 한강문화재연구원, 『인천 운북동 유적』, 2012(b), 426~438쪽.

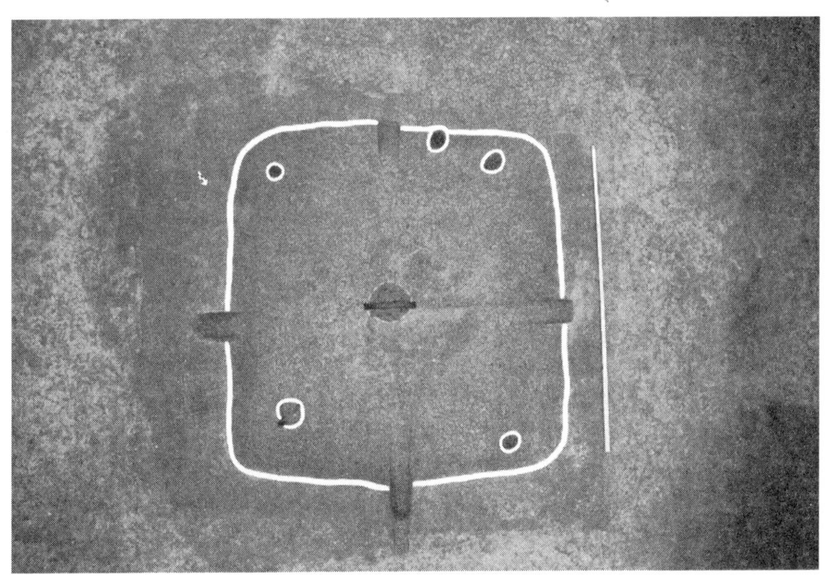

운북동유적 2호주거지(한강문화재연구원)

지역임에도 불구하고 어망추를 제외한 기타 어로활동에 사용되는 도구들이 출토되지 않았다. 보고자는 이러한 유물 조합을 볼 때 운북동 유적에서의 생활은 어로보다는 수렵, 채집 농경에 더 중점을 두었을 가능성이 있을 것으로 보고 있다.[36)]

중산동유적 출토 토기는 횡주어골문이 주류를 이루고 있으며 단사선문(短斜線文), 장사선문(長斜線文) 등의 문양도 확인된다. 운북동유적은 절대연대 측정결과에서 보듯 연대의 폭이 넓은 편이지만 보고자는 삼목도 Ⅲ, 시흥 능곡동, 용인 농서리 유적의 주거지 형태와 토기 문양이 비슷한 점을 들어 신석기시대 후기로 판단하고 있다.[37)]

36) 한강문화재연구원, 앞의 책, 2012(b), 464~465쪽

37) 한강문화재연구원, 앞의 책, 2012(b), 474~483쪽

운북동유적 주거지 출토 석기와 토기

운서동유적에서는 신석기시대 주거지 66기, 야외노지 12기, 패총 1기가 확인되었다. 운서동유적에서 조사된 신석기시대 주거지는 해발 19~35m 내외의 비교적 나지막한 구릉의 주능선부나 사면부에 위치한다. 주거지의 평면 형태는 원형과 방형이 대다수를 차지하며, 장방형은 1기에 불과하다. 주거지의 규모는 길이와 너비가 5~7m이며, 깊이는 1m 내외이다. 주거지 내부에는 수혈식 노지가 조성되었으며 일부에서는 점토를 바른 것으로 추정되는 흔적도 확인되고 있다. 주혈은 주거지내 네 모서리벽 하단부에 4주식(柱式)의 기둥배치가 많으며, 정형화된 기둥의 배치가 확인되지 않는 것도 있다. 주거지에 대한 방사성탄소연대 측정값은 1기를 제외하고(B.C. 1,670) 4개의 시료는 대략 B.C. 3,860~B.C. 3,175를 나타내고 있다.

주거지 내부에서는 빗살무늬토기와 굴지구(屈地具), 석영제 석기, 갈돌 등이 출토되었다. 토기는 구연부에 단사선문, 조문이 시문되는 것이 주를 이루며, 일부 점열문 등도 보인다. 동체부의 문양으로는 횡주어골문과 종주어골문 위주로 구성되며, 타래문·사격자문 등도 출토되었다. 굴지구는 장타원형에 가까운 형태이고, 석영제 석기는

운서동유적 2지점 전경(중앙문화재연구원)

다양한 평면 형태를 띠고 있다. 그 외에 석부, 석촉, 찔개살, 어망추, 갈판 등의 석기류와 장신구로 추정되는 석기도 출토되었다. 운서동 유적의 주거지는 침상시설, 단시설, 출입구의 조성에 따른 공간분할, 4주식의 기둥배치를 고려한 노지의 위치 등 기존에 조사된 신석기시대 주거지와는 평면형태, 내부구조에서 많은 차이점을 보이고 있다.

야외노지는 구릉의 정상부에 해당하는 주능선부나 완만하게 경사져 내려가는 사면부에 조성되었다. 야외노지의 평면 형태는 대체로 원형에 해당되며, 내부에는 10㎝ 내외의 할석이 채워져 있다. 야외노지는 주거지가 폐기된 이후 퇴적토 상부에 중복되어 조성된 것이 많으며 주거지와의 시기차이가 있음을 확인할 수 있다. 패총은 1지점의 북서사면 하단부에 위치하고 있다. 이는 주거지가 입지한 곳과는 반

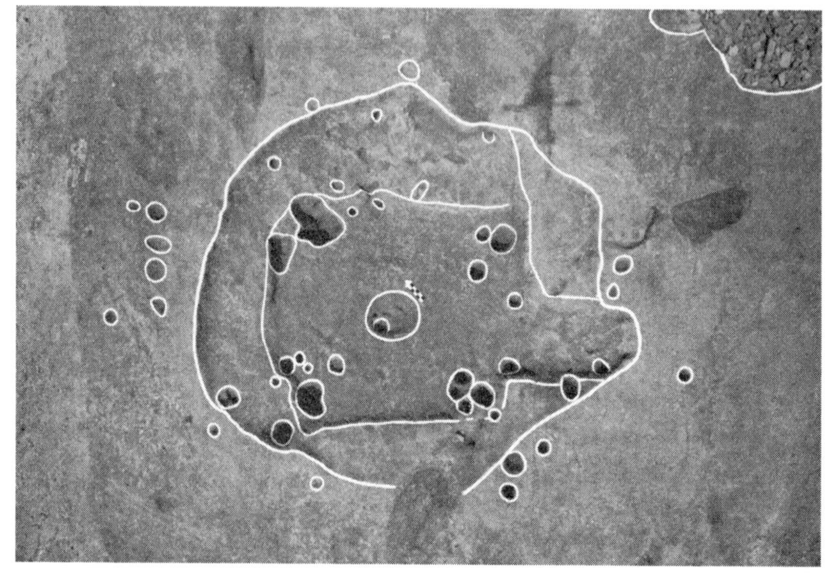

운서동유적 3호주거지

대쪽으로 경사가 급하고 만입부에 해당되는 지역이다. 패총의 규모는 동-서 길이 약 12m로 소형이다. 패각류는 굴이 주를 이루며, 백합 등 일부 조개류도 출토되었다.[38)]

중산동유적(중앙)에서는 신석기시대 야외노지 54기와 주거지 4기가 확인되었다. 야외노지는 구릉지와 평탄지에서 확인되었는데 일부 야외노지는 신석기시대 주거지와 중복되어 있다. 중산동유적 야외노지에서 출토된 유물은 3점의 작은 토기편이 전부이다. 야외노지에 대한 방사선탄소연대측정 값에 따르면 3지역 8호 야외노지가 가장 이른 연대(B.C. 2,780)로 측정되었고, 가장 늦은 연대는 1호 야외노지(B.C. 1,570)로 나타났다. 송산유적에서 측정된 방사선탄소연대 측정치는 2호 노지가

38) 중앙문화재연구원, 『인천 운서동유적 I』, 2010, 462~463쪽.

운서동유적 출토유물

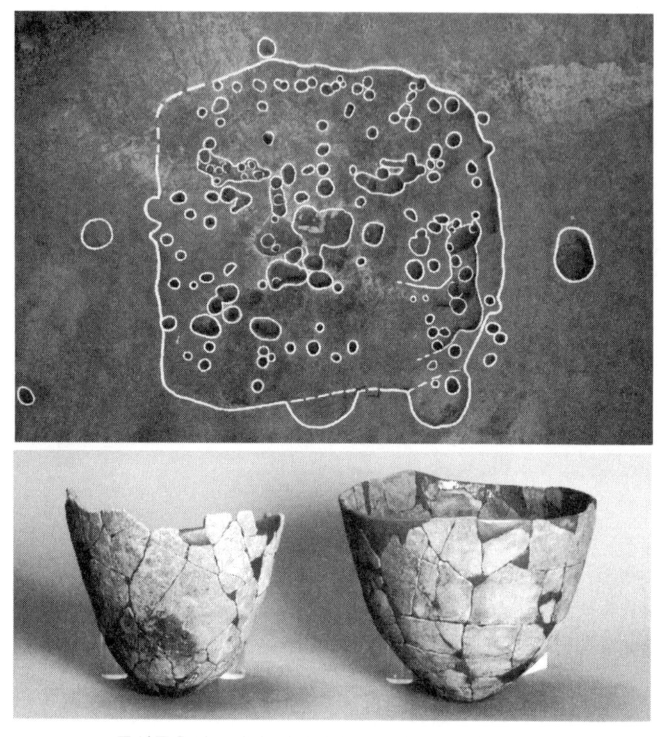

중산동유적 7지역 신석기 1호 주거지 및 출토 토기

B.P. 5,365±240로 가장 이르고, 4호 노지가 B.P. 5,080±100로 나타났다.[39] 보고자는 이러한 결과를 통해 볼 때 송산유적의 신석기시대 야외노지는 전기에, 중산동유적의 야외노지는 후기에 속하는 것으로 보았다.

중산동유적 주거지는 북서쪽으로 뻗어 내린 능선 남사면 하단부와 그 아래의 평탄지에 위치해 있는데 신석기시대에는 갯벌이었을 것으

39) 염경화, 「영종도 송산유적 빗살무늬토기의 특성」, 『선사와 고대』 15, 한국고대학회, 2000.

중산동유적 출토 석기(중앙문화재연구원)

로 추정하고 있다. 주거지의 평면 형태는 방형(말각장방형)으로 확인되었다. 내부시설은 노지와 단시설, 출입시설, 주혈이 확인되었다. 노지는 위석식 노지 3기와 수혈식 노지 1기가 확인되었다. 위석식노지의 경우 대부분 재사용을 한 것으로 1차 노지의 위석 일부 혹은 전체를 2차 노지에 재사용한 것으로 판단하고 있다. 중산동유적에서 출토된 토기의 문양은 무문양토기와 함께 횡주어골문, 단사선문, 난선문이 나타나고 있다. 중산동유적에 대한 방사선탄소연대측정을 한 결과 가장 이른 유구가 3호 주거지로 B.C. 2,930~2,740에 해당하

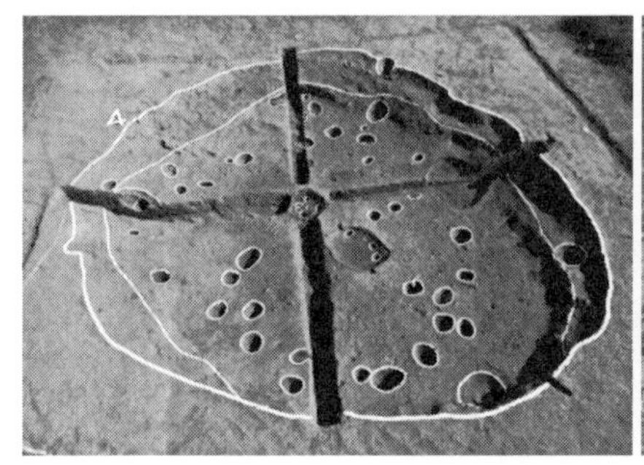

23지점 10호주거지

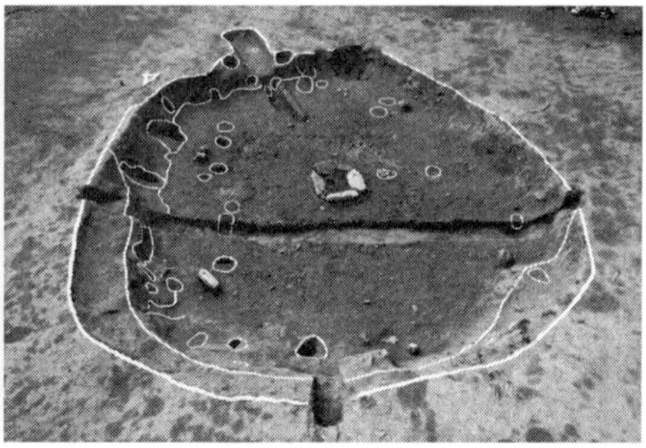

23지점 14호 주거지

중산동유적 출토 갈판

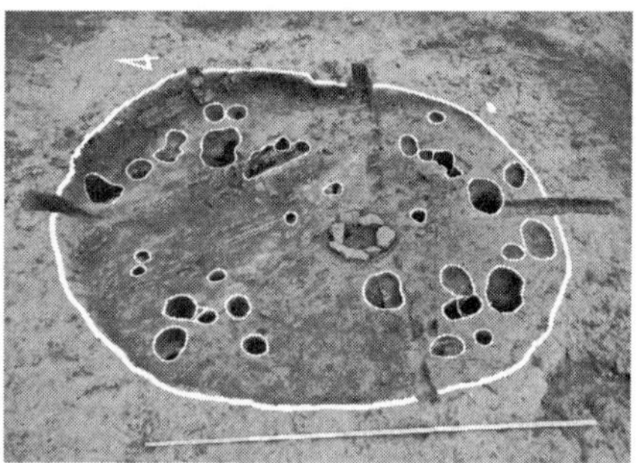

21지점 29호 주거지

며, 가장 늦은 유구는 B.C. 2,060~2,040에 해당하는 2호 주거지이다. 보고자는 주거지에서 출토된 토기의 문양과 방사선탄소연대측정치 등을 고려하여 신석기시대 후기로 판단하고 있다.40)

중산동유적(한강)에서는 신석기시대 주거지 31기, 야외노지 27기, 수혈유구 397기 등이 확인되었다. 신석기시대의 유구가 확인된 21(해발 40m)지점과 23지점(해발 20m)은 2개의 나지막한 구릉이 남-북 방향으로 서로 마주하고 있다. 현재는 해안에서 약간 안쪽에 위치하는

40) 중앙문화재연구원, 『인천 중산동유적』, 2011, 242~246쪽.

구릉지를 이루고 있으나 유적의 형성 당시에는 구릉의 서측면까지 바닷물이 들어오는 내만형태를 이루었을 것으로 추정하고 있다.[41]

중산동유적의 주거지는 단독 또는 2~4기 이상의 주거지가 군집(群集) 또는 열상(列狀)으로 배치되어 있다. 이러한 주거 양상은 인접한 운북동유적이나 을왕리 유적 등과 유사한 배치 형태를 보이고 있다. 보고자는 중산동유적의 주거지들이 중복 없이 일정한 무리를 이루며 산개하여 나타고 있으나 AMS 연대측정 결과 대체로 B.C. 3,350~1,930 사이에 해당하고 연대 폭이 약 1,000년 가까이 나타나므로 주거군 내에서 각 소규모 주거군 형성에 시간 차이가 있을 가능성도 제기하였다. 그러나 시기가 가장 이른 30·31호 주거지와 가장 늦은 22·27호 주거지를 제외하면 대체로 B.C. 2,900~2,500 사이에 집중되고 있다. 보고자는 출토유물이나 주거지내부의 시설과 공간구성 등으로 볼 때 전체 취락 내의 시기 차이는 그리 크지 않을 것으로 판단하고, 대부분의 주거군이 동시기의 취락을 구성하고 있는 것으로 본다면 이러한 작은 주거군들이 모여서 전체 취락을 이루는 것이 중부 서해안지역의 독특한 양상이라 보고 있다.[42]

주거지의 평면 형태는 외부로 돌출된 출입구시설이 설치된 경우도 있으며 방형과 원형의 비율이 대체로 균등하게 나타나고 있다. 그러나 200~400㎠ 사이의 면적에서는 방형의 비율이 월등히 높은 편이며 800㎠ 이상 규모의 주거지도 2기가 확인되었다. 노지는 위석식과 수혈식의 2가지 형태가 모두 나타나는데, 평면 형태는 대체로 원형 또는 타원형을 이루고 있다. 보고자는 중산동유적의 신석기시대 취

41) 한강문화재연구원, 『인천 중산동유적』, 2012(c), 726~727쪽.

42) 한강문화재연구원, 앞의 책, 2012(c), 728~743쪽.

중산동 유적 29호 주거지 출토 유물(한강문화재연구원)

락은 영종도 내의 주변 유적들과 비교해 을왕동Ⅲ유적, 는들유적, 운북동유적 등과 함께 신석기시대 후기로 보고 있다.[43]

을왕동유적에서는 4기의 신석기시대 주거지가 확인되었는데 B구역에서 조사된 주거지 1기는 과거의 도로개설로 인해 이미 대부분 훼손된 상태여서 보고서에는 A구역 3기만이 기술되어 있다. 특히 주거지의 상부에 패총이 조성되어 있어 패총과 주거지간에 일정부분 시기차가 존재함을 알 수 있다. 을왕동유적은 해발 50m 내외의 구릉 사면에 주거지와 패총이 조성되고 있다. 주거지의 평면 형태는 1·3호가 원형계로 추정되며 2호는 주거지의 북쪽으로 방형의 돌출부가 부가된 방형 주거지로서 차이가 나타난다. 그런데 1·3호 주거지는 벽면을 이단(二段)으로 굴착하여 조성한 것으로 외측 벽선의 평면형은 원형이며, 내측의 벽선은 방형을 나타내고 있다. 주거지 내부에서는 각각 1개소의 위석식 노지가 설치되어 있는데 1호 및 2호는 주거지 바닥면을 약간 파고서 돌을 돌린 형식이며 3호는 바닥면 위에 바로 시설한 것으로 차이가 있다.

43) 한강문화재연구원, 앞의 책, 2012(c), 733~734쪽.

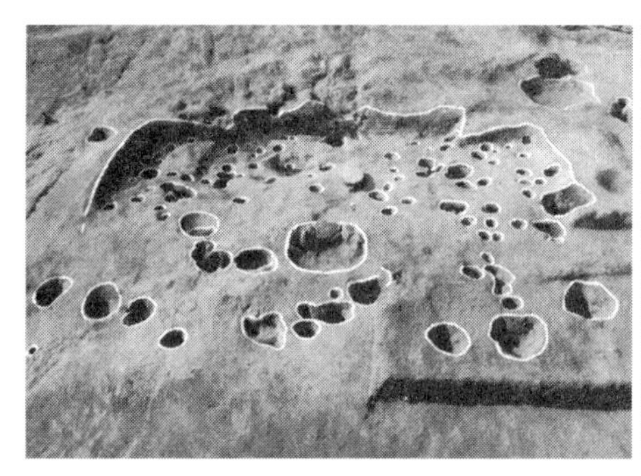

을왕동유적 A구역 2호주거지 및 출토 토기편(중앙문화재연구원)

주거지 및 패총 출토 토기는 거의 대부분 동일문계의 단치횡주어골문이 주류를 이루고 있고 구분문계토기는 거의 없는 편이다. 최근 중서부지역 신석기문화의 편년에는 여러 이견이 있으나 대부분 토기의 문양이 구분문계에서 동일문계로 그리고 전면시문에서 시문면적이 축소되는 것으로 파악하고 있다. 이런 점에서 볼 때 을왕동유적 주거지는 잠정적으로 늦은 단계로 판단하고 있다. 또한 보고자는 주거지 상층에 패각층이 형성된 것은 을왕동유적이 정주성 취락에서 이후 한정행위 장소로 용도가 바뀐 것으로 파악하고 있다. 보고자는 을왕동유적은 AMS와 고지자기 연대측정결과 대략 B.C. 3,000 전후하여 형성된 것으로 판단된다.[44]

소야도유적에서는 야영지 1기, 수혈 18기, 야외노지 24기, 패총 4기, 추정 작업장 7기가 확인되었다. 야영지는 경사면 기반암 풍화토 위에 수혈식이 아닌 생활면으로 추정되는 바닥만 잔존하며 바닥을 따라 4개의 주공과 수혈 8기가 내부에서 확인된다. 평면은 원형에 가

44) 중앙문화재연구원, 앞의 책, 2006, 124~129쪽.

소야도유적 야영지(겨레문화유산연구원)

까우며 바닥에 노지 등 특별한 시설은 확인되지 않았다. 모든 야외노지는 집석노지로, 흑갈색 모래층(Ⅳ층)상면에 자갈돌과 맥암(모난돌)을 이용하여 축조하였다. 이러한 노지는 난방이나 취사·조리의 목적으로 사용되며, 이 가운데 주거지와 상관없이 독립으로 축조된 노지들은 가공과 관련된 시설로 보고 있는 것이 일반적이다. 소야도유적과 같이 비교적 많은 노지가 확인된 유적으로는 오이도 작은소라벌 패총 유적, 영종도 송산유적, 용유도 남북동유적 등이 있다. 보고자는 소야도 노지에 대한 연대측정 결과 B.C. 1,500~1,000로 나타나 신석기 말기에서 청동기로 넘어가는 과도기에 이용된 노지로 판단하고 있다.[45]

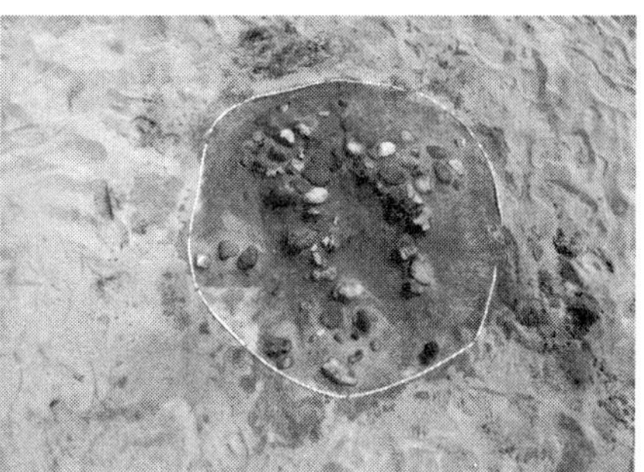

소야도유적 야외노지 7호 및 9호(겨레문화유산연구원)

용유도 남북동유적에서는 패각더미 10기와 야외노지 90기 등 모두 100기의 유구가 조사되었다. 패각더미는 제 2문화층에서 6기, 제 1문화층에서 4기가 조사되었는데 패류는 대부분 굴로 이루어져 있다. 2문화층의 패각더미는 5~10㎝ 내외로 두께가 얇고 패각은 대부분 잘게 부스러진 형태이며, 빗살무늬토기와 함께 원삼국시대, 고려~조선시대의 토기편이 혼재되어 출토되는 것으로 보아 후퇴적 과정에서 교란된 것으로 보고 있다. 발굴조사를 통해 출토된 유물 대부분이 1문화층의 패각더미에서 출토되었다. 야외노지는 2문화층에서 33기, 1문화층에서 57기 등 총 90기가 출토되었다. 2002년 서울대학교가 조사한 82기와 합하면 이 유적에서는 모두 172기의 야외노지가 발견된 것이다. 그러나 보고자는 2문화층의 경우 2002년 조사된 야외노지와 대부분 중복되는 것으로 판단하여 실제 조사된 야외노지 수는 140여기 내외로 보고 있다. 현재 중서부 해안지역에서는 송산, 중산동, 운북동유적 등에서 다수의 야외노지가 발견되었지만 남북동 유적에서 가장 많은 수가 조사되었으며 발굴조사 지역의 면적을 감

45) 겨레문화유산연구원, 『인천 소야도유적』, 2017, 79~81쪽.

소야도유적 B지점 1호 패총 및 빗살무늬 토기(겨레문화유산연구원)

안하면 200여기 이상이 잔존할 것으로 추정하고 있다.

남북동유적에서는 100여점의 빗살무늬토기가 출토되었는데 서해안 신석기시대 후기 패총에서 흔히 볼 수 있는 동일계 문양이 주류를 이루며 구분계 문양으로 볼 수 있는 토기편은 한 점도 출토되지 않았다. 시문구도 대부분 단치구를 사용하여 침선문을 시문하였다. 또한 남북동 유적에서는 21점의 석기와 1점의 토제 방추차가 출토되었다. 석기는 석촉 3점, 갈돌 13점, 갈판 2점, 환옥 1점, 흑요석제 박편 1점, 미상석기 1점이 있다. 석촉 중 2점은 삼각만입형의 무경식이며 다른 1점은 마모가 심해 정확한 형태를 알 수 없지만 석촉보다는 찔개살일 가능성이 높은 것으로 추정하고 있다. 출토 석기중에 갈돌과 갈판의 출토수가 가장 많은데 이는 남북동유적에서 어패류 외에도 다양한 식물성 식량자원을 가공했음을 알 수 있다. 갈돌의 단면 형태는 반타원형이 다수를 차지하고 있어 비교적 늦은 시기의 특징을 보여준다. 무엇보다 특기할 점은 1문화층 패각더미에서 출토된 흑요석제 박편과 환옥이다. 흑요석제 박편은 실제 도구로 사용된 것은 아닌 것으로 보이지만 서해안 신석기시대 유적에서는 영종도 송산유적에 이어 2번째로 발견되었다는 점에 큰 의의가 있다. 흑요석은 특정 지역에서만 생산되기 때문에 교역의 증거를 보여주는 유물로 알려져 있다. 남해안 일대의 신석기시대 유적에서 출토되는 흑요석은 그동안 여러 차례의 분석을 통해 대부분 일본 구주지역서 유입된 것으로 확인된 바 있다. 그러나 남북동유적의 흑요석은 자연과학적 분석을 하지는 않았지만 색조와 돌결로 볼 때 구주산과는 다른 것으로 추정하고 있다. 1995년 영종도 송산유적에서 처음 발견된 흑요석은 최근에야 자연과학적 분석이 이루어졌으며, 그 결과 백두산계인 것으로 판명되었다. 송산유적은 남북동유적과 인접한 거리에 있으며, 야외노지가 중심이 되는 유적으로 유사한 성격을 가지고 있다. 따라서 보고자는 남북동유적에서 출토된 흑요석 박편이 백두산계일 가능성이 높을 것으로 판단하고 있다.[46)]

남북동유적에서 출토된 옥제품은 지름 1.4mm 두께 1.4mm의 작은 구슬형 환옥으로 우리나라 신석기시대에는 거의 출토되지 않는 것이며, 형태는 청동기시대의 환옥과 유사하다. 보고자는 층위가 교란되지 않은 1문화층 패각더미 2에서 출토되었기 때문에 신석기시대의 유물임은 확실하다고 보고하고 있다. 우리나라 신석기시대의 옥(玉) 장신구류는 매우 드물게 출토되며, 종류도 다양하지 못하다. 또한 동북지역이나 일본에서는 여러 옥장신구가 함께 출토되는 경우가

46) 박희현, 「영종도 송산유적 출토 신석기시대 흑요석제 석기의 산지분석」, 『백산학보』 103, 2015.

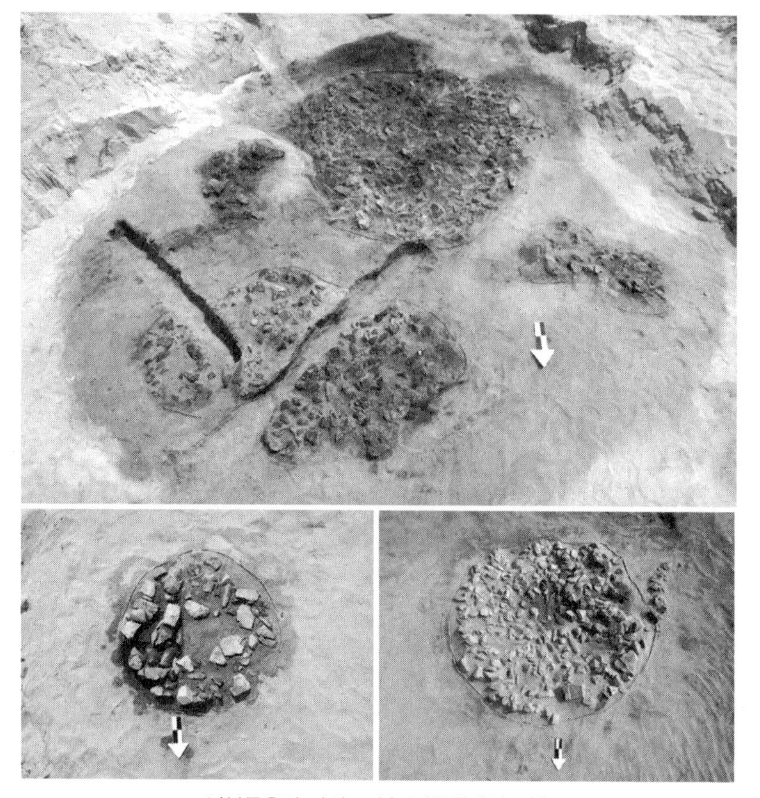

남북동유적 야외노지(서경문화재연구원)

많지만 한반도에서는 개별적으로 출토되는 양상을 보인다.47) 이러한 점으로 볼 때 남북동유적에서 출토되는 옥제품도 외부에서 유입된 교역의 산물로 보고자는 판단하고 있다.

남북동유적은 크게 3시기에 걸쳐 점유되었을 가능성이 제시된 바 있다. 남북동유적에 대한 방사성탄소연대는 2002년 서울대학교 조

47) 임승경, 「중국 동북지역 신석기시대 옥문화」, 『한국 선사·고대의 옥문화 연구』, 복천박물관, 2013.

사당시 7개, 서경문화재연구원 조사에서 10개 등 모두 17개가 측정되었다. 교정연대의 범위는 중심연대로 볼 때 B.C. 3,500~1,800 사이에 광범위하게 분포하고 있다. 보고자는 구분계토기가 전혀 출토되지 않은 점을 들어 B.C. 3,500 이전까지는 올라가지 않는 것으로 보고 신석기시대 중기(B.C. 3300~3,000)부터 점유되기 시작하여 후기(B.C. 1800)까지 장기간에 걸쳐 지속적으로 점유된 것으로 판단하고 있다. 남북동유적에서는 야외노지 90기, 패각더미 10기가 조사되었지만 출토유물은 빗살무늬토기 85점, 석기 및 토제품 22점 등 107점에 불과하다. 패각더미를 구성하는 패류도 굴이 99% 가까이 차지하며 동물뼈는 전혀 출토되지 않았다. 보고자는 이러한 특징이 대부분의 중서부 해안지역의 패총과 야외노지 유적과 유사한 현상으로 특정 식량자원의 채집과 처리에 관련된 한정행위 장소로 보고 있다.[48)]

앞서 언급한 바와 같이 대연평도 까치산패총, 소연평도패총, 모이도패총은 국립문화재연구소에서 학술발굴의 일환으로 발굴조사한 유적이라는 점에서 학술적 의미가 크다 할 수 있다. 대연평도 까치산패총은[49)] 대연평도 남서쪽에 위치하고 있는데 발굴조사 결과 패총 내에서 야외노지 5기와 주거지 1기가 확인되었다. 주거지는 구릉 하단의 경사면에 자리하고 있어 겨울철 차가운 북서풍을 막을 수 있게 되어 있다. 주거지의 면적은 약 9㎡로 평면 형태는 원형이며 중앙에 장타원형의 수혈식 노지를 만들었다. 야외노지는 패각의 상면을 얕

---

48) 서울대학교박물관, 『용유도 남북동·을왕동 I 유적』, 2006.
서경문화재연구원, 『인천 남북동 유적Ⅱ』, 2016, 149~171쪽.

49) 국립문화재연구소, 『대연평도 까치산 패총』, 2005.

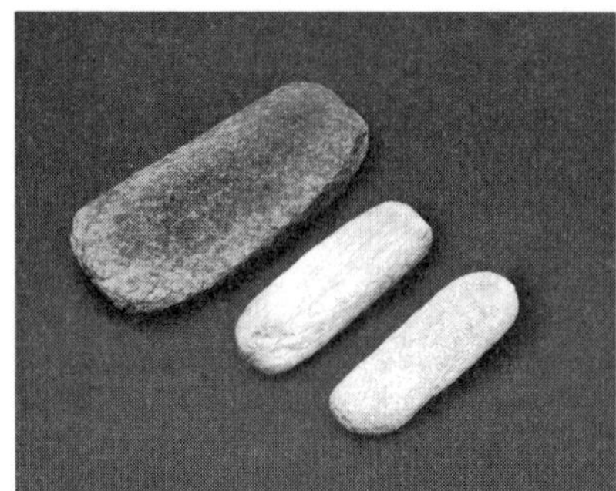

남북동유적 출토 유물

게 파고 주변에 깬돌을 돌려 세워놓은 형태로 길이는 60~128cm, 너비 63~112cm이며 평면 형태는 부정형, 장타원형, 타원형 등 다양하다. 까치산 패총의 노지는 장기간 사용된 흔적이 없어 일시적으로 사용되었던 것으로 추정되고 있다.

패총에서 출토된 유물은 토기와 석기, 골각기 등으로 토기가 대부분을 차지한다. 토기의 기형은 크게 심발형토기(深鉢形土器)와 발형토기 등이며 바닥은 뾰족한 첨저와 평저가 함께 출토되었다. 토기의 문양은 구분계토기와 동일계토기로 구분되는데, 이중 구분계토기는 점렬문+종주어골문+횡주어골문이 중심을 이룬다. 점열문은 대동강유역의 구분계토기에서 많이 나타나는 문양으로 까치산 패총이 한강유역보다 북쪽의 대동강유역과 문화적인 관계가 깊은 것으로 추정되고 있다. 동일계토기는 압날계와 침선계로 구분되며 단사선문, 타래문, 점렬문, 거치문, 횡주어골문, 격자문등 다양하다. 한편 까치산 패총에서는 가오리뼈 일부를 제외하고는 어류뼈가 없으며 야외노지에서 사슴과 새 뼈가 출토되는 것으로 보아 이 패총을 형성했던 사람들은 주로 패류의 채취와 수렵을 통해 생계를 유지했던 것으로 판단된다.

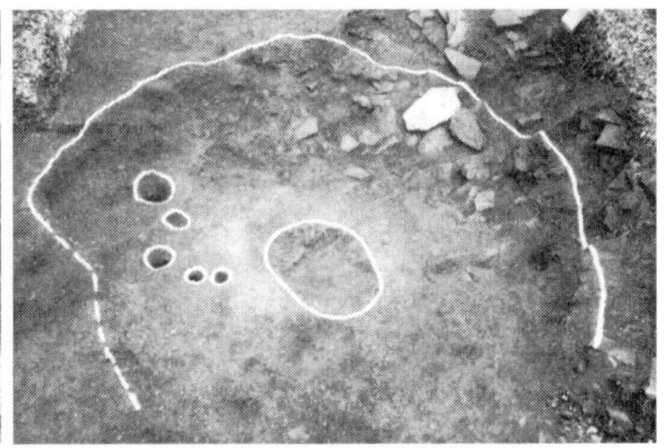

까치산패총 패각 단면 및 주거지(국립문화재연구소)

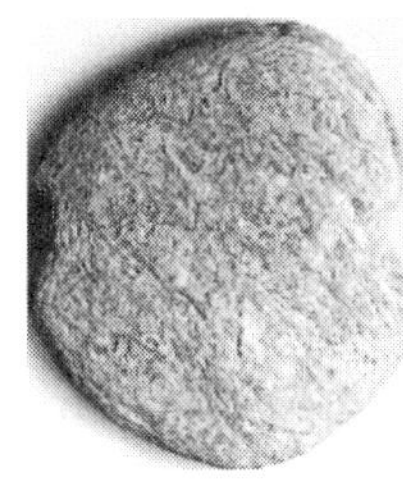

까치산패총 출토유물

모이도패총이 위치한 곳은 행정구역상으로는 경기도 옹진군 연평면 연평리 산15번지에 해당된다. 모이도는 무인도로 남쪽은 절벽이고, 북쪽은 비교적 경사가 급한 사면으로 형성되어 있으며 수목(樹木)은 모두 섬의 북쪽에서 자라고 있다. 유적은 이 섬의 북서쪽에 위치해 있는데 당도(안목)에서 볼 때 남동쪽에 해당된다. 모이도와 당도는 간조시 서로 연결되는데, 이때 모이도의 초입에 패총이 위치해 있다. 패총이 위치한 곳의 지형은 해발 42m의 섬 봉우리의 기저부가 바다와 맞닿는 부분에서 만곡(彎曲)되게 형성되어 있고, 이 만곡부에 패각이 두텁게 퇴적되어 있다.[50]

모이도패총 주거지와 패각(국립문화재연구소)

50) 국립문화재연구소, 『연평 모이도 패총』, 2003, 140쪽.

모이도패총에서는 주거지 2기와 야외노지 8기가 조사되었다. 주거지는 지름 360cm의 평면 원형이며 패각층을 파서 만들었다. 주거지 바닥에는 점토를 얇게 깔아 놓았고 바닥 중앙에는 가장자리를 깬 돌을 돌려 만든 노지를 설치해 놓았다. 모이도 패총 주거지의 특징은 보통 패총에서 주거지가 출토되는 경우 패총의 최 하단 바닥면에 위치하는데 모이도 주거지는 패총내부의 패각면을 바닥으로 사용했다는 점이다. 또한 주거지 가장자리에 벽석이 존재하고 정연한 형태의 노지로 미루어 보아 단기간의 임시 거주를 위한 것이라기 보다는 상당기간 패각채취를 위한 근거지로 사용했던 것으로 추정되고 있다.

노지는 주거지 내부의 것을 제외하고 패각상면에 몇 개의 돌을 깔거나 패각위에 그대로 불을 지핀 유형이 있다. 모두 직경 100~150cm 내외의 원형 노지로 이중 3호 노지는 총 6회에 걸쳐 사용된 것으로 조사되었다. 출토된 토기는 뾰족한 바닥의 심발형토기나 호형토기 등이 있고, 문양은 횡주어골문과 사선문계가 주류를 이룬다. 모이도 패총 토기의 문양은 바로 인접한 까치산 패총과 그 구성이 달라 두 유적이 서로 다른 집단에 의해 조성 되었을 가능성도 제기되고 있다.

유물은 어망추를 비롯한 석기가 다수 출토되었는데 이 가운데 석영제 석핵과 박편은 연평도의 다른 패총에서도 확인된 바 있어 연평도지역 패총의 특징으로 파악되고 있다. 한편 패총에서는 소량의 사슴뿔이 출토되었고, 석촉도 발견됨에 따라 모이도 패총을 조성한 사람들이 어로와 수렵을 병행했음을 보여주고 있다.

소연평도패총은 행정구역상 인천광역시 연평면 연평리 1010~1016번지 일대에 위치한다. 소연평도패총은 군사보호구역 지표조사에서 3기를 확인하였으며 그 중 소연평도패총 Ⅱ로 명명된 유적을 국립문

모이도패총 출토유물

화재연구소가 2000~2001년 2차에 걸쳐 발굴조사를 실시하였다. 1차 발굴조사는 2000년 10월 30일~11월 22일까지, 2차 발굴조사는 2001년 3월 21일~5월 4일까지 시행되었다. 조사결과 2개의 패각층 내에서 토기, 석기, 골각기 등 5,000여점의 유물이 출토되었다. 기존에는 연평도 지역의 패총을 지리적으로 인접한 황해도, 금탄리 문화와 연관 짓고 있으나 소연평도에서 출토된 신석기시대 토기들 대부분은 서해안지역의 대표적인 횡주어골문계이며, 서해중부 내륙에서 출토되는 쌍청리식토기, 소위 금강식토기라고 부르는 압날계 토기들도 다량 출토되었다.[51]

소연평도에서 출토된 토기의 문양은 단사선문, 사선대문, 횡주어골문, 종주어골문, 격자문, 능문(綾紋), 방점문 등 다양하지만 횡주어골문이 대부분을 차지하고 있다. 단사선문의 경우 영종도 송산[52],

51) 국립문화재연구소, 『소연평도패총』, 2002, 20~22쪽.

52) 서울시립대학교박물관·인천광역시립박물관, 『영종도 송산 선사유적』, 1996.

소연평도패총 전경(국립문화재연구소)

영종도 는들[53], 안면도 고남리, 오이도 패총[54]등에서 출토되었으며 사선대문 문양은 평양 대동강 유역, 영종도 는들 유적에서도 확인된다. 1차 발굴조사에서는 서로 분리된 2개의 패각층의 범위를 확인할 수 있었으나 주거지의 윤곽선을 따로 확인할 수는 없었으며 다량의 토기편과 어망추가 수습되었다. 2차 조사에서는 1차 조사 범위에서 확장발굴을 실시하였으나 주거지와 같은 유구는 발견되지 않았다. 조사한 2개의 패각층 내에서는 토기편, 석기, 골각기 등 다량의 유물이 출토되었다.[55]

---

53) 서울대학교인문학연구소, 『영종도 는들신석기유적』, 1999.

54) 서울대학교박물관, 『오이도패총』, 1988.

55) 국립문화재연구소, 앞의 책, 2002, 19~20쪽.

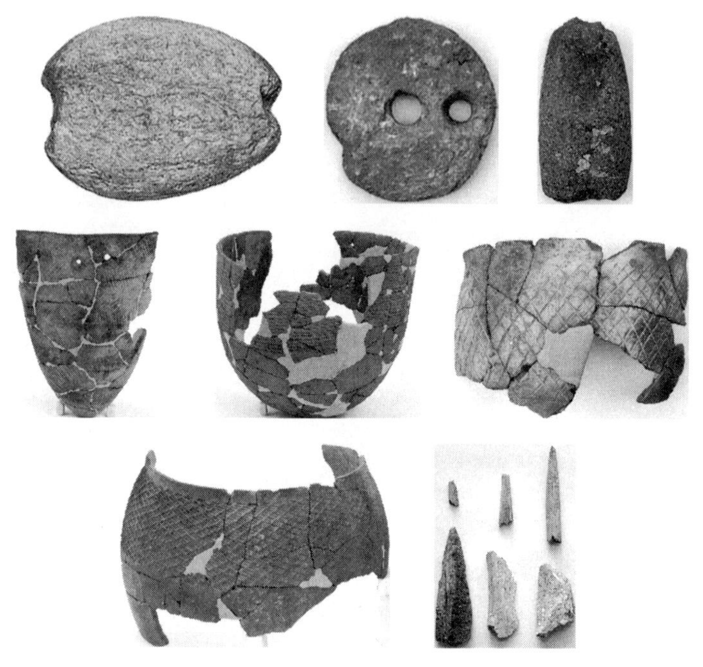

모이도패총 출토유물(국립문화재연구소)

옹진군 영흥도에서도 도로개설작업 중 패총이 확인되어 발굴조사가 이루어졌으나 2개소의 패총 중 2호 패총은 훼손되었고 1호 패총만이 발굴되었다. 패총은 1×5m, 두께 20~40cm의 소규모 유적으로 주거지나 화덕자리는 발견되지 않았다. 보고자는 패총의 규모로 보아 장기간에 걸쳐 형성된 유적은 아닌 것으로 추정하고 있다. 출토유물은 석촉 잔편을 제외하고 모두 빗살무늬토기다. 토기는 대부분 잔편이어서 기형은 확인되지 않는다. 토기의 문양은 대부분 구분문계로 판단되며, 서해도서지역에서 일반적으로 보이는 단치의 사선문과 횡주어골문이 시문되는 경우도 있지만 서해도서에서 잘 보이지 않는

영흥도 외1리 패총 출토 토기

장금도 A 패총과 토층상태(중앙문화재연구원)

입술에 점열문, 몸체에는 삼각집선문이 시문되어 있는 경우도 확인된다. 한편 패류에 대한 연대측정결과 대략 B.C. 4,000~3,500에 해당하는 유적의 실제 연대는 이보다 내려올 것으로 보고자는 판단하고 있다.[56)]

한편 인천 청라지구는 인천시 서북쪽에 위치한 지역으로서 1980년대 간척사업이 진행되면서 육지화가 이루어진 지역이다. 따라서 간척 이전에는 청라도를 중심으로 율도, 이도, 장도, 문첨도, 장금도 등이 주변에 위치한 도서지역으로 볼 수 있다. 그러나 인천 내륙의

56) 한양대학교박물관, 『영흥도 외1리 패총』, 2005.

해안선으로부터 멀지 않은 지역에 위치하여 썰물시 갯벌을 통해 왕래가 가능한 지역이다. 장금도의 A·B패총은 남쪽 구릉의 동사면과 남동사면에 형성되어 있다. 장금도 지역에서 패총이 입지한 지역은 서해바다쪽이 아닌 인천 내륙 방향으로 완만하게 발달한 만입부에 위치하고 있다. 장금도에서 패류의 채집과 그로 인한 패층의 퇴적은 신석기시대 후기에 최초로 이루어진 것으로 판단된다. 또한 신석기시대로 추정되는 토기편이 B패총에서도 1점 출토되었다. 이후 청동기시대를 거치면서 조선시대에 이르기까지 지속적인 패류의 채집과 폐기가 반복되어 장금도 A패총을 형성한 것으로 보고 있다.

장금도패총 등에서 출토된 유물은 95% 이상이 토기류이며, 석기류와 금속류는 극히 일부에 불과하다. 토기 기벽 외면에는 단치구에 의한 태선상의 단선문이 시문되었는데 소편으로 출토되어 문양의 형태는 자세히 알 수 없으나 어골문 등 특정한 형태를 띠고 있는 것이 아닌 불규칙하게 그어 놓은듯한 문양이며, 선의 길이도 일정치 않다. 기벽의 일부에는 구멍이 뚫려 있으며 기벽의 두께는 비교적 두꺼운 편이다. 보고자는 목탄에 대한 AMS 연대측정 결과 B.P. 3350±50로 나타났으나 특정시대를 비정하기는 어렵다고 보고 있다.[57)]

2) 집자리 유적의 성격

1990년대까지만 해도 인천 서해안지역의 신석기시대 유적은 패총(조개무지)과 노지(화덕자리)가 대부분이며 주거지(집자리)는 확인된 예가 거의 없었다. 따라서 학계에서 서해안지역의 유적들은 주로 일

57) 중앙문화재연구원, 『인천 장금도 패총』, 2008, 190~197쪽.

시적으로 이용되었다는 것이 기존의 통설이었으나, 2000년대 들어오면서 삼목도 Ⅲ유적, 을왕동유적, 중산동유적, 운서동유적 등 영종도와 시흥 능곡동유적 등 서해안의 여러 지역에서 대규모 주거 유적이 확인되어 다른 가능성도 염두에 둘 필요가 생겼다.

그동안 신석기시대 인천지역은 식수와 생활을 영유할 수 있는 자원이 풍부한 서해안지역에 영구정착지가 위치하고 이곳을 거점으로 해안가나 주변의 소규모 도서에 일시적으로 왕래하면서 패류나 어류 등 식량과 기타 자원을 획득했을 것으로 생각해 왔다. 그러나 영종도 등 도서지역에서 대규모의 주거유적이 확인되면서 이러한 관점에서 벗어나 인천 및 서해도서지역의 신석기 문화를 다른 시각에서 바라보게 되었다.

앞서 살펴 본 바와 같이 인천 내륙지역에서도 신석기시대 주거지가 발견되었으나 상대적으로 숫자가 적고 대부분 삭평된 상태로 확인되어 주거지와 출토유물에 대한 성격을 논하기에는 한계가 있다. 따라서 이번 장에서는 패총유적이 주로 확인된 옹진군(서해5도) 지역과 대규모 주거지가 확인된 영종도와 인근 도서지역을 중심으로 나누어 살펴보도록 하겠다.

인천을 비롯한 서해 도서지역 신석기시대 유적에 대한 조사에서 가장 선도적인 역할을 한 것은 옹진군일대의 유적이라 할 수 있다. 인천시 옹진군 지역의 신석기유적에 대한 조사는 1950년대부터 시작되었는데, 덕적군도와 백령도 등의 서해 5도와 기타 도서에 대한 지표조사를 통해 대략적인 유적의 현황이 파악되었으며 일부는 발굴조사가 이루어지기도 했다. 그러나 유적에 대한 발굴조사는 많지 않아 아직까지는 구체적으로 옹진군지역의 신석기문화를 살펴보기는 쉽지 않다.

한편 옹진군내에서 신석기시대 유적은 백령도와 연평도 등 서해 5도와 덕적군도에 집중되어 있다. 이 가운데 서해 5도 지역은 북한의 황해도지역과 인접해 있어 한반도 북서부 지역과의 문화적인 교류 혹은 영향 등을 살펴 볼 수 있는 중요한 지역이기도 하다. 현재까지 조사된 옹진군지역의 신석기시대 주요 유적의 내용은 다음과 같다.[58]

〈표9〉 옹진군 지역의 신석기시대 유적 현황

지역	도서명	유적현황	발굴유적
서해5도	백령도	말등패총, 용기패총 등 패총 2개소	말등패총
	대연평도	까치산 패총 등 패총 12개소	까치산패총, 모이도패총
	소연평도	소연평도 패총 등 패총 3개소	소연평도 패총
덕적면	덕적도	패총 6개소	
	소야도	패총 11개소	
	굴업도	패총 2개소	
	문갑도	패총 1개소	
	백아도	패총 1개소	
	울도	패총 1개소	
자월면	자월도	패총 3개소	
	승봉도	패총 3개소	
	대이작도	패총 5개소	
북도면	신도	패총 3개소	
	시도	패총 2개소	시도패총 1지구
영흥면	영흥도	용담이패총 등 12개소	외 1리 패총
	선재도	패총 및 산포지 5개소	

58) 현재까지 조사현황을 정리한 것으로 빗살무늬토기 등이 확인되지 않아 정확한 시대를 알 수 없는 경우는 제외 하였다.

이처럼 옹진군일대에는 많은 신석기시대 유적이 분포하고 있는데 확인된 유적은 대부분 패총이다. 패총은 조개나 어류, 동식물을 채집하여 먹고 버린 것이 쌓여서 형성된 유적으로 일종의 쓰레기더미라 할 수 있다. 조개무지에서는 토기와 석기 등 사용한 유물이 포함되어 있어 당시 자연환경과 식생활 등을 연구하는데 중요한 자료로 이용되고 있다. 패총(조개무지) 자체가 당시 사회문화를 이해하는데 중요한 자료임에는 틀림없지만 이것만으로는 해당지역에서 신석기인들이 어떠한 생활양식을 갖고 있었는지 완전히 이해하기는 어렵다. 1990년대까지는 옹진군지역에서 신석기시대 사람들이 장기적으로 거주했음을 보여주는 취락(聚落)이 발견되지 않아 옹진군의 도서지역이 내륙지역과 같이 항구적인 본거지로 기능하기 보다는 먹거리를 얻기 위해 계절적으로 내륙에서 이동해 잠시 머물렀던 장소로 생각해 왔다. 그러나 연평도지역의 패총에 대해 연차적으로 발굴조사가 이루어지면서 인천지역 신석기문화를 이해하는데 새로운 단서를 제공하였다.

서해 도서지역에서 확인된 신석기시대 유적, 특히 패총유적에 대해서는 그동안 학계에서 두 가지 중요한 문제가 논의되어 왔다. 첫째는 상대적으로 규모가 작은 섬에서 발견된 주거지가 영구정착지인지 혹은 임시거주지 인지의 문제와 둘째는 패총에서 수습된 유물들, 특히 토기편들이 일정한 시간의 차이를 반영한 것인지 아니면 동시기의 다른 토기제작 전통을 가진 집단들이 서로 배타성 없이 섬을 공유한 결과인지에 대한 논쟁이다.[59)]

---

59) 김장석·양성혁, 『중서부 신석기시대 편년과 패총 이용전략에 대한 새로운 이해』, 한국고고학보 45, 2001.

이러한 논쟁에 대해서 본 장에서 상세히 다룰 수는 없지만 인천지역 신석기문화를 이해하는데 중요한 사안임으로 최근 옹진군 일대에서 조사된 신석기시대 주거지와 야외노지, 패총 등을 대상으로 고고학적 특성들을 살펴보고자 한다. 우선 서해도서지역에 산재하는 섬들 중 강화도, 백령도와 같이 규모가 큰 섬들은 영구정착지가 존재할 수 있다고 생각해 왔다. 그러나 소규모 도서들은 기본적으로 주거유적이 위치하기에는 한계가 있다고 생각해 왔다. 상대적으로 작은 규모의 섬에서는 생존에 가장 필수적인 식수가 제한적이고 항구적인 정착생활에 필요한 자원을 구하는데 한계가 있다는 것이다. 또한 이러한 지역의 유적에서는 식물자원을 채집, 가공하기 위한 갈돌, 갈판 등의 도구와 저장시설을 찾아보기 힘들다는 것이다. 영구정착지와 임시주거지 사이에는 유물 구성의 차이를 볼 수 있는데 유적의 규모, 주거지와 저장시설의 유무, 자원의 분포, 도구의 다양성, 도구와 토기의 제작여부 등의 차이가 있다는 것이다.[60]

그 동안 서해 도서지역에서 주거유적이 확인된 곳은 강화도 삼거리, 오이도 가운데살막패총, 영종도 는들 유적 등이다. 이 중 강화도와 영종도는 서해도서 중 규모가 큰 섬이기 때문에 발견된 주거지들은 영구정착지였을 가능성이 높고, 그 외 지역은 일종의 임시거주지

이상균, 『한반도 중서부 빗살문양토기의 기원과 전개』, 한국고고학보 46, 2002.
이승윤, 『중서부지방의 신석기시대 주거지에 대한 일 연구』, 고고학 7-2, 2008.
이준정, 『패총유적의 기능에 대한 고찰』, 한국고고학보 46, 2002.
임상택, 『신석기시대 중서부지역 상대편년 형성과정 검토』, 고고학 7-1, 2008.
임상택, 『서해중부지역 빗살무늬토기 편년연구; 신석기 후기편년 세분화 시론』, 한국고고학보 40, 1999.
추연식, 『패총의 형성과정』, 한국고고학보 29, 1993,

60) 김장석·양성혁, 『중서부 신석기시대 편년과 패총 이용전략에 대한 새로운 이해 』, 한국고고학보 45, 2001, 19~23쪽.

(야영시설)로 보는 것이다. 즉 소규모 섬은 항구적 정착 환경으로는 적절하지 않기 때문에 어업활동을 위한 소규모 집단이 임시거주지로 사용하였을 가능성이 크다고 보고 있다.

그러나 단순히 섬의 면적만을 고려하여 상대적으로 큰 섬에서 발견되는 주거지들은 영구정착지이고 작은 섬에서 발견되는 주거지들은 임시작업소와 같은 단순한 등식은 성립할 수 없다. 섬의 면적이 상대적으로 작아도 자연환경에 따라서는 영구정착지로서의 역할을 충분히 수행할 수 있기 때문이다. 예를 들어 경남 사천시 늑도(1.69㎢)는 대연평도(7.01㎢)의 1/5정도의 면적이다. 비록 자연환경과 시기는 다르지만 늑도에서는 현재까지 청동기시대부터 삼한시대에 이르는 영구정착지를 포함한 유적에서 13,000여점 이상의 유물들이 수습되었다.[61]

지금까지 옹진군 지역에서 발굴조사된 신석기시대 유구로는 모이도 패총에서는 주거지 2기와 야외노지 8기가 확인되었고, 대연평도 까치산 패총에서는 주거지 1기, 야외노지 5기가 확인되었다. 소연평도 패총과 백령도 패총에서는 유구 없이 패각층만이 조사되었다. 이 중에서 모이도 패총유적은 서해도서의 주거지 대부분이 수렵이나 어로를 위한 계절적·한시적인 거주지라는 주장에 의문을 갖게 하였다. 이는 모이도 패총의 조개껍질의 양이 많고 반복적으로 퇴적된 점, 석기 및 골각기 등의 유물이 고르게 출토된 점, 대형 할석을 주거지 벽면에 돌린 점 등이 특징으로 임시 주거지가 아닌 장기간 거주가 가능한 시설로 여겨지기 때문이다.[62]

---

61) 동아대학교박물관, 『사천 늑도 CI』, 2005 ;『사천 늑도 CⅡ』, 2008.

62) 국립문화재연구소, 앞의 책, 2003, 144쪽.

모이도패총은 2002년 4월 22일~7월 12일까지 문화재연구소에 의해서 발굴조사 되었다. 발굴결과 주거지 2기와 빗살무늬토기편, 어망추, 석부, 갈돌 등의 유물들이 수습되었다. 패총은 순수패각만이 퇴적된 순패층으로, 패각의 퇴적이 반복적으로 형성되어 층위상 구별이 가능하다. 즉, 패각의 퇴적이 일시적으로 이루어지지 않고 1차 퇴적면 위에 다시 2차 퇴적이 이루어지고 그 퇴적방향 또한 다양하게 나타나고 있기 때문이다. 모이도 패총은 퇴적층을 기준으로 2개 층으로 크게 구분되는데 구분의 기준이 되는 층위는 3~10㎝두께로 형성되어 있는 마모자갈층이다. 또한 퇴적의 횟수와 관련하여 퇴적이 일어날 때마다 약 10㎝내외 두께로 형성된 패충분층에 의하여 퇴적방향이 분명히 구분되는 11개 층으로 구성되어 있다.

모이도패총에서 발굴된 주거지는 패각층을 파고 들어가 조성한 드문 경우로 상세히 살펴보도록 하겠다. 모이도 1호 주거지는 직경 약 370㎝의 원형이고, 깊이는 50㎝ 내외이다. 벽은 30~60㎝ 크기의 편평한 대형판석을 사용하여 1단으로 축조하였는데, 할석을 주거지 안쪽으로 약 45°정도 기울어지게 세워 놓았다. 바닥은 축조당시까지 퇴적되어 있었던 패각상면에 점토를 얇게 깔아 편평하게 하였으나 남쪽 바닥면이 북쪽보다 약 25㎝정도 높게 형성되어 있어 약하게 경사져있다. 노지는 장방형의 위석식(140㎝X70㎝)으로 가장자리를 20~30㎝ 크기의 할석으로 돌렸고, 그 중간 부근에 길이 55㎝의 할석으로 노지를 축조하였다. 노지내부에 작은 자갈층과 흑색 재층이 3차례에 걸쳐 교차 퇴적되어 있어 수차에 걸쳐 사용하였던 것으로 추정된다. 한편 유구 북편 벽면과 접하여 직경 90㎝크기로 반원상의 얕은 구덩이가 파여져 있고, 그 내부에는 50㎝크기의 편평한 할석이 놓여 있으며 그 주변에서 다수의 어골과 토기편, 어망추 등이 출토되었다. 1호 주거지에서는 횡주어골문 동체편, 구연편, 심발형토기편 등의 토기와 박편, 석핵, 어망추, 골각기 등의 유물이 수습되었다.

2호 주거지는 남·북쪽의 벽석은 확인되었으나 서쪽벽은 자연 멸실된 상태이다. 주거지 남·북쪽의 벽석은 1호와 같이 60cm내외 크기의 할석을 사용하여 유구 내부쪽으로 45° 정도로 경사지게 세로로 세워 놓았고 잔존상태로 추정해 보면 직경 360cm, 깊이 50cm 정도로 추정되며 내부 바닥은 패각층 상면에 점토를 얕게 깔아놓았다. 노지는 30cm정도 크기의 할석을 사용하여 너비 60cm정도 크기의 말각방형으로 축조하였는데 벽석과 같이 안으로 경사지게 놓았다. 노지 내부에는 흑색 재층과 패각층이 이중으로 교차 퇴적되어 있고 유구 내부에서는 토기편, 어망추 등이, 북쪽 벽석 외부에서는 타격에 사용된 것으로 보이는 석영제 석기가 출토되었다. 층위상 1호주거지보다 낮게 형성되어 1호주거지 보다 먼저 축조되었거나 동시기에 축조된 것으로 추정하고 있다.[63)]

모이도패총 주거지의 경우 조사자는 이들 주거지가 장기 거주지였는지 아니면 반복적인 점유에 의한 일시적인 주거지인지는 명확하지 않다고 기술하고 있다. 장기간 점유에 의한 주거지로 볼 수 있는 근거는 패각의 양이 많고, 패각이 반복적으로 퇴적되었으며, 석기 및 골각기가 고루 출토된 점, 그리고 이전까지 생성된 패각층을 바닥으로 사용하고, 대형 할석을 벽석으로 돌렸으며, 내부에 정연한 노지가 만들어져 있다는 점이다. 반면 임시거주지의 형태로 볼 수 있는 요인

63) 국립문화재연구소, 앞의 책, 2003, 49쪽.

은 장기 거주지로 추정되는 연평도와의 거리가 가깝다고는 하나 현재의 해수면상으로 볼 때 분명히 분리된 섬이고, 생계에 필수적인 샘물이 생성되기에는 너무 규모가 작은 섬이라는 것이다. 또한 규모가 큰 패총이라 할지라도 생성된 패각의 대부분이 부피가 큰 굴이기 때문에 일시에 많은 양이 퇴적될 수 있다는 점이다. 따라서 현 단계에서는 일단 임시거주지의 경우가 더 타당성이 있는 것으로 보고자는 판단하고 있다.[64)]

대연평도 까치산패총은 경위도상으로는 동경 125°42′14″, 북위 37°41′33″이고, 행정구역상으로는 인천광역시 옹진군 연평면 연평리 184-4·5·6번지에 위치한다. 까치산 패총은 2003년 문화재연구소에 의해 발굴조사 되었다. 조사결과 야외노지 5기, 주거지 1기가 확인되었으며 빗살무늬토기편, 어망추, 갈돌, 석부, 골각기 등 다량의 유물이 수습되었다.[65)]

야외노지는 대부분 지름 100cm 내외의 타원형으로 할석과 자갈로 조성하였으며 내부는 소토로 채워져 있다. 일부 야외노지에서는 빗살무늬 토기편들이 수습되었다. 특히 2호 야외노지에서는 구연은 단사선, 동체 격자, 저부 횡주어골문을 시문한 구분계토기인 심발형토기가 출토되었다. 3호 야외노지에서는 소량의 목탄과 조류뼈로 추정되는 동물뼈가 일부 출토되었다. 5호 야외노지는 부정형의 노지로 사슴의 견갑골 1쌍과 척추골, 요추골, 치아편 등이 일괄적으로 출토되었다. 출토된 토기편은 노지를 중심으로 북편과 서편에서 압날계 단사선문과 거치문이 확인되었다. 노지 내부에서는 구연부편, 동체

64) 국립문화재연구소, 앞의 책, 2003, 144~145쪽.
65) 국립문화재연구소, 앞의 책, 2005.

부편, 어망추 등이 수습되었다.

주거지는 패각층 하부의 생토면 상면을 약 50cm 파내고 만든 수혈 주거지로 바닥면은 암반을 제거한 후 적갈색의 사질점토를 깔아 다짐하였고, 주거지의 동벽과 서벽의 일부는 암갈색 사질점토를 채워 만들었다. 주거지의 규모는 438cm×390cm×50cm로 원형에 가깝고, 벽체부분은 40°정도의 완만한 경사로 만들어져 있다. 기둥구멍의 흔적은 주거지 내부의 서편에 치우쳐 5군데 확인되며, 직경 16cm~40cm, 깊이 11cm~36cm이다. 주거지의 중앙에는 약 1.1m×0.75m 규모의 장타원형 노지가 확인되었다. 노지 내부에는 황갈색 마사점토가 채워져 있으며 3개의 목탄 구멍이 확인되었다. 북편에는 10cm 내외의 작은 할석과 30cm 내외의 큰 할석이 정형성 없이 놓여 있으나 조리용 토기를 받치기 위한 것으로 추정된다. 유물은 주거지 바닥과 상면에서 침선계 횡주어골문과 동체부편이 출토되었다. 주거지 내부에서는 동체부편 2점이 수습되었다.

현재 옹진군 일대에서 발굴된 주거지는 수기에 불과하여 구조적 특성을 규명하는데는 한계가 있다. 서해 도서지역 및 내륙에서 발견되는 신석기시대 주거지는 주거지 내부에 기둥을 설치하는 4주식이 대부분인데 연평도와 모의도에서 확인된 주거지는 기둥의 설치가 뚜렷하게 확인되지 않는다. 까치산패총 주거지는 주공이 확인되었으나 5개뿐으로 불규칙하게 위치하고 있다. 주거지 한쪽 벽면을 할석으로 두르고 있으며 모의도 주거지 2호에서도 주거지 벽면에 할석을 두르고 있다. 이들 주거지 내부에서 주혈이 발견되지 않거나 불규칙한 것은 벽체시설이 상부구조를 지탱하는 역할을 했을 것으로 추정된다. 이러한 구조는 바닷가에 인접하여 해풍을 막기 위한 시설로 보는 견

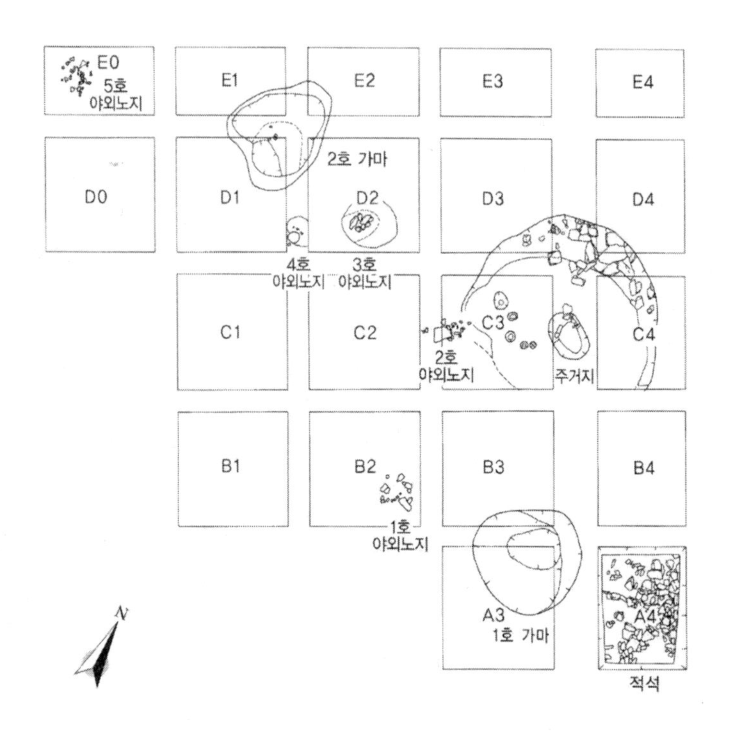

도면 1. 까치산 패총 유구배치도

해도 있다.[66)]

모이도와 대연평도에서 확인된 주거지는 모두 패각층 범위 안에 조성되어 있다. 아래 도면은 까치산패총 유구배치 도면으로 Pit D 열

66) 이승윤, 2008, 『중서부지방의 신석기시대 주거지에 대한 일 연구』, 고고학 7-2, 15~17쪽.

부터 아래쪽은 패각층에 속한다. 이들 주거지는 패각층 한가운데 수혈을 파고 주거지를 조성한 것인데 일반적인 주거지의 입지와는 다르다. 패각층은 수직으로 파고 내려가 정지작업을 하고 주공을 설치하는 등 전반적인 작업이 일반 육지보다 더 까다로울 것이다. 이러한 주거지는 어로현장에서 패류 채취작업을 위한 현장숙소 등 특별한 목적으로 조성되었을 것으로 추정하고 있다.

이들 주거지의 성격 및 연대를 규명하는데 있어 중요한 것은 출토유물에 대한 분석일 것이다. 그러나 현재 서해 도서지역 신석기 유적에 대한 분석은 토기문양의 상대편년에 대부분 의존하고 있다. 까치산 패총에서 출토된 유물은 총 279점으로 신석기시대 토기편은 225점, 석기 31점, 골각기 14점이며, 역사시대 가마와 관련된 토기와 상평통보, 청동제 합 등 9점이 포함된다. 발굴범위가 협소하다는 점을 들면 출토양은 적은 편이 아니지만, 상당부분 교란된 층에서 많은 유물이 수습되었고 안정된 토층에서의 유물은 160점으로 상당히 적은 편이다. 패각은 주로 굴 류이고, 피뿔고동과 두드럭고동, 백합, 맛조개, 꼬막 등이 소량 확인되고, 층위는 pit마다 약간씩의 차이는 있지만 크게 10개 층으로 구분된다.

보고자는 대연평도 까치산패총은 중부서해안지역의 신석기시대문화를 대표하는 침선계토기보다는 황해도(북한)지역과 관련된 압날계토기가 압도적인 점수를 차지하는 점이 특징적이며, 황해도지역에서 출토된 즐문토기와의 관련성을 제시하였다. 또한 종주어골문의 존재, 태토에 활석과 석면이 혼입된 토기의 존재 등을 고려할 때, 이 유적이 한반도의 중부서해안지역에서 확인된 신석기시대 유적들보다 상대적으로 이른 것이며, 노지에서 확인된 동물·조류뼈들은 당시 생계양식이 어로활동에 국한되지 않고 수렵활동도 왕성하게 이루어졌음을 지적하였다.

보고자는 모이도 패총과 까치산패총 출토 토기의 문양구성은 확연히 다른 것으로 보고 있다. 양 패총은 직선거리로 약 2.3㎞ 떨어져 있는데, 까치산 패총이 발굴되기 전까지는 연평도에 거주한 집단에 의해 모이도가 반복적으로 점유되었던 것으로 보았으나, 양자간 토기문양 구성이 다르게 나타나고 있어 서로 다른 토기제작 집단에 의해 양 유적이 교차 점유되었을 가능성이 높다고 판단하였다. 물론 양 유적이 시간적 차이를 두고 순차적으로 점유되었다고 가정할 수도 있으나 양 유적간 거리가 가깝고, 간조시 양 유적이 연결되는 점을 감안할 때 동시기에 생성된 유적일 가능성이 높아 시기적인 차이보다는 토기제작 집단의 차이에 기인한 것으로 보고 있다.

즉, 까치산패총의 토기문양은 황해도지역과 직접 연결되고 있으며, 모이도 패총은 소연평도 패총과 유사성이 인정되므로 황해도-연평도, 중부내륙-소연평도-모이도를 묶는 두 개의 제작 집단이 관여한 것으로 보고 있다. 한편 보고자는 토기문양이 구분문계에서 동일문계로 변화하며, 구분문계의 경우 문양이 종주어골문-단치횡주어골문-다치횡주어골문 순으로, 동일문계는 단치구시문-다치구시문 순으로 시간적인 차이에 의해 변화한다는 전제 하에서 볼 때 모이도 패총의 문양변화에 따른 편년적 위치는 동일계이면서 단치횡주어골문이 우세한 단계의 유적으로 볼 수 있다는 것이다.[67)]

특히 연평도의 신석기 문화가 거리상으로 가까운 황해도 지역과의

---

67) 국립문화재연구소, 앞의 책, 2003, 143~145쪽.

연관성이 제기되어 왔는데 이는 금탄리 유적에서 출토된 유물과의 비교를 통해 논의되어 왔다. 금탄리 유적은 평양시 사동구역의 대동강 중류 남강 유역 하안단구층에 위치한다. 금탄리 유적은 1955년 북한 물질문화사연구소 고고학연구실에서 발굴·조사하여 3개의 문화층이 드러났으며, 이 가운데 1·2문화층이 신석기시대에, 그리고 3문화층은 팽이그릇이 주로 나오는 청동기시대에 해당한다. 이 유적발굴을 통해 금탄리 I, II식 토기의 설정이 가능하게 되었고 이들 토기가 궁산 1, 2기보다 후행한다는 점이 밝혀졌다.[68]

금탄리 I식 토기의 경우 토기전체에 동일한 문양을 시문하는 반면 서해안 지역에서는 동체의 상반신만 시문하는 것과 차이를 보이고 있다. 또한 활석이 섞인 태토를 사용한다는 점에서도 서해안식 토기와는 차이를 보인다. 그러나 금탄리 II식 토기는 동체전면에 횡주어골문을 시문한다는 점에서 서해안식 토기와는 전체적인 문양배치에 차이를 보이나 동일계 횡주어골문이라는 공통점을 보인다. 그러나 사질계 태토이며 문양이 정연하여 서해안식 토기와는 차이를 보인다. 금탄리 II식 토기는 일산과 미사리에서도 확인된다. 금탄리 II식 토기는 남경유적 등과 함께 궁산문화 4기로 편년되며 신석기 후기에 속한다. 금탄리 유적은 전면횡주어골문토기가 주류를 이루면서 짧은 횡선을 점선과 같이 시문하여 횡으로 돌린 것, 횡사선대문, 단사선문 등 다양한 문양의 토기가 공반한다. 특히 앞의 두 문양은 궁산문화의 전형적인 문양으로 서해안지역에서도 나타난다. 즉, 미사리나 암사동 등 한강 내륙지역에서도 서해안식 횡주어골문과 함께 나타나는

---

68) 임상택, 「서해중부지역 빗살무늬토기 편년연구: 신석기 후기편년 세분화 시론」, 『한국고고학보』 40, 1999, 13쪽.

문양이다. 결국 거시적으로 금탄리 Ⅱ기 단계의 황해도 지역은 서해안식 토기문화권에 포함된다고 볼 수 있다는 것이다. 이렇듯 서해도서지역 빗살무늬토기편들의 문양이 시간차를 반영한다는 가정 하에서로 다른 문양의 나열과 교차편년에 의거하여 연구가 진행되고 있다. 그러나 이러한 빗살무늬 토기편들의 각종 문양들은 시간적 차이라기보다 지역적 차이를 반영한 것일 수도 있다. 예를 들어 금탄리식 토기는 한강유역에는 소량만이 발견되는데 이는 한강지역에서 생산된 것이 아닌 금탄리 지역과의 교역품으로 해석하기도 한다.[69)]

그렇다면 한강유역에서 발견되는 다른 문양의 토기편들은 금탄리식 토기와는 시기 차이를 반영한 것인지 아니면 동시기의 다른 제작전통을 반영한 것인지를 명확히 설명할 필요가 있다. 또한 한강유역에서도 전통적인 토기를 제작하고 있었다면 왜 금탄리식 토기를 교역품으로 받아들였는지, 금탄리에서도 한강유역 토기가 발견되는지 등이 우선 설명되어야 할 것이다. 즉 자신들이 동일한 수준의 토기생산이 가능한데 교역품으로서 다른 지역의 토기를 받아들였다면 이는 경제적 이유보다는 의례적인 행위의 결과일 수도 있는 것이다.

미국의 저명한 고고학자인 빈포드(Binford, L. R.)는 수렵채집사회의 이동 양상에 대해서 거주적 이동(residential mobility)과 병참적 이동(logistical mobility)의 두 가지 전략으로 설명한바 있다. 한 공동체는 식량이나 기타 필요한 자원을 획득하기 위하여 상황에 따라 서로 다른 전략을 택한다. 거주적 이동은 씨족이나 부족과 같은 한 공동체 전체가 다른 지점으로 이동하는 전략이며 병참적 이동은 한 사회의

---

69) 임상택, 앞의 글, 1999, 13~14쪽.

일부 구성원이 특별한 목적을 수행하기 위하여 영구정착지를 떠나 일정기간 동안 다른 지역으로 이동하는 전략을 뜻한다. 이때 이들의 서로 다른 전략적 행위는 서로 다른 유물의 조합(tool assemblage)을 남기게 된다는 것이다. 일반적으로 거주적 이동 전략에서는 단기 거주지(residential camps)와 자원획득 장소(resource acquisition locations)의 유적을 남긴다. 반면에 병참적 이동에서는 근거지(base camps), 자원획득 장소, 임시거주지(field camps), 도구와 식량 저장을 위한 저장소(caches) 등의 유적이 나타난다는 것이다.[70]

이러한 이론을 서해도서지역 신석기 문화에 바로 대입하여 결론을 끌어내기는 어렵지만 선사인류의 보편적인 생존활동의 관점에서 주거지 및 출토유물의 성격에 대해 몇 가지 사실들을 유추해 볼 수는 있을 것이다.

서해 5도 패총유적에서 출토된 석제유물들만을 살펴보면 어망추는 모이도에서 56점, 소연평도에서는 297점으로 다량 확인되고 있으나 대연평도 까치산 패총에서는 총 25점으로 소량에 불과하다. 이러한 차이는 이들 유적들의 발굴면적에 따른 차이일 수 있으나 대연평도 보다 면적이 작은 소연평도에서 다량의 어망추가 발견된 것으로 보아 이들 유적이 다른 성격으로 이용됐을 가능성을 시사하고 있다. 보고자는 소연평도에서의 주된 경제행위는 패류채취가 아닌 어류의 획득(가오리 중심) 및 가공이 이루어졌고, 모이도는 패류채취가 중심으로 부수적인 참돔잡이를 했던 것으로 보고 있다. 또한 대연평도 까

70) Binford, L. R, "Willow smoke and Dogs tails: hunter-gatherer settlement systems and archaeological site formation", *American Antiquity* 45(1).1980, pp.4~20.

치산패총의 생계방식은 가오리뼈가 일괄 출토된 이외에는 어류뼈가 전무하고, 야외노지에서 사슴뼈와 조류뼈가 확인되는 것으로 보아 패류의 채취와 함께 수렵에 의존하는 것으로 판단하고 있다.[71]

이러한 가설은 소연평도 출토 어망추가 대연평도에 비해 압도적으로 많은 것을 볼 때 합당한 설명일수도 있을 것이다. 그러나 대연평도에서 사슴사냥이 행해졌다면 올무나 덫을 사용한 사냥도 가능했겠으나 활이나 창과 같은 사냥도구를 사용했다면 화살촉과 창촉이 전혀 발견되지 않는 것은 이러한 가설을 뒷받침 하는데 다소 어려움이 있다.(표 10) 다만 소연평도에서 어망추가 다량으로 수습되었다는 것은 소연평도 인근에 가오리와 같은 특정한 어군의 형성되는 계절에 집중적인 어로활동을 위한 전진기지 역할을 하였을 가능성도 있을 것이다.

한편 모이도에서는 숫돌, 긁개, 박편, 석핵 등 석기 및 도구제작 등에 필요한 공구류가 상대적으로 많이 출토되었으며 자돌구(작살), 시문구, 골침류 등 어로작업이나 기타 작업을 위한 골제 도구들도 다양하게 출토되었다. 반면 갈돌, 갈판, 석부등 영구정착지에서 주로 출토되는 생활용구가 수습되지 않았다.(표 10) 즉, 출토 유물만으로 볼 때 모이도는 장기간 생활을 하기 위한 영구주거지가 아닌 임시거주지일 가능성이 있다.

물론 이러한 해석에는 몇 가지 문제점을 내포하고 있는데 첫째는 옹진군일대에서 발굴된 신석기시대 주거지와 출토유물의 수가 상대적으로 적다는 것이다. 때문에 내륙지역의 신석기시대 초기에서 후

---

71) 국립문화재연구소, 앞의 책, 2005, 171~177쪽.

기에 이르는 각 시기별 대표적인 유구/유물과의 속성을 비교하는데 어려움이 있다. 둘째는 서해 5도 신석기 유적 대부분은 패총인바 패총은 퇴적과정과 일정시간이 경과하면서 내부변화의 과정 등이 내륙지역의 주거지와는 다를 수 있어 일방적인 비교가 어려운 측면이 있다. 셋째, 서해 5도 지역에서는 다양한 문양의 빗살무늬 토기편들이 발견되었으나 완형의 토기가 아니기 때문에 기종에 따른 빈도수를 계산하는데 한계가 있으며 각 층위에 따른 기형변화를 정확하게 판단하기도 어렵다. 또한 토기편과의 공반유물이 거의 없어 층위별 상대편년에도 어려움이 있다.

서해도서지역 신석기유적은 빗살무늬토기의 문양에 따른 상대편년과 탄소연대측정 결과 대략 B.C. 3,500~3,000 이후의 것들로 추정되고 있다. 모이도패총 조사에서는 수습한 목탄 및 패각 시료 10점을 대상으로 방사성탄소연대를 측정하였으나 시료의 양이 적어 대부분 측정이 불가능 하였고, 그나마 측정된 1호 주거지 출토 패각의 경우는 그 값이 B.P. 2,790±60로 나와 다른 동시기 유적과는 편차가 있는 것으로 확인되었다.[72] 까치산 패총의 경우 5개 시료에 대한 연대측정 결과 B.C. 3,500년 이상으로 나타났다.[73] 소연평도 패각시료 2점에 대한 방사성 탄소연대 측정결과 제2패총은 교정연대 B.C. 2,860~2,400 제1패총 시료는 B.C. 2,860~2,280로 나타났다. 측정결과만으로는 제 1패총이 제 2패총보다 늦은 시기까지 사용되었을 가능성이 있다는 것이다.[74]

72) 국립문화재연구소, 『연평 모이도 패총』, 2003, 145쪽
73) 국립문화재연구소, 『대연평도 까치산 패총』, 2005.
74) 국립문화재연구소, 『소연평도 패총』, 2002.

출토유물들에 대한 상대 편년과 절대연대 측정결과를 함께 고려할 때 연평도 일대의 신석기문화는 상대적으로 늦은 시기의 신석기 문화라 할 수 있다. 우리나라 신석기시대의 시작은 B.C. 6,000년 전후임을 감안하면, 연평도 일대 신석기 유적은 중기 이후로 판단되며 앞으로도 발굴조사가 계속 진행된다면 서해도서 지역 신석기시대의 편년이 올라갈 가능성은 있다.

〈표10〉 서해5도 출토 신석기시대 석제/골제 유물

	석제															합계	골제					합계
유적명	작살	절구돌	어망추	숫돌	긁개	다각면구	석핵	박편	석촉	방추차	석부	갈돌	갈판	원판형	용도미상		자돌구	시문구	꾸미개	골침류	용도미상	
말등패총		1									4	3	1			9						
소연평	4	2	219	1							2	1			3	302					2	2
모이도			56	1	1	2	5	12	1							83	7	4	4	9		24
까치산			25		1					1	1	1		1	1	31		11	2	1		14

인천 서해안 및 도서지역 신석기시대 주거지의 입지는 크게 해안에 인접한 저지성(低地性)과 구릉성(丘陵性)으로 구분해 볼 수 있다. 구릉성 유적은 주거지 중심의 소규모 정주성 취락으로 보는 반면, 해안에 접한 저지성 유적은 패총을 통한 식량자원의 획득과 한시적인 작업을 위한 야외노지로만 구성된 한정 행위 장소로 보는 견해들이 있다.[75] 물론 이러한 입지별 유적의 성격이 서해 도서지역에서 신석기시대 전기간 동안 동일하게 나타나는 것은 아닐 것이다. 는들 유적

75) 김장석·양성혁, 「신석기시대 편년과 패총 이용전략에 대한 새로운 이해」, 『고고학보 45호』, 2001.

이나 을왕동유적은 구릉에 위치한 정주성 주거지로 볼 수 있지만 해안가에 접근이 용이한 지역에 위치하고 있어 영구정착지 혹은 임시주거지 등의 성격구분이 모호하다.

한편 영종도는 장기간 거주를 할 수 있는 대규모 취락유적과 함께 야외노지와 패총 등이 함께 확인되고 있다. 영종도에서는 장기간 생활을 영유할 수 있는 식수나 자원이 풍부하여 영구정착지가 자리 잡았을 것이다. 그리고 이곳을 거점으로 해안가나 주변의 소규모 도서에 일시적으로 왕래하면서 패류나 어류 등 식량과 기타 자원을 획득했던 것으로 생각하고 있다.[76] 영종도와 인접해 있는 강화도와 같은 큰 섬도 신석기시대의 주요한 생활거점이 형성되었을 가능성이 높지만 현재까지의 자료로만 본다면 영종도 일대가 가장 활발한 활동이 이루어졌던 곳으로 판단된다.

을왕동유적은 주거지의 입지를 볼 때 최초 해안선 배후의 구릉에 입지한 정주형 거주지로 조성되었을 가능성이 높다. 을왕동유적 주거지와 유사한 평면 형태와 노지를 갖춘 유적으로는 서울 암사동, 연천 삼거리, 연평도 모이도 패총 등에서 위석식 노지가 확인된다. 위석식 노지는 비교적 이른 시기에 사용된 것으로 알려져 있으나 모이도 패총의 예를 볼 때 늦은 단계까지 지속되는 것으로 생각된다. 그러나 을왕동 Ⅲ유적 동쪽의 구릉에서 조사된 주거지(을왕동 Ⅳ유적)는 방형의 평면 형태와 함께 수혈식 노지를 갖추고 있어 차이가 있다. 또한 영종도의 는들유적 주거지나 삼목도에서 조사된 주거지 역시 방형의 평면 형태에 수혈식 노지를 사용하고 있어 도서지역 신석기

76) 김장석·양성혁, 위의 글.

시대 주거지는 방형(원형)+위석식 노지 혹은 방형+수혈식 노지를 갖춘 주거지로 구분될 수 있을 것이다.[77)]

신석기시대 주거지의 형태는 원형, 방형, 장방형 등이 주류를 이루며 무시설식 수혈노지가 대부분 사용되었다. 원형의 주거지는 외부와 내부가 모두 원형을 나타내는 주거지와 외부는 원형으로 굴착하고 내부는 방형으로 생활공간을 조성한 것도 있다. 주거지들 중 다수를 차지하는 것은 방형으로 돌출형 출입시설과 4주식의 기둥을 배치한 것이 일반적이다. 이들 주거지는 사람들이 임시로 거주했던 지역이 아닌 상당한 규모의 마을을 이루고 살았던 대규모 영구정착지로 이 지역에서 사람들이 오래전부터 거주해왔음을 의미한다. 주거지에서는 빗살무늬토기편, 석부, 갈돌, 석촉, 어망추, 굴지구 등의 유물이 수습되었다.

중부 서해안지역의 신석기시대 후기 주거지에서 나타나는 특징적 요소들 중 하나로 위석식 노지를 들고 있다. 서울 경기내륙의 암사동이나 삼거리유적에서는 전기부터 주거지에 천석을 이용한 위석식 노지가 설치되는 반면, 서해안지역의 중산동이나 을왕리 유적에서는 판석을 이용하며 후기부터 등장하고 있다. 그러나 위석식 노지와 수혈식 노지가 한 주거지 내에서 확인되는 예도 있어 노지의 형태가 시기구분의 기준이 되기는 어렵다. 중산동유적의 경우 취락 내에서 가장 이른 시기에 해당하는 30호 주거지(B.C. 3090~2880)에서는 위석식 노지가 3개나 중복되어 나타난다. 그러나 가장 늦은 시기에 해당하는 27호 주거지(B.C. 2210~1930)에서도 위석식 노지가 나타나고

---

77) 중앙문화재연구원, 『인천을왕동유적』, 발굴조사보고 제85책, 2006, 124~129쪽.

있어 거의 전 기간 동안 수혈식과 혼재하는 것을 알 수 있다. 중산동 유적의 신석기시대 취락은 영종도 내의 주변 유적들과 비교해 볼 때 을왕동 Ⅲ유적, 는들유적, 운북동유적 등과 함께 신석기시대 후기에 속하는 유적으로 판단된다.[78]

영종도 일대의 신석기시대 주거지에 대한 절대연대측정 결과를 살펴보면, 운서동유적이 가장 빠른데 특히 3호 주거지의 경우에는 B.C. 3960~3710의 연대가 측정되었다. 운서동유적은 영종도는 물론이고 중부 서해안지역에서 가장 이른 시기에 해당한다.[79] 다음으로 삼목도 Ⅲ유적은 B.C. 3600~3100, 운북동유적은 B.P. 3400~4600 [80] 을왕동유적은 B.P. 4200~4600[81] 는들 유적은 B.P. 4400~4600[82]에 해당한다.[83] 운서동유적은 신석기시대 전기(B.C. 4000~3600), 삼목도유적은 중기(B.C. 3600~3100), 중산동, 운북동, 을왕동, 는들 유적 등은 후기(B.C. 3100~2300)에 속하는 것으로 보고 있다.[84]

이상과 같이 논의된 내용들을 간략히 정리해 보면 다음과 같다.(표

78) 한강문화재연구원, 앞의 책, 2012(c), 743~746쪽.

79) 중앙문화재연구원, 앞의 책, 2010.
구자진, 「中部 西海岸地域 新石器時代 마을의 生計·住居方式 檢討」, 『韓國上古史學報』第60號, 韓國上古史學會, 2008. 「중부 서해안지역의 신석기시대 집자리 연구」, 『崇實史學』第19輯, 崇實大學校 史學會, 2006.
임상택 편년안의 Ⅰ 기 후반, 구자진 편년안의 Ⅰ기 해당하는 시기이다.

80) 한강문화재연구원, 앞의 책, 2012(b).

81) 중앙문화재연구원, 앞의 책, 2006.

82) 서울대학교인문학연구소, 앞의 책.

83) 세 유적은 임상택 편년안의 Ⅲ기, 혹은 구자진 편년안의 Ⅱ기(는들유적)와 Ⅲ기(운북동·을왕동유적)로 구분된다.

84) 서울대학교박물관, 앞의 책, 2007.
임상택과 구자진 편년의 Ⅱ기로 볼 수 있다.

11) 인천지역에서 확인된 신석기시대 주거유적은 내륙지역과 도서지역이 큰 차이 없이 평균 해발고도 15~50m 사이의 낮은 잔구성 구릉지대에 위치하고 있다. 주거지는 해안가에서 멀지않은 곳에 위치하고 있는데 해양자원에 크게 의존했던 당시 사람들의 생활방식과 환경 조건을 고려하여 선호했던 입지로 판단된다. 동양동, 수산동 등 내륙지역에서 확인된 주거유적들도 신석기시대 당시에는 해안가와 가까이 위치했을 가능성이 크다.

중부서해안지역에서 발견되는 신석기시대 주거지는 대부분 방형에 4주식으로 알려져 있다. 인천지역에서 발견된 신석기시대 주거지들도 이러한 방형에 4주식 형태가 우세를 보이고 있으나 원형과 장방형의 주거지도 확인되며 모이도와 대연평도 주거지와 같이 기둥을 사용하지 않은 예외적인 형태의 주거지도 확인된다. 발굴당시 삭평이나 파괴 등으로 유구가 크게 손상된 경우를 감안 하더라도 주거지 밖으로 기둥을 설치한 외주식이나 출입구가 설치된 경우 등 다소 다른 형태의 주거지들도 존재한다.

노지의 경우 수혈식과 위석식 두 가지 형태가 확인되는데 위석식 노지가 상대적으로 후기에 등장하는 것으로 알려져 있다. 그러나 중산동유적의 경우와 같이 수혈식과 위석식이 함께 확인되는 유적들이 있다. 만약 동일지역 내에서 위석식 노지를 사용한 주거지가 수혈식 노지를 사용한 주거지보다 후대에 조성된 것이 아니라 동시기에 함께 사용되었다면 이러한 현상을 어떻게 설명할 것일지 숙고해 볼 필요가 있다. 수혈식에서 위석식으로 넘어가는 과도기의 단계에서 두 가지 형식이 모두 사용되는 중첩현상인지 아니면 짧은 거리지만 서로 다른 지역적 특색이 문화적 점이지대에서 나타나는 현상인지 여러 가지 가능성이 있어 보다 신중한 접근이 필요할 것으로 판단된다.

인천 서해안지역의 신석기유적은 토기의 문양 변화와 시문면적의 축소화를 기준으로 신석기시대 편년을 전, 중, 후기로 구분할 때 대체로 후기에 속하는 것으로 알려져 왔다. 현재까지 자료로 볼 때 영종도를 포함한 중부 서해안지역의 신석기문화는 대략 B.C. 3,500~3,000 이후의 상대적으로 늦은 시기의 것으로 판단하고 있다. 그러나 최근 이 지역에서 신석기시대 유적 발굴이 급증하면서 새로운 유적과 토기 양상이 밝혀지고 절대연대자료가 제시되면서 일부 유적의 경우 신석기 중기 이전까지 올려 볼 수 있다는 의견이 제시되었다.[85] 최근 조사된 운서동유적의 경우 비교적 이른 시기의 주거지가 조사된 것으로 보고되고 있어[86] 앞으로 조사결과에 따라 이 지역 신석기문화의 연대가 상향될 가능성이 있다.

이와 관련하여 중부 서해안 지역에 신석기시대의 이른 시기의 유적이 없는데, 이것은 아직까지 그 이유를 명확히 하지 못한 상태다. 한반도 신석기문화의 시작은 B.C. 6,000년경으로 보고 있는데 현재까지 이른 시기의 신석기유적은 고성 문암리 등 동해안에서만 확인되고 있다. 그 이유에 대해서 서해안지역의 초기 신석기시대 유적들은 해안선 상승에 따라 바다 속에 묻혀 있을 가능성도 있다. 신석기 초기의 해안선은 지금보다 바다 쪽으로 멀리 있었기 때문에 유적들도 동일하게 바다 쪽에 입지하고 있었을 가능성이 높기 때문

---

85) 양성혁, 「중서부지방 신석기시대 편년 재검토」, 『한국신석기연구 제3호』, 2002.
김장석, 「중서부 신석기시대 편년에 대한 비판적 검토」, 『한국신석기연구 제5호』, 2003.

86) 구자진, 「한반도 신석기시대 집자리의 특징과 전개양상」, 『한국의 신석기시대 집자리』, 한국신 석기학회·(재)한강문화재연구원, 2009, 315쪽.

이다. 하지만 이에 대해서는 보다 체계적인 연구가 뒷받침 되어야 할 것이다.

〈표11〉 인천지역 신석기시대 유적 현황

번호	유적명	주거지	노지	출토유물	야외노지	패총	연대측정	비고
1	동양동유적	1		빗살무늬토기, 마제석부			중기이후(추정)	파괴
2	수산동유적	1	수혈식	빗살무늬토기, 갈돌			전기(추정)	
3	경서동유적	2	수혈식 2기	빗살무늬토기, 갈판			B.C. 3,055~2,960	파괴
4	구월동유적			빗살무늬토기	2			
5	운북동유적	18	위석식	빗살무늬토기, 갈돌, 갈판	84		주거지 B.C. 3,200~2,800 야외노지 B.C. 2,300~1,400	
6	운서동유적	66	수혈식	빗살무늬토기, 석부, 찔개살, 석촉, 장신구, 갈돌, 갈판	12	1	B.C. 3,860~3,175	
7	중산동유적 (중앙)	4	위석식 3 수혈식 1	빗살무늬토기, 갈돌, 갈판, 석부	54		야외노지 B.C. 2,780~1,570 주거지 B.C. 2,930~2,740	
8	중산동유적 (한강)	31	위석식 수혈식	빗살무늬토기, 갈돌, 갈판, 석촉	27		B.C. 2,900~2,500	
9	을왕동유적	4	위석식	빗살무늬토기			B.C. 3000 전후	
10	소야도유적	1		빗살무늬토기	24	4	야외노지 B.C.	

		(야영지)					1,500~1,000	
11	용유도유적			빗살무늬토기, 갈돌	90	10	B.C. 3300~3,000 -1800	
12	대연평도 패총	1	수혈식	빗살무늬토기, 석기, 골각기	5		B.P. 5,090~5,020	
13	소연평도 패총			빗살무늬토기, 어망추, 석기, 골각기		패각층 발굴	B.C. 2,860~2,280	
14	모이도패총	2	위석식	빗살무늬토가, 어망추, 석기, 골각기	8	패각층 발굴	B.P. 2,790	
15	장금도패총			빗살무늬토기		패각층 발굴	B.P. 3,350	

지금까지는 인천 서해안지역 신석기시대 주거지, 야외노지, 패총 유적의 고고학적 특성에 대해 살펴보았다. 여기서 한걸음 더 나아가 동북아지역을 포함한 신석기시대의 일반적인 문화적 특성에 대해 살펴봄으로써 독자들의 이해를 돕고자 한다. 우선 구석기시대에는 없던 신석기시대에 새로 등장하는 유구와 유물에는 무엇이 있는가? 신석기시대 당시로서는 정교하게 건축한 주거시설, 초보적인 농사의 시작, 토기의 등장, 활과 화살의 사용, 배를 이용한 항해, 그리고 돌감을 갈아서 만든 마제석기 등을 들 수 있을 것이다. 이러한 새로운 기술의 등장과 발전은 이전 시기와는 비교 할 수 없을 만큼 사람들의 생활양식에 큰 변화를 가져 왔다.

구석기시대에는 청원 두루봉 동굴 유적과 같이 사람이 거주하기 좋은 동굴을 중심으로 생활했을 것으로 추정된다. 두루봉 유적과 같은 석회암 동굴은 비바람이나 추위뿐만 아니라 맹수로부터도 방어하기 좋은 천혜의 요새와도 같은 역할을 했을 것이다. 그러나 인구의 증가와 필요에 따른 이동생활을 할 때 지형적 여건상 동굴을 발견하여 생활하는 것은 쉽지 않았을 것이다. 따라서 구석기 시대에도 주거지(움집) 등을 만들어 사람들이 살았을 것으로 추정되지만 한반도 지역에서 구석기시대 주거유적이 뚜렷하게 확인된 예는 없다.

신석기시대에 들어서면서 사람들은 인공적인 동굴이라 할 수 있는 주거지를 만들기 시작하였다. 오늘날의 관점에서 보면 단순한 초보적인 기술일지 모르나 주거지 축조 기술은 동굴지역이나 한정된 자연환경에서 벗어나 사람들의 주거영역을 넓힐 수 있는 계기가 되었을 것이다. 그렇다면 사람들이 주거지를 만들고 한 지역에 장기 거주지를 만든 이유는 무엇일까? 그것은 구석기시대에는 없던 농사와 같은 새로운 식량획득 방식과 관련이 있을 것으로 추정하고 있다.

사람들은 막연하게 인류가 정착생활을 하게 됨으로써 농사를 짓게 되고 이와 관련하여 토기를 발명하게 된 것이라고 생각하는 경우가 많다. 그러나 인류가 여러 장소를 옮겨 다니면서 수렵과 채집생활을 하다가 한곳에 오래 정주하게된 것은 사람들이 특정 장소에서 집약적인 노동력을 투입했음을 의미한다. 즉 농사기술을 이용하여 인위적으로 곡물을 재배하기 위해서는 한 장소에서 집중적인 노동력을 필요로 하게 되고 이것이 정착생활을 유도했을 것이다. 18~19세기 유럽과 미국의 민족지 조사를 살펴보면 아프리카나 남미 등지의 원주민들이 여러 장소를 이동하는 수렵채집생활을 하면서 동시에 그들의 활동 반경 내에서 특정작물을 재배하는 경우를 다수 확인할 수 있다. 이러한 복합적인 생산방식에서 농경의 비중이 점차 커지면서 정착생활로 옮겨간 것으로 추정하고 있다. 또한 토기를 비롯하여 곡물을 가공하는데 사용하는 갈돌/갈판, 곡물을 추수하는데 사용하는

낫(반월형석도) 등은 분명 곡물(농사)과 관련이 있는 유물들이다. 그러나 이러한 도구를 제작·사용한 것이 곧 농사를 지었다는 직접적인 증거는 될 수 없다. 농사와 가축의 사육이 가장 먼저 행해진 지역은 대략 1만 년 전 중동의 비옥한 초승달 지역으로 알려져 있다. 중동지역의 경우 인위적인 농사가 행해지기 한참 전부터 당시 사람들이 야생곡물을 추수하여 식량으로 활용하였고 이 과정에서 낫이나 갈돌/갈판과 같은 곡물 가공 도구가 이미 사용되고 있었던 점에 주목할 필요가 있다.

한편 신석기시대에 등장한 토기는 인류의 식생활에 큰 변화를 가져왔을 것이다. 토기를 사용하기 이전에 사람들은 바구니를 짜거나, 목기(木器) 등을 만들어 그릇으로 사용했을 것이다. 그러나 이러한 용기는 불에 조리를 할 수 없는 도구이다. 토기의 발명은 인류가 본격적으로 불을 이용하여 요리를 하게 되었다는 것을 의미하며 곡물 등 식량을 안전하게 저장하는데도 큰 역할을 하였을 것이다. 또한 신석기시대에 인류가 처음 배를 사용한 것으로 알려져 있는데 창녕 비봉리에서 8천년 전 신석기시대 배가 발견된 것은 널리 알려진 사실이다. 신석기시대에는 배를 활용하게 되면서 도서지역 등 먼 거리를 이동하는 것은 물론 다양한 해양자원을 획득하는 것을 가능하게 하였을 것이다.

신석기시대 획기적인 발명품중 하나는 활과 화살일 것이다. 활은 보다 효율적이고 강력한 무기로서 먼 거리에서 짐승을 사냥하는 것이 가능하게 되었다. 이는 사람이 사냥을 위해 위험한 동물에 접근하는 것을 피할 수 있어 사람들의 생존 가능성이 높아졌을 것이다. 반면 활과 화살이 사람간의 전쟁에 사용되면서 살상력이 높아진 것도

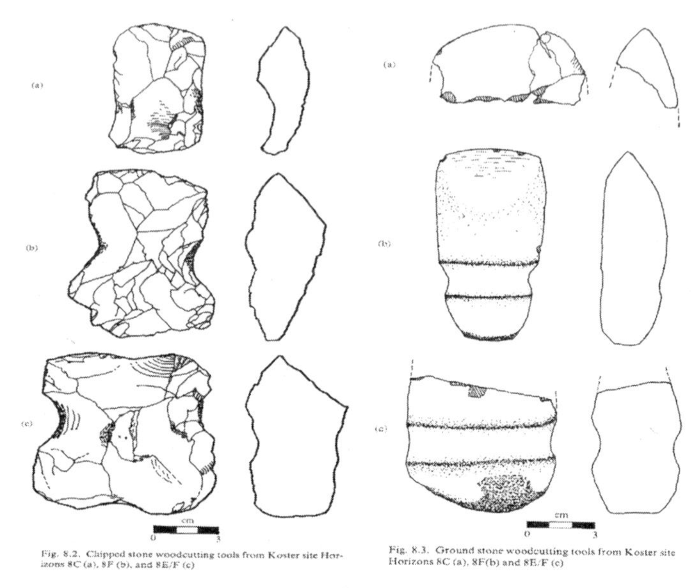

Fig. 8.2. Chipped stone woodcutting tools from Koster site Horizons 8C (a), 8F (b), and 8E/F (c)

Fig. 8.3. Ground stone woodcutting tools from Koster site Horizons 8C (a), 8F(b) and 8E/F (c)

도면 2. 타제석부 및 마제석부

사실일 것이다. 이러한 새로운 기술과 도구의 등장은 이전 시대와는 달리 사람들의 생산력과 생존능력을 획기적으로 끌어올렸을 것이다.

돌감으로 도구를 만드는데 있어서 구석기시대와 신석기시대의 차이점은 무엇인가? 아마 대부분의 사람들은 구석기시대에는 돌감을 때려서 박편을 떼어내어 만든 소위 타제석기(打製石器)를, 신석기시대에는 돌감을 갈아서 만든 마제석기(磨製石器) 사용한 것이 큰 차이라고 대답할 것이다. 그러나 이 새로운 석기제작기술은 우리가 생각해 봐야할 몇 가지 기술적 특성들이 있다. 일반적으로 대부분의 사람들은 돌감을 마연하여 도구를 제작한 마제석기가 돌감을 타격하여 격지를 떼어내 만든 타제석기보다 기술적으로 발전한 형태의 도구이며 기능도 훨씬 뛰어나다고 믿는다. 이러한 대답은 동북아지역의 신석기 문화에서는 옳은 대답일 수 있으나 세계 여러 지역의 다른 문화권의 예를 볼 때 이것이 꼭 맞는 이야기만은 아니다.

위 그림(도면2)의 석부들은 한 북미인디언 원주민 집단이 사용하던 석제 도구들이다. 그림은 타제석부와 마제석부의 실측도인데 마제석부가 훨씬 정교하게 만들어진 것이 사실이며 기능적으로도 효율성이 뛰어나 보인다. 그러나 실제 이 석부들로 벌목작업을 하면 타제석부의 떼어낸 면이 날카롭기 때문에 나무를 빠른 시간에 더 효율적으로 잘라낼 수 있다. 그러나 날 부분이 타격으로 계속 떨어져 나가기 때문에 빈번하게 수리를 해서 사용하여야 하며 이때 원석이 빠르게 소진된다. 도구를 만들 수 있는 석재는 매우 제한적으로 원석의 빠른 손실은 곧 경제적인 손실을 뜻한다. 반면에 마제석부는 오히려 날이 타제석부만큼 날카롭지 못해 벌목을 하는 효율성이 떨어진다. 그러나 마제석부는 내구성이 타제석부 보다 강해 원석의 손실이 훨씬 적다.

미국의 고고학자인 보이스톤(Boydston)[87]은 이러한 상관관계에 관련된 흥미로운 실험결과를 보여준 바 있다. 그는 기능적으로 유사한 두 종류의 나무 자르는 도구들이 경제적 조건에 따라 어떻게 다르게 선택되는가를 연구하였다. 보이스톤은 미국 중서부지역 선사시대(Early Archaic)[88] 유적지에서 발견된 타제석부와 자귀, 그리고 마제

87) Boydston, Roger A. "Cost-benefit Study of Functionally Similar Tools", Time, Energy, and Stone Tools, edited by Robin Torrence, Cambridge University, 1989.

88) 미국 원주민들의 초기 문화를 지칭하는 시대구분중 하나.
Early Archaic: B.C. 8,000~6,000
Middle Archaic: B.C. 6,000~4,000
Late Archaic: B.C. 4,000~1,000

석부와 자귀의 비교연구를 통해 인간 행동의 효율적인 적응력(성)에 대해 설명한 바 있다.

보이스톤(Boyston)에 따르면 한 개인이나 집단이 어떠한 도구를 사용할 것인가는 그 도구를 만든 기술력에 달린 것이 아니라 어떠한 기술을 사용(적용)할 것인가에 따라 결정된다고 주장하였다. 보이스톤의 연구에 따르면 마제석부는 나무를 자르는 속도가 타제석부에 비해 느려 효율성은 떨어지지만 그 반면에 내구성은 타제석부보다 훨씬 탁월하다. 이런 이유로 장기간에 걸친 집중적인 나무 베기의 경우에는 타제석부가 경제적 가치가 떨어지고 내구성이 좋은 마제석부가 더 많은 이익을 가져다준다. 즉, 작업의 성격상 내구성이 좋은 도구를 필요로 할 때에는 마제석부를 더 선호하고, 반면에 주어진 짧은 기간 동안에 일을 마쳐야 하는 경우에는 타제석부를 더 많이 사용하였다.[89] 즉, 도구의 제작과 사용에서 도구를 선택하는 변수는 그 사용집단이 필요로 하는 경제적 행위(혹은 일련의 연관된 행위)의 성격에 따라 기술의 종류가 결정 된다는 것을 의미한다.

보이스톤(Boydston)의 주장에 따르면 인간이란 생산자는 노동력(effort)을 증대시켜 그들이 원하는 바를 성취하는데 노동력은 노동행위에 투입되는 에너지 (caloric energy)에 대한 근사 값으로 계산할 수 있으며, 동시에 투자된 노동력이란 곧 소비된 시간을 의미한다는 것이다. 즉, 노동력의 효율성(efficiency)은 이익(benefit)을 비용(cost)으로 나눈 값으로 설정하였고, 비용이란 노동자가 감당할 수 있는 노동력의 '내구성'으로 이것이 곧 이익의 기대치를 반영한다고 설명하

89) Boydston, Roger A. Ibid. pp.73~74.

였다.

이러한 기술적 관점에서 볼 때 한반도지역 구석기시대에 타제석기를 사용하다가 신석기시대 마제석기를 사용하게 된 배경에는 복잡한 환경적 요인과 식량 등 필요한 물자를 획득하는 방식에 새로운 큰 변화가 있었음을 의미한다. 즉 새로운 기술의 등장은 인류가 삶에서 맞닥뜨린 문제를 해결하는 적응방식으로 나타나기 때문이다. 우리가 앞서 살펴보았듯이 구석기 시대에 석영 등의 돌감으로 만들어 사용하던 도구에서 신석기시대의 마제석부와 마제석촉의 등장은 당시로서는 획기적인 기술적 혁명이라 할 수 있으며 이러한 복잡한 변수들을 반영하고 있는 것이다.

3. 고인돌 왕국 인천, 청동기인의 삶과 사회

청동기시대는 구리에 주석, 납 등을 섞어 만든 청동을 도구로 만들어 사용한 시기로 인류 최초로 금속기를 사용한 시기다. 청동이 언제부터 도구로 사용되기 시작했는지는 정확히 알 수 없으나 기원전 3,500년경 이전부터 서남아시아 지역에서 가장 먼저 시작된 것으로 알려져 있다. 세계적으로 이 시대에 이르면 신석기시대에 시작된 농경으로 증대된 생산력을 바탕으로 점진적 혹은 급속한 사회변화가 이루어졌고 사회구조가 다층화되면서 국가라는 정치체가 등장한 전환적인 시기로 파악되고 있다.

한반도에서 청동기시대는 지리적인 기준점을 북부와 중부 이남으로 잡느냐에 따라 차이가 있지만 대략 B.C. 1,500~1,000년경에 시작되었고 B.C. 300~0년경까지 지속된 것으로 알려져 있다. 한반도의 청동기시대를 대표하는 문화적 특징은 청동기와 간석기, 민무늬토기의 사용이다. 앞에서 언급했듯이 청동기시대라 함은 청동을 도구로 사용한 시기이지만 한반도에서는 청동이 일상적인 도구의 재료로서 널리 사용되지는 못한 것으로 파악되고 있다. 당시 청동기는 권위의 상징이나 의식에 사용되었던 것으로 보이며, 일상생활에서는 민무늬토기를 비롯해 간돌도끼, 반달돌칼 등 간석기와 목기를 사용하였던 것으로 보인다.[90]

청동기시대에는 농경이 본격화 되면서 증대된 생산력을 바탕으로 다양한 사회적 변화가 이루어졌다. 이러한 사회구조의 변화는 고인돌(支石墓)과 돌널무덤(石棺墓), 독무덤(甕棺墓)과 같은 다양한 형태의 무덤들이 새롭게 등장하는 등 물질문화에서도 급속한 변화를 유발시켰다. 이와 같은 청동기시대의 증대된 경제적 생산력과 그에 수반된 물질적·사회적 변화는 국가의 형성과 같은 인류의 정치·사회·경제적인 변화와 발전의 바탕이 되었다. 2000년대 이전 까지만 해도 인천 지역의 청동기문화를 이해하기 위한 자료는 고인돌이 전부였지만 최근 발굴조사를 통해 주거지들이 속속 발견되면서 새로운 전기를 맞고 있다.

1) 인천의 청동기시대 유적

신석기시대 유적이 서해도서지역에 집중 분포하고 있다면 청동기

90) 청동기시대라는 용어자체는 청동이 주요 도구로 제작 및 사용되는 시기를 의미하지만 한반도의 청동기시대는 청동기 보다는 민무늬토기에 의해서 구분되는 경향이 짙다.

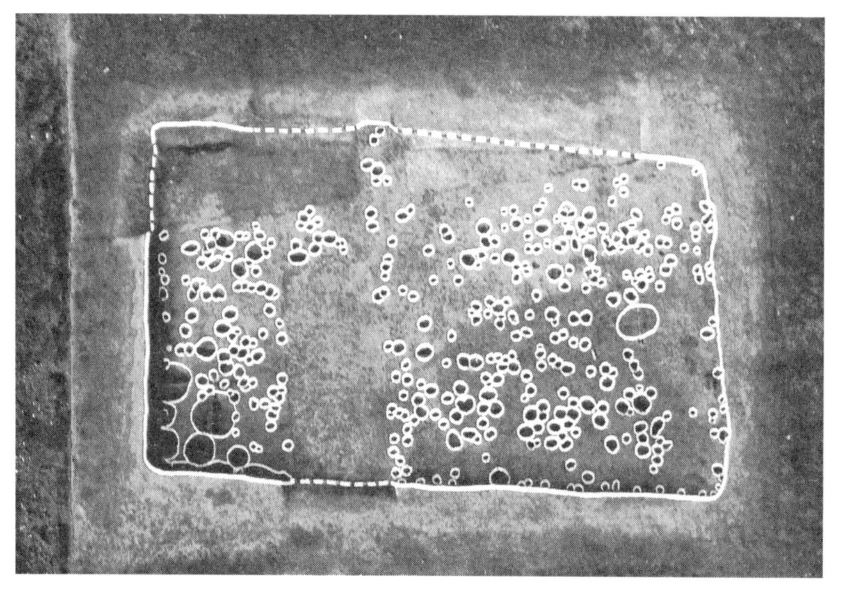

동양동유적 1호주거지(한국문화재보호재단)

시대 유적은 내륙의 낮은 구릉지대에 분포하는 양상을 보인다. 인천 지역에서는 21개소의 청동기시대 유적이 확인되었는데 이들 중 대표적인 유적들의 특성을 살펴보도록 하겠다.

계양구 동양동유적[91]에서는 청동기시대 주거지 3기가 확인되었다. 1호 주거지는 세장방형(細長方形)으로 규모는 1170cm×630cm×45cm다. 장축방향은 남-북(N-11°-W)향에 가깝다. 출토유물은 다량의 이중구연토기(二重口緣土器)편[92]과 석촉, 석부, 석창, 등이 수습되었다. 이와 함께 다량의 탄화된 도토리와 곡물들이 확인되었으나

91) 한국문화재보호재단, 앞의 책, 2007(b), 94~97쪽.

92) 토기 아가리 부분 바깥 면에 일정한 폭의 점토 띠를 덧붙이거나 성형할 때 점토 띠 가장 윗단의 아래 접합 흔적을 지우지 않고 선으로 남긴 토기를 말한다.

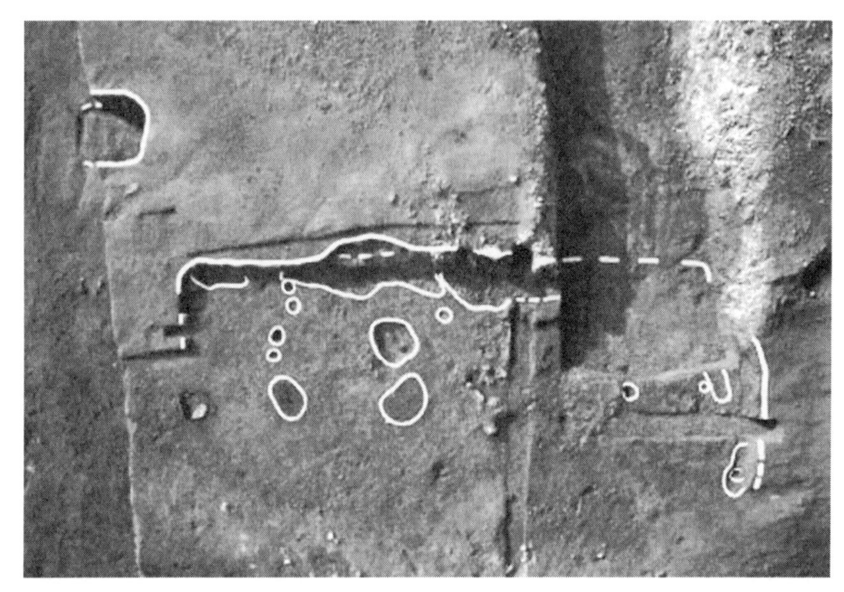

불로동유적 주거지(한국문화재보호재단)

주거지 내부에서 갈돌이나 노지는 확인되지 않았다. 주거지 내부에서는 주혈이 다수 발견되었으나 특별한 정형성이 나타나지 않아 보고자는 무주혈식 주거지로 파악하고 있다. 2호 주거지는 소형의 방형 주거지로 410cm×384cm×30cm의 규모다. 장축방향은 남-북(N-12°-E)향에 가깝다. 출토유물은 1호 주거지와 유사한 이중구연토기, 숫돌(지석), 석제품, 기타 석편들이 다량 출토되었다. 주거지의 규모나 토기의 출토량에 비해 석기제작에 관련된 유물들이 다량 출토된 점으로 보아 보고자는 석기제작관련 공방지였을 것으로 추정하고 있다. 3호 주거지는 인공림을 조성하면서 상당부분 파괴되었고 나머지 부분도 이미 심하게 삭평이 이루어져 명확한 유구의 형태는 확인할 수 없다. 유물의 출토범위, 잔존주혈, 목탄범위 등을 통해 잔

존 유구면을 추정해 볼 때 대체적으로 2호 주거지와 같은 방형이었던 것으로 추정하고 있다.[93)]

한편 현재까지 가장 많은 수의 청동기시대 주거지가 확인된 곳은 서구지역이다. 서구 불로동유적에서는 청동기시대 주거지 1기가 조사되었다. 주거지는 해발 20m 내외의 구릉 정상부에 위치하는데 건축물의 축조 등으로 많이 훼손된 상태이다. 보고자는 주거지의 입지와 마제석촉 등 출토유물로 보아 원당지구 4구역·김포 장기지구와 유사한 시기로 보고 있다.[94)]

원당동유적(4구역)[95)]은 모두 세 곳(가, 나, 라)의 발굴지점이 있는데 '가' 지점에서는 청동기시대 주거지 19기와 수혈유구 3기, '나' 지점에서는 주거지 7기, 수혈 4기, '라' 지점에서는 주거지 5기 등 모두 31기의 주거지가 확인되었다. 원당동에서는 상대적으로 많은 수의 주거지들이 확인되었으나 잔존상태가 좋지 않아 완전한 형태로 남아 있는 경우는 거의 없다. 주거지의 평면 형태는 장방형과 방형이 대부분이며 원형과 말각방형(抹角方形)도 일부 확인되었다. 주거지의 규모는 장방형의 경우 장축의 길이가 10m에 달하는 대형 주거지(가-11호)도 있으나 5~6m 정도가 대부분이며, 방형은 장축과 단축의 길이가 4~5m 가량의 규모가 일반적이다.

주거지의 내부에서는 노지(爐址, 화덕자리)와 기둥구멍(柱孔), 벽구(壁溝) 등의 시설이 확인되었다. 노지는 모두 14기의 주거지에서 확인되었는데 원형 또는 타원형의 형태로 모두 특별한 시설이 없는 수

93) 한국문화재보호재단, 앞의 책, 2007(b), 94~97쪽.
94) 한국문화재보호재단, 앞의 책, 2007(a).
95) 한국문화재보호재단, 『인천원당동유적(Ⅱ)』, 2008.

혈식이다. 노지가 확인된 주거지는 장방형의 형태가 대부분이며 주거지 별로 1~2개씩 설치되었다. 기둥구멍은 대부분의 주거지 내에서 확인되었지만 일정한 정형성을 확인하기는 어렵다. 한편 주거지에 벽체가 설치되었던 흔적인 벽구도 13기의 주거지에서 확인되었는데 세 벽면과 두 벽면, 또는 일부만 설치한 경우 등 형태는 다양하다. 주거지의 바닥은 대부분 생토를 그대로 사용하였지만 점토다짐과 불다짐, 점토+불다짐을 하는 경우도 일부 확인되었다. 주거지와 수혈유구에서는 무문토기와 홍도(紅陶) 등의 토기류와 석촉, 반월형석도 등의 석기류가 다수 출토되었다.

한편 원당동유적에서는 석곽묘 4기도 확인되었는데 석곽묘는 동일 유적이기는 하지만 주거지와 떨어진 곳에 위치해 있다. 석관묘는 북서-남동으로 길게 뻗어 내린 해발 40m의 능선 위에 위치하는데 주거지가 확인된 4구역과는 계곡을 사이에 두고 약 200m 가량 떨어져 있다. 석관묘 4기 가운데 3기(2~4호 석곽묘)는 4~5m의 범위 내에서 1열로 밀집 분포하고 있으며 1기(1호 석곽묘)는 따로 떨어져 위치해 있다. 1호 석곽묘는 네 벽을 각각 1매의 판석으로 세워 축조했으며 석관의 규모는 길이 55cm, 너비 25cm 정도의 소형이다. 2~4호 석곽묘는 네 벽을 판석재의 석재를 이용해 관을 축조한 후 석관 주위를 할석을 이용해 위석시설을 설치하여 형태적인 면에서도 1호 석곽묘와 차이를 보이고 있다. 석관의 규모는 2호 석관묘가 길이 91cm, 너비 45cm로 비교적 크지만 3호와 4호는 각각 34×22cm, 45×23cm로 소형이다. 원당동유적 석관묘에서는 4호 석관묘 위석시설에서 마제석착(石鑿)[96] 1점이 출토되었을 뿐 석관 내에서는 별다른 유물이 출토되지 않았다.[97]

원당동유적 전경(한국문화재보호재단)

원당동 청동기시대 주거지(인하대)는[98] 인천광역시 서구 불로동 만수산(해발 114.6m) 서쪽 능선의 끝부분에 위치하며 자연 삭평으로 인하여 주거지의 훼손이 심한 편이다. 잔존 크기는 길이 1160cm, 너비 400cm, 깊이 15cm로 장단비가 2.9:1의 세장방형이며 면적은 46.4㎡인 대형에 속한다. 주거지 바닥은 특별한 시설 없이 자연 풍화암반을 굴착하여 조성하였다.

내부시설로는 수혈식 노지 4기와 기둥구멍 8기, 저장공 1기가

96) 석착은 청동기시대 한반도 전역에서 보편적으로 사용되었던 것으로 폭에 비해 길이가 긴 형태의 외날 도끼의 일종이다. 용도는 벌채된 나무를 세밀하게 가공하는 용도로 사용된 것으로 파악되고 있다.

97) 한국문화재보호재단, 앞의 책, 2008.

98) 인하대학교박물관, 『인천 원당동유적』, 2009.

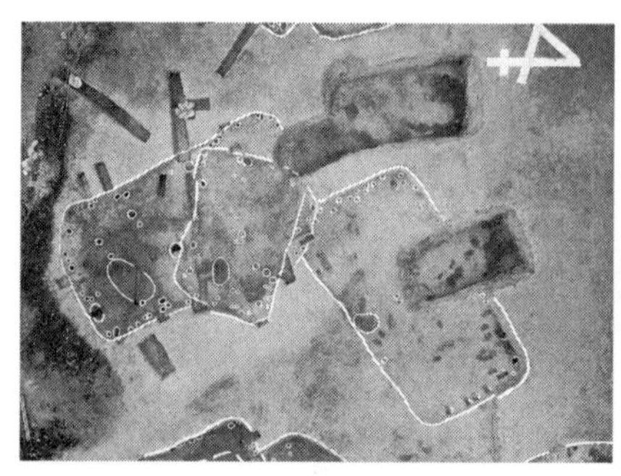

가 지구 5,8,9호 주거지

2,3,7호 주거지

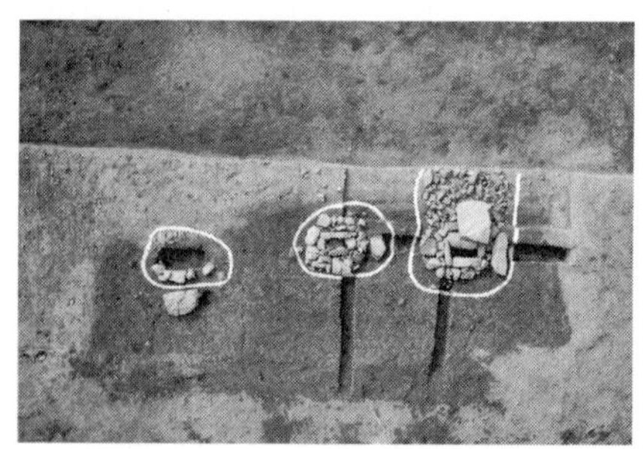

2~4호 석곽묘 및 1호 석관묘

3호, 4호 석관묘

원당동유적 주거지와 석곽묘

가 1호 출토 홍도

가 19호 출토 구순각목문토기

가 15호 출토 점토대토기

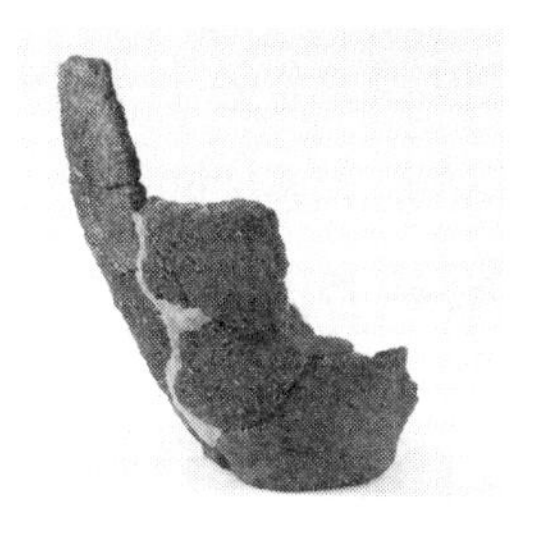

가 19호 출토 공렬토기

가 14호 주거지 환상석부

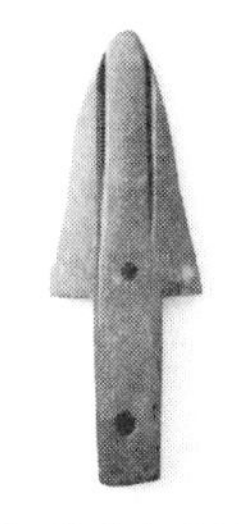

나 6호 주거지 출토 석창

원당동유적 출토유물

확인되었다. 노지는 주거지의 중앙에 일렬로 설치되었으며 노지의 크기는 지름 62-65cm, 깊이 6-8cm크기의 원형이다. 노지의 내부에서는 소량의 목탄들이 확인되었으며 수습된 유물은 없다. 노지 1, 2, 3호의 주변에서는 마제석촉과 방추차, 숫돌 등의 유물이 출토되었으며, 노지 4의 주변에서는 갈돌, 반월형석도 등이 출토

2호 수혈 출토 공렬토기(인하대)

되었다. 한편 주거지와 함께 수혈 2기가 확인되었는데 이중 2호 수혈에서 공렬문토기 1점이 출토되었다. 수혈은 장축 170cm, 단축 165cm의 부정형으로 정확한 성격은 파악되지 않았다.

서구 검단동유적에서는[99] 청동기시대 주거지 2기가 조사되었는데 후대의 지표면이 삭평되면서 주거지의 상당부분이 유실되었다. 1호 주거지는 구릉 사면 하단부에 위치하며 주거지의 장축방향이 등고선 방향과 일치한다. 북벽과 서벽 일부만 남아있는 상태로 잔존 규모는 556×167×20cm 정도이며 말각(세)장방형으로 추정된다. 주거지 내부에는 저장공 3기가 확인되었으며 소형 기둥구멍들이 불규칙하게 배치되어 있다. 출토유물은 이중구연토기편과 마제석촉 3점, 지석(숫돌) 1점, 용도미상 석재 1점이 출토되었다. 2호 주거지는 1호 주거지 남동쪽 3m지점에 위치한다. 주거지의 남벽 대부분이 삭평되어 정확한 규모는 알 수 없는데 남아 있는 규모는 440×280×37cm로 말각장방형으로 추정된다. 주거지 내부에서는 평면 원형의 노지 1개소가 확인되었고 무문토기편, 지석, 용도미상 석기 등이 수습되었다.

서구 경서동유적에서는 청동기시대 주거지 1기와 석곽묘 1기가 확인되었다. 주거지의 평면 형태는 말각방형이며 잔존크기는 485×380cm

99) 한국문화재보호재단 · 인하대학교박물관, 『인천검단토지구획정리사업지구문화유적조사보고서』, 2003.

▲ 구순각목문공렬토기

◀ 원당동유적 주거지 전경(인하대)

이다. 유구 내부에서는 노지, 주혈, 저장공 등이 확인되었다. 노지는 수혈식으로 북편에 치우쳐 설치되어 있으며 저장공 내부에서는 무문토기편 1점만이 수습되었다. 출토유물로는 석도 2점과 환형 토제품 1점이 있다. 석곽묘는 원형이 잘 남아있으며 크기는 200×90×50cm이다. 석곽묘는 바닥과 벽면을 모두 할석으로 쌓았으며 머리쪽에 부장공간을 마련해 마연토기를 부장하였다. 석곽 내부에는 특별한 시설 없이 땅을 파서 묘광을 만들고 할석을 깔고 목관을 안치하였다. 주거지에서 채취한 3개의 시료에 대한 AMS 측정결과 B.C. 1405~1645의 분포를 나타내고 있다. 보고자는 주거지와 출토유물의 양상이 운서동, 중산동유적과 유사하며 석곽묘는 경기도 광주의 역동유적과 유사하다고 보고 있다.[100]

---

100) 한강문화재연구원, 앞의 책, 2012(a), 81~94쪽.

검단동유적 전경 및 1호 주거지(한국문화재보호재단)

이 밖에 남구와 남동구에서도 다수의 청동기시대 주거지들이 조사되었다. 문학산 동쪽 끝자락에 위치하는 남구 문학동유적에서는 주거지 7기가 확인되었다.[101] 주거지가 위치한 곳은 문학산에서 동쪽으로 떨어져 나온 해발 60m의 작은 독립 구릉의 정상부로 문학산 주변 고인돌들과 2~3km내에 자리하고 있다. 문학동유적의 주거지는 평면형태가 장방형 또는 방형으로 원형은 확인되지 않는다. 이들 주거지 가운데 6호 주거지는 세장방형으로 장축의 길이가 12m가 넘는 대형이다. 이 주거지 내부에는 취사 또는 난방용으로 사용되었을 노지가 2기가 확인되었고 석창편, 마제석부, 마제석촉, 숫돌과 갈돌, 반월형석도, 민무늬토기편 등이 수습되었다. 1호 주거지에서는 청동기시대 이른 시기에 해당하는 구순각목공렬토기편이 출토됨에 따라 이 유적이 비교적 이른 시기에 조성되었을 것으로 추정하고 있다. 한편 주거지가 발견된 능선의 동쪽 사면에서 지난 2000년 발굴조사 결과 청동기시대 구상유구(溝狀遺構)가 확인된 바 있는데[102] 주거지와 구상유구가 지형적으로 연결된다. 이 구상유구는 구릉의 좁은 골짜기를 따라 'ㅣ'자로 조성되었는데, 구릉 정상부에 자리하고 있는 취락의 배수로였던 것으로 추정된다.

남동구 수산동유적[103]에서 확인된 청동기시대 주거지는 1구역에서 5기, 2-1지점에서 3기, 3-2지점에서 3기로, 총 11기이다. 주거지는 해발 25m 내외의 구릉 정상부 평탄면과 해발 40~45m 내외의 중하단부에 일정한 간격으로 열을 지어 위치한다. 유적의 반경 약 1㎞ 내외에는 동쪽으로 장수천과 서쪽으로 승기천이 인접해 있다. 이는

101) 인하대학교박물관, 『인천 문학동 유적』, 2010.
102) 인하대학교박물관, 『인천 문학동 선사유적』, 2000.
103) 서경문화재연구원, 앞의 책, 2015.

경서동유적 청동기시대 주거지 출토 유물

일반적으로 알려진 인천 일대의 청동기시대 주거지가 서해안에서 가까운 내륙에 위치하거나 하천과 인접한 낮은 구릉지대에 분포하고 있는 양상과 동일한 입지조건을 보이고 있다.[104] 주거지는 유구의 수가 적고 전체적으로 삭평 및 교란이 심하여 잔존상태가 양호하지 못하다. 주거지는 모두 풍화암반을 기반으로 조성되었으며, 바닥면은 모두 생토면을 정지하여 사용하였다. 주거지 내에서 출토된 유물은 총 44점으로, 이들 중 토기는 총 20점이 출토되었으나 모두 편으로 수습되어 전체적인 기형을 추정하기 어렵다. 그러나 잔존하는 저부와 동체의 형태로 보아, 대부분의 토기는 발형토기로 추정된다. 문양의 종류는 구순각목문, 공렬문, 이중구연단사선문, 구순각목공렬문, 무문 등이다. 석기는 반월형석도, 석부, 석촉 등이 수습되었다.[105]

남동구 구월동유적에서는 청동기시대 주거지 43기와 수혈 2기가 확인되었으며 각종 토기류는 물론 농공구류, 무기류 등 다량의 유물이 수습되었다. 보고자는 주거지가 확인된 지역이 주변지역과 토양의 차이가 명확히 구분되며 여기에는 두 가지 상반되는 가능성이 있음을 제시하였다. 첫째, 구월동유적은 농경과 주거의 공간이 분리된 취락이었을 가능성이다. 주거의 축조가 쉽고 조망권이 확보되는 구릉 정상부 일대에 주거지를 조성하고 농경에 유리한 구릉 하단부 및

---

104) 박성우, 「인천지역 청동기시대 주거지의 현황과 성격」, 『사림』 34호, 2009, 수선사학회.
105) 서경문화재연구원, 앞의 책, 2015.

문학동유적 1호 주거지와 출토 석창 및 석촉

충적지 일대에 경작지를 조성하는 것이 더 효율적이라는 것이다. 둘째, 구월동유적은 농경보다는 수렵과 채집을 통해 생계를 지속하던 취락이었을 가능성이다. 구월동에서는 농경과 관련된 도구가 상대적으로 적게 출토되었다. 또한 유적 주변이 산지와 구릉지로 둘러 쌓여 있고 바다와 가까우면서 넓은 갯벌이 펼쳐져 있어 수렵과 채집을 통한 식량획득에 유리한 조건이다. 또한 유적과 900m 거리에 승기천이, 1800m 거리에 장수천이 있어 서해로 유입되는데 이는 용수의 취득이나 어로활동과 밀접한 관련이 있다는 것이다.[106)]

주거지는 해발고도 30-40m 내외의 구릉지대에 위치한다. 주거지의 평면 형태는 43기 중 세장방형 및 장방형 주거지가 모두 25기가 확인되었으며 이중구연단사선문토기, 구순각목문토기, 공렬문토기 등이 출토되었다. 이들 토기는 한반도 중서부지역에 집중 분포하는 역삼동, 흔암리계 유형에 속한다. 방형 및 말각방형 주거지는 모두

106) 한강문화재연구원, 앞의 책, 2014, 502~503쪽.

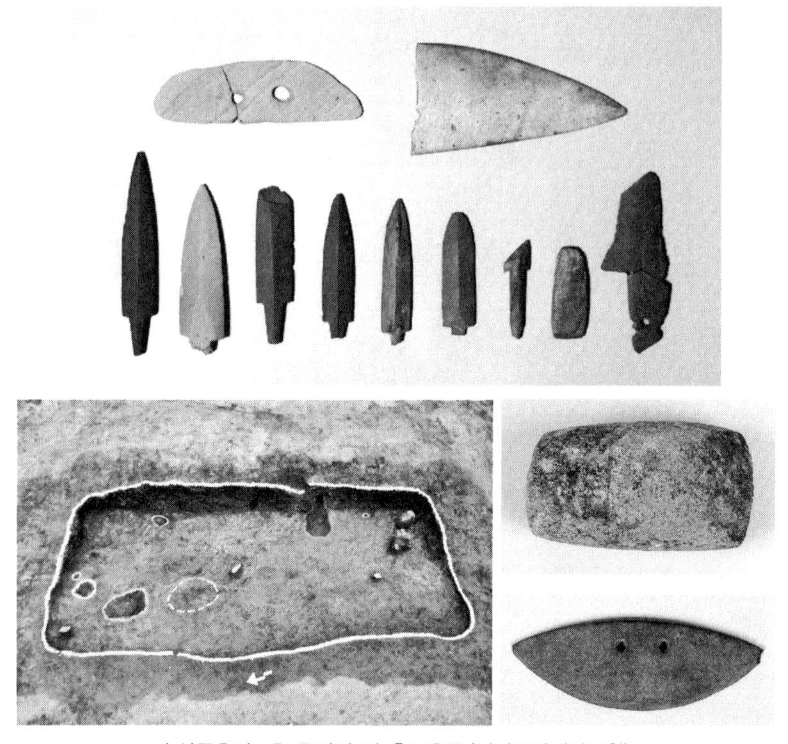

수산동유적 1호 주거지 및 출토유물(서경문화재연구원)

13기가 확인되었는데 공열토기, 홍도 등의 토기와 유구석부, 반월형 석도, 환형석부, 석착 등이 출토되었다.

중구 영종도 일대에서는 중산동과 운서동에서 청동기시대 주거지가 확인되었다. 중산동유적의[107] 청동기시대 주거지는 2-2지역에서 1기, 3지역에서 34기가 조사되었다. 주거지의 평면 형태는 대체로 말각방형 혹은 방형으로 확인되었다. 34기의 청동기시대 주거지 중

107) 중앙문화재연구원, 앞의 책, 2011.

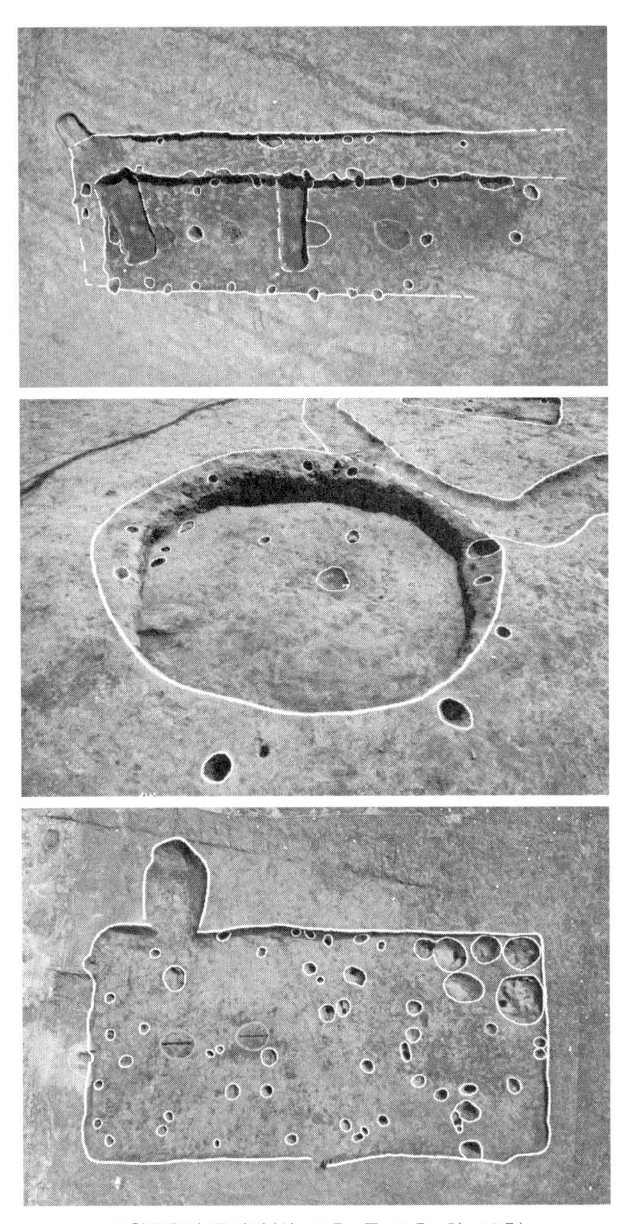

구월동유적 주거지(상: 31호, 중: 11호, 하: 43호)

구월동유적 주거지 출토 유물

네 벽이 모두 확인되어 면적을 구할 수 있는 유구를 중심으로 평균 면적을 구해 본 결과 약 4.62㎡로 나타난 31호 주거지가 가장 작게 확인되었고, 가장 큰 평면적은 약 13.60㎡로 나타난 22호 주거지로 확인되었다.

주거지는 바닥면은 모두 생토 면을 정지하여 사용한 것으로 확인되었다. 내부시설 중 노지는 총 34기의 유구 중 22기(64.70%)에서 확인되었고, 12기(35.3%)에서는 확인되지 않았다. 대부분 5~10㎝ 내외의 깊이의 무시설의 수혈식 원형이나 타원형의 노지가 확인되었다. 유물은 대체로 이른 시기에 나타나는 구순각목문토기, 공열토기, 공열+구순각목문토기가 출토되었다. 상대적으로 늦은 시기로 편년되는 원시타날문 토기편이 공반한다는 점이 주목된다. 수습된 석촉들 중에는 삼각만입촉(三角灣入鏃)이 소량이고, 단면능형의 일단경식석촉이 대부분을 차지한다. 석부는 유구석부가 대부분이며, 환형석부도 출토되었다. 석검은 일단병식만이 확인되었다. 반월형석도는 호인류(弧刃類)가 대부분이며, 이형석도가 확인되었다.

운서동유적[108]에서는 10기의 청동기시대 주거지가 확인되었는데

108) 중앙문화재연구원, 앞의 책, 2010, 147~152쪽.

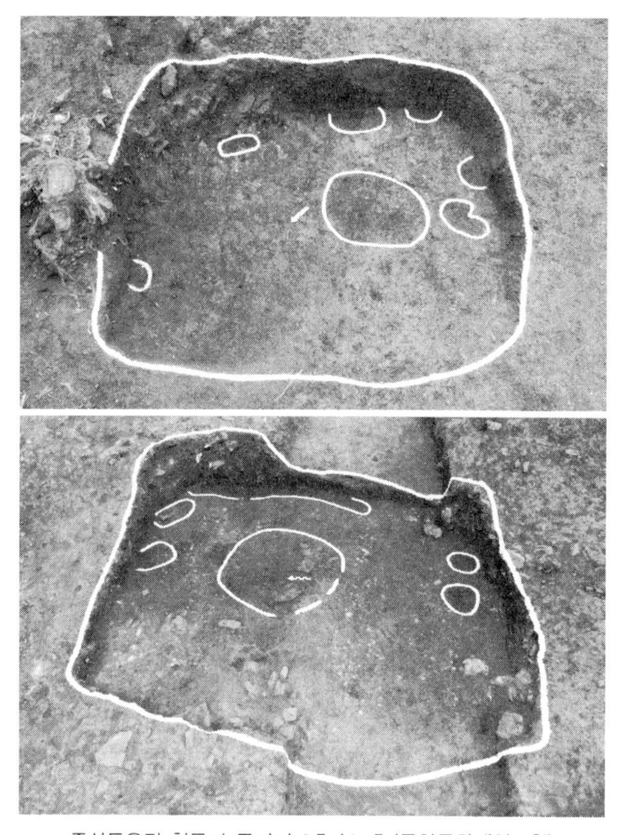

중산동유적 청동기 주거지 2호 / 34호 (중앙문화재연구원)

평면 형태는 장방형, 세장방형, 말각방형 등이다. 내부시설로는 운서동 Ⅲ-5호에서 수혈식 노지가 확인되었을 뿐 주공의 배치 등은 확인되지 않는다. 운서동에서는 말각방형 주거지가 주류를 이루고 있는데 중산동에서 확인된 주거지들 역시 방형과 말각방형의 소형 주거지가 주류를 이루고 있어 두 유적이 동시기일 가능성이 있다. 운서동유적에서 노지가 확인된 것은 1기뿐이어서 보고자는 운서동유적의

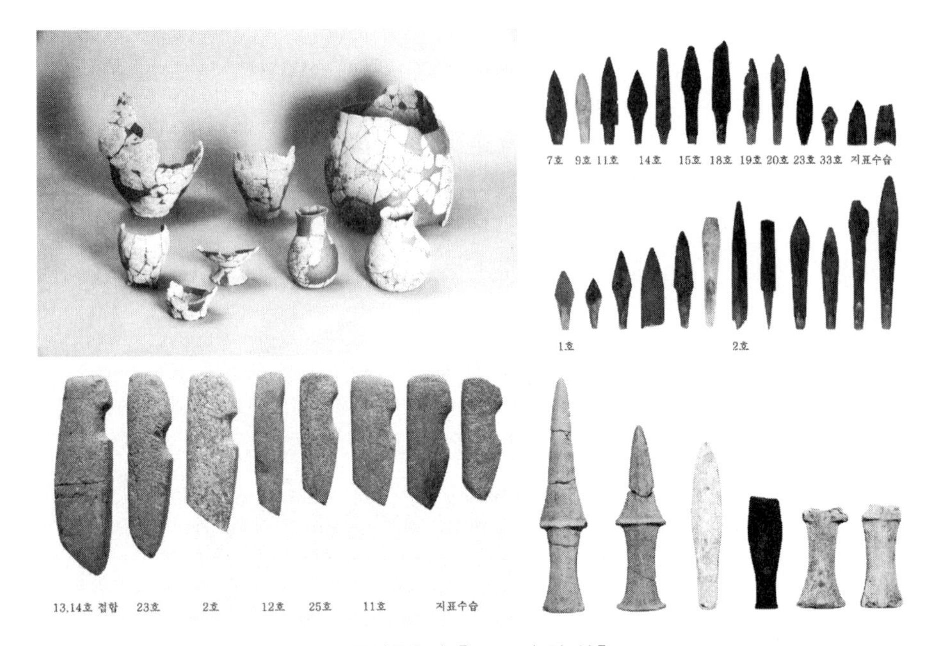

중산동유적 출토 토기 및 석촉

말각방형 주거지가 계절에 따른 임시주거지나 주거 용도가 아닌 저장시설 등 다른 용도일 가능성이 있다고 보았다. 주거지에서는 이중구연단사선문토기, 구순각목문토기, 호형토기 등이 출토되었는데 이중구연단사선문토기는 영종도 지역에서 최초로 확인된 것이다. 이중구연단사선문토기는 장금도패총, 검단동유적, 김포 양촌택지개발지구에서 출토된 바 있다. 운서동 출토 호형토기는 원당동출토 호형토기와 유사한 것으로 역삼동 유형에 속하는 것이며 공렬토기는 출토되지 않았다.

강화 장정리 유적은 인화–강화 구간 내 도로의 신설에 따른 조사에서 확인되었다. 조사결과 청동기시대 주거지 12기와 수혈유구가

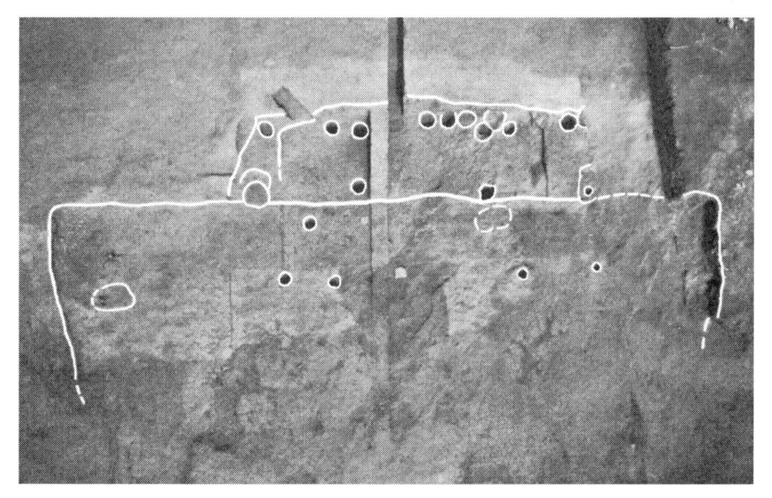

운서동Ⅲ유적 청동기시대 주거지

운서동Ⅲ유적 주거지 출토 유물(중앙문화재 연구원)

확인되었는데 이는 강화지역에서 최초로 확인된 청동기시대 주거유적이다.[109] 주거지는 봉천산의 가지능선상인 해발고도 80~95m 사이 구릉에 위치하고 있으며 대부분 삭평되어 보존상태가 양호하지 못하다. 3지점에서 확인된 7기의 주거지는 모두 장방형의 무시설식 수혈노지를 설치하였다. 주거지 내부에서는 이중구연단사선+공렬토기편, 공렬토기편, 이중구연단사선문편, 석검편, 이단경식석촉, 반

109) 중앙문화재연구원, 『강화 신봉리, 장정리 유적』, 2013.

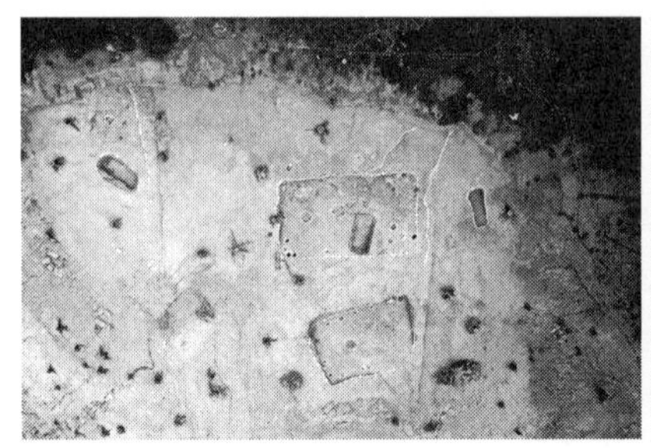

장정리유적 3지점 청동기시대 주거지 전경 및 2호주거지

주거지 및 소성유구 출토 유물

4지점 청동기시대 주거지 출토 유물

월형 석도, 삼각만입촉 등의 유물이 수습되었다. 4지점에서 확인된 5기의 청동기시대 주거지도 역시 삭평이 심하여 보존상태가 좋지 않으나 장방형으로 추정되며 1,2호 주거지에서는 위석식 노지가 확인되었다. 4지점 1,2,3 호 주거지에서는 빗살무늬토기도 함께 이중구연단사선문편, 일단경식석촉, 척창, 방추차, 무문토기편, 숫돌 등의 유물이 수습되었다. 시료에 대한 AMS 연대측정 결과 4지점 2호주거지는 B.P. 2,170±30, 4지점 4호주거지는 B.P. 2,500±30, 4지점 1호 수혈의 경우 B.P. 2,220±30를 나타냈다.

2) 인천지역 고인돌의 분포와 특성

고인돌은 청동기시대의 대표적인 무덤형태로 청동기문화를 이해하는데 가장 중요한 자료 가운데 하나이다. 고인돌은 유럽·인도·동남아시아·일본 큐슈·중국 동북지역 등 전 세계적인 분포를 보이고 있으며, 우리나라는 전국적으로 약 4만여기가 확인되어 세계적으로 가장 많은 고인돌이 분포하는 지역이다. 고인돌이라는 명칭은 덮개돌 아래에 돌을 괴는 형태에서 비롯된 것으로 지석묘(支石墓)라고도 한다. 청동기시대 대표적인 무덤인 고인돌은 지상에 큰 덮개돌이 드러나 있고 그 밑에 고임돌(支石), 무덤방이 위치하는 구조를 가지고 있다. 고인돌은 대부분 무덤으로 사용되었지만 일부는 집단의 의식을 행하는 제단이나 기념물로 사용된 것도 있는 것으로 추정하고 있다.

한반도의 고인돌은 형태적 특징으로 크게 탁자식과 기반식, 개석식 등으로 구분된다. 탁자식은 판돌로 짜 맞춘 무덤방을 지상에 축조하고 그 위에 돌을 얹어 놓은 형태로 북방식이라고도 불린다. 기반식은 무덤방을 지하에 만들고 그 주위에 고임돌을 4매에서 8매 정도를 놓고 위에 덮개를 씌우는 형태로 남방식이라고도 하며, 개석식은 고임돌 없이 지하에 만든 무덤방 위에 덮개돌을 덮은 형태를 말한다. 고인돌에는 간돌칼, 석촉, 청동기, 토기류 등이 부장되며 고인돌 주변에서도 의례용으로 묻은 것으로 보이는 석촉, 홈자귀(有溝石斧), 숫돌 등의 석기와 토기 파편이 발견되기도 한다. 고인돌에는 하나의 무덤방에 한사람만 묻은 것이 보통이다. 시신의 매장방법은 펴묻기(伸展葬)가 가장 많이 사용되고 있으며, 이밖에 화장(火葬), 옆으로 묻기(側葬), 세골장(洗骨葬) 등도 확인되고 있다. 고인돌의 축조는 운반과 채석과정에서 많게는 수백 명이 필요한 어려운 작업으로, 당시로서는 대규모 토목 사업에 해당한다. 따라서 고인돌 축조가 이루어졌다는 것은 많은 수의 인원을 동원할 정도의 집단이 존재했음을 알려주는 것이라는 견해가 많다.

인천 지역에는 이와 같은 고인돌이 약 250여기가 분포하고 있다. 이는 한반도의 고인돌 최대 밀집지역인 전남지역에 비할 바는 아니지만 한반도 중부지역에서는 가장 높은 밀집도를 보이고 있는 것으로 인천지역 청동기문화를 이해하는데 중요한 단서를 제공하고 있다. 인천에서 가장 많은 고인돌이 분포하는 곳은 강화도이다. 지금까지 조사된 바에 의하면 강화도에는 약 160여기의 고인돌이 분포한다. 강화 고인돌의 구조는 탁자식과 개석식이 대부분이며 그 중 탁자식의 비율이 높다. 강화 고인돌의 대부분은 고려산과 별립산을 중심으로 삼거리, 고천리, 부근리, 망월리, 오상리, 교산리 등 강화 북부지역에 밀집되어 있다. 이처럼 강화도 북부를 중심으로 대규모 고인돌군이 분포하는 것은 청동기시대 강화도에 일정규모의 세력집단이 형성되었던 것을 보여주는 증거라고 여겨지고 있다.

한편 그동안 강화도에 비해 별다른 주목을 받지 못했지만 인천내륙지역에도 강화도와 비교할 만한 고인돌 문화가 형성되어 있었다. 인천내륙의 고인돌은 서구 대곡동 가현산과 문학산 일대에 집중적으로 분포한다. 특히 서구 대곡동고인돌군에서는 99기가 확인되어 내륙지역에서는 가장 많은 고인돌이 밀집하고 있다. 문학산 일대의 고인돌은 도시화의 진행으로 지금은 그 흔적을 찾을 수는 없지만 12기의 고인돌이 분포하고 있던 것으로 알려져 있다. 이 밖에 무리를 이루지는 않지만 영종도와 백아도, 덕적도 등 도서지역에도 고인돌이 분포하고 있다.

이처럼 서구 대곡동과 문학산 일대를 중심으로 고인돌이 다수 분포하는 것은 이 지역에서도 강화도와 같이 지역을 배경으로 하여 고인돌을 축조할 만한 세력이 형성되었음을 보여준다고 하겠다. 이러한 청동기시대의 역사적 전통은 이후 미추홀로 대표되는 새로운 역사의 전개에 밑바탕이 되었던 것으로 볼 수 있을 것이다. 인천지역 고인돌의 분포상황을 보면 다음과 같다.

(1) 대곡동고인돌군

대곡동고인돌군은 지금까지 조사결과 99기의 고인돌이 확인되어[110] 인천지역에 분포하는 고인돌 유적 가운데 가장 밀집도가 높다. 유적 내 고인돌 가운데 일부가 인천광역시 기념물 제33호로 지정되어 있다. 유적이 자리한 곳은 인천광역시와 김포시 경계에 위치한 가현산(215m)의 북동쪽 말단부에 해당한다. 이곳은 해발 4~50m 가량의 낮은 구릉으로 이루어져 있는데, 골짜기와 능선 상에 고인돌이 5개(A~E)의 소군집을 형성하고 있다.

대곡동고인돌군은 『문화유적총람』에 처음 소개되면서 유적의 존재가 널리 알려지게 되었다.[111] 당시에는 10기의 고인돌이 있는 것으로 보고되었다. 이후 1990년대와 2000년대 초반까지 여러 기관에서 조사가 이루어졌는데 대부분 현재 인천광역시 기념물로 지정되어 있는 유적 남쪽의 소군집(E군)에 대한 조사보고가 중점적으로 이루어졌다.[112] 그런데 이후 경기도박물관, 인천시립박물관, 인하대학교박

110) 인하대학교박물관, 『대곡동 지석묘: 인천 대곡동지석묘 정밀지표조사보고서』, 2005.
111) 문화재관리국, 『문화유적총람』, 1977.
112) 임효재, 「경기도 김포반도의 고고학 조사연구」, 『연보』 2, 서울대학교박물관, 1990.

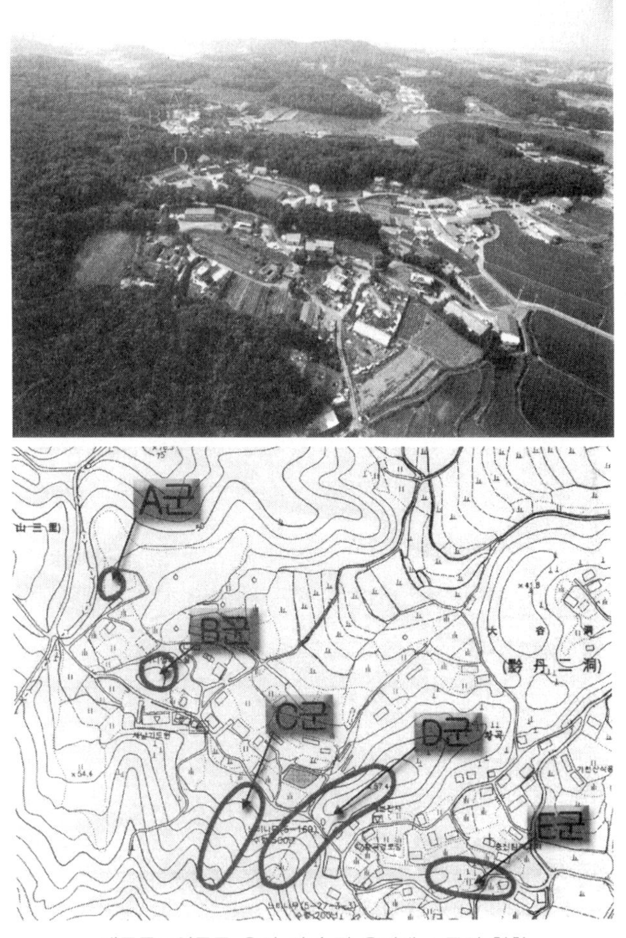

대곡동고인돌군 유적 전경 및 유적내 소군집 현황

물관이 차례로 실시한 조사결과 기존에 알려진 것보다 대곡동고인돌군의 규모와 범위가 훨씬 크다는 것이 밝혀졌다.

한양대학교박물관, 『김포시의 역사와 문화유적』, 1999.
선문대학교 동양고고학연구소, 『인천 대곡동 고인돌 무덤』, 2001.

대곡동고인돌군에 분포하는 고인돌의 형식은 탁자식과 개석식이 혼재하고 있는 것으로 파악되는데 상당수가 능선에 매몰된 채 일부만 드러나 있어 자세한 구조를 알 수 없는 경우가 대부분이다. 현재 지표조사만 이루어진 상태이기 때문에 고인돌의 수량과 형식별 비율은 향후 변동이 될 수 있지만 인하대박물관의 조사에 따르면 각 소군집별로 A군 1기, B군 6기, C군 75기, D군 8기, E군에 9기가 분포하는 것으로 확인되었다.

유적 내 소군집 가운데 가장 북쪽에 위치한 A군에서는 현재 1기의 고인돌만 확인된다. 이 고인돌은 탁자식이며 덮개돌의 규모가 435×283cm로 대곡동고인돌군에서 덮개돌의 길이가 4m가 넘는 몇 개 안되는 대형 고인돌 가운데 하나다. 이 고인돌 주변으로는 25개가량의 석재가 산재하고 있어 본래 여러 기의 고인돌이 분포하고 있었을 것으로 판단되고 있다. 한편 이 고인돌은 규모가 대형이며 유적의 북서쪽에 인접해 있는 김포 마산리 고인돌군과 석모리 고인돌군이 자리한 운휴산 자락과 연결지점에 해당하는 곳에 위치하고 있어 서로 다른 고인돌 축조집단 사이의 경계표시 기능을 수행했을 가능성도 제기되고 있다.[113)]

B군의 고인돌은 대부분 개석식으로 추정된다. 되며 이 중 2기에서는 성혈이 확인된다. 고인돌의 덮개돌의 크기는 200×100cm 내외가 많은데 가장 큰 1호 고인돌의 경우 323×210cm다.

C군의 경우 유적 내에서 가장 많은 고인돌이 밀집 분포하는 곳인데 다른 소 군집과 달리 입지한 지형이 완만한 곡간부인 탓으로 퇴적

113) 인하대학교박물관, 앞의 책, 2005.

이 상대적으로 많이 이루어져 정확한 구조를 알 수 없는 경우가 대부분이다. 따라서 현재는 기반석 또는 개석식 고인돌이 많은 것으로 조사되었으나 탁자식도 존재할 가능성을 배제할 수 없다. 지표상에서 확인된 고인돌은 덮개돌의 길이를 기준으로 100~250cm 정도의 비교적 소형인 것이 많고 3m 이상의 상대적으로 대형 고인돌은 4~5기 정도뿐이다.

D군은 해발 5~60m의 능선 상에 위치하는데 대곡동고인돌군에서 고도가 가장 높은 곳에 해당한다. 8기의 고인돌은 대부분 지석식과 개석식으로 추정되는데 덮개돌이 제거된 채 하부구조가 노출되어 있는 D-2호와 D-6호는 탁자식일 가능성도 있는 것으로 보고 있다.

E군은 앞에서도 언급하였듯이 현재 인천광역시 기념물로 지정되어 있는 곳으로 일부 울타리시설이 설치되어 보호되고 있다. 고인돌은 해발 40m 가량의 낮고 완만한 구릉 정상부와 인근 전답지에 위치한다. E군의 경우 유적 내 다른 소군집에서는 지석식 또는 개석식의 비율이 높은 데 비해 탁자식이 우세한 점이 특징이다. 고인돌의 규모 또한 다른 군집에 비해 상대적으로 큰 편으로 덮개돌의 길이가 4m 이상 되는 대형 고인돌이 3기가 있다.

대곡동고인돌군의 덮개돌의 암석을 분석한 결과 흑운모편마암과 화강암질편마암으로 확인되었는데 주변의 암질분포로 미루어 보아 대곡동에서 약 2km 가량 떨어진 김포 장기동이나 북변동, 혹은 약 5km 거리에 있는 대릉리 일대에서 채취해 왔을 가능성이 제기되었다. 이 가운데 지형조건에 따른 석재 운반의 용이성을 고려할 때 김포 북변동 장릉산 일대가 대곡동고인돌군의 가장 유력한 채석지로

A-1호 고인돌과 B-1호 고인돌(성혈)

D-2호 및 D-6호 고인돌

추정되고 있다.114)

이상에서 살펴본 대곡동 고인돌군은 인천지역 뿐만 아니라 한반도 중부지역에서 단일 유적으로는 고인돌의 개체수가 가장 많은 유적 가운데 하나로 앞에서 살펴본 검단지역에서 확인된 취락유적과 함께

114) 인하대학교박물관, 앞의 책, 2005.

청동기시대 연구 자료로서 대단히 중요한 의미를 지니고 있다. 그러나 아직까지 지표조사 단계에 머물러 있어 고인돌의 축조시기와 구조, 출토유물 양상 등을 파악할 수 없어 구체적인 성격을 파악하기는 어렵다. 다만 현재로서는 추정에 불과하지만 대곡동고인돌군의 북쪽으로 행정구역은 경기도 김포에 속하지만 지리적으로 대곡동과 인접해 고인돌군이 분포하고 있는 점을 볼 때 청동기시대 이 일대에 대규모 고인돌을 축조해 무덤으로 사용하였던 일정 규모 이상인 집단이 존재했음은 짐작 할 수 있다. 김포 마산리고인돌군은 운유산 남록에 위치하며 3개의 지점에서 22기의 고인돌이 분포하며 석모리고인돌군은 운유산 북록에 자리하며 3기의 고인돌이 있는 것으로 보고되었는데[115] 이렇게 보면 대곡동 일대에 분포하는 고인돌은 약 120여기가 넘어 강화도의 고인돌과도 비교할 만한 수치라 할 수 있다. 대곡동 일대 이외에도 서구 원당동에서도 탁자식 고인돌 1기가 확인된 바 있다. 이 고인돌은 앞에서 살펴본 인하대박물관에서 조사한 원당동유적의 주거지와 동일한 능선에 50m 가량 떨어져 있는데 흥미로운 자료를 제공하고 있다.[116]

한편 대곡동고인돌군의 남동쪽으로 약 1~3.5km 거리에 앞에서 살펴본 원당동유적, 검단동유적, 불로동유적 등 청동기시대 취락유적이 분포하고 있어 고인돌과 상호 연관성이 있을 가능성도 있다. 다만 주지하듯이 대곡동 일대에 분포하는 고인돌의 축조시기와 문화적 양상이 파악되지 않았기 때문에 단정하기는 어렵다. 그렇지만 적어도 오늘날 대곡동뿐만 아니라 검단일대 까지를 포함한 서구 북부 지

115) 경기도박물관, 『도서해안지역 종합학술조사 Ⅲ』, 2002.
116) 인하대학교박물관, 앞의 책, 2009.

E-1호 및 E-3호 고인돌

E-1호 채석흔 및 E-4호 고인돌

역을 중심으로 청동기문화가 집중적으로 전개되었다는 것은 분명하다고 하겠다.

(2) 문학산 일대의 고인돌

문학산 일대에서 고인돌은 문학산 북쪽 사면과 소래산 동쪽의 구릉지대에 집중되어 있다. 이 가운데 문학산 주변에 가장 많은 고인

학익동 고인돌(인천시립박물관)

돌이 확인되는데 학익동에 7~8기, 주안동에 2기, 문학동에 1기 등 12기 정도가 분포하고 있었던 것으로 알려져 있다.[117] 그렇지만 현재 학익동 고인돌 2기와 주안동 고인돌 1기, 문학동 고인돌 1기 등 4기만 그 존재가 확인되며[118] 그나마 원위치에 있는 경우는 하나도 없다.[119]

문학산 주변의 고인돌 가운데 학익동과 주안동 고인돌에 대해 발

---

117) 윤용구·강동석, 「인천의 청동기문화」, 『인천 문학동 선사유적』, 인하대박물관, 2000.

118) 문학산 일대의 지석묘에 대해서는 다음 자료에서 단편적으로 소개되고 있다.
김원룡, 「韓國史前遺蹟遺物地名表」, 『서울대학교 고고인류학총간』 3책, 1953.
이경성, 「仁川의 先史遺蹟遺物 調査概要」, 『梨大史苑』第1輯, 1959.
인천시, 『仁川鄕土史資料』, 1956.
岡田貢, 「仁川近郊の史蹟と史話」, 『朝鮮硏究』, 1929.

119) 문학산 일대의 지석묘 12기 가운데 학익동 지석묘 2기는 인천시립박물관에 이전·복원 되어 있으며, 주안동 지석묘 중 1기와 문학동 지석묘는 수봉공원에 이전되었다가 최근 남구 미추홀공원으로 다시 이전되었다.

굴이 이루어져 대략적인 구조를 파악할 수 있다. 학익동에 분포했던 고인돌 가운데 3기가 일제강점기에 발굴되었다. 당시 발굴결과에 따르면 고인돌은 모두 북방식이며 내부에서 민무늬토기, 간돌화살촉, 숫돌 등이 출토되었다고 한다.[120] 발굴된 고인돌 3기 중 2기는 사라지고 1기가 인천시립박물관에 이전·복원되어 있다. 한편 1998년 (구)인천구치소자리에 있던 고인돌 1기도 추가로 발굴되었는데 형태는 북방식으로 판석대신 2개의 할석을 이용하여 묘실을 만들었다. 당시 발굴에서는 청동기시대 유물은 발견되지 않았다.[121] 주안동 지석묘는 2기 가운데 1기를 발굴조사 했으며 발굴결과 유물은 출토되지 않았지만 지석묘의 구조가 북방식이라는 것이 확인되었다.[122]

문학산 일대의 고인돌은 현재 제 위치에 남아있는 경우가 없어 형태나 입지 등에 대해서는 자세히 파악할 수 없으나, 몇 차례 발굴결과를 통해 보았을 때 형태는 대체로 북방식이 우세한 것으로 판단된다. 고인돌의 입지는 주로 문학산 북쪽으로 펼쳐진 낮은 구릉지대에 자리하고 있던 것으로 파악된다. 문학산 일대에 분포하는 고인돌들은 모두 산발적으로 자리하고 있는 것으로 보이지만 모두 일정거리에 분포하고 있어 하나의 군으로 분류할 수 있을 것으로 추정되기도 한다.

한편 남동구 동쪽에 자리한 계수동 일대에 9기의 고인돌이 분포하고 있다. 이곳은 남동구와 시흥의 경계선에 있는 소래산의 동쪽으로, 부천에서 시흥시를 남북으로 종단하는 산줄기에 해당한다. 고인돌은

---

120) 윤용구·강동석, 앞의 글.

121) 건국대학교박물관, 『인천지방법원 신축부지 발굴조사 완료신고서』, 1998.

122) 이경성, 앞의 글.

상) 백아도 고인돌 / 하) 덕적도 고인돌

이 산줄기 가운데 해발 80~100m의 낮고 완만한 구릉사면에 입지하고 있다. 계수동고인돌 가운데 1기가 발굴되었는데[123], 남방식 구조를 가진 것으로 확인되었다. 조사과정에서 민무늬토기가 발견되었지만 무덤방 내부에서 출토된 유물은 없다. 한편 계수동 일대의 다른

---

123) 한양대학교박물관, 『시흥시 계수동 지석묘』, 1999.

고인돌의 형태와 구조는 아직 알려진 바 없다. 계수동 고인돌은 문학동 주변 지석묘와 비교했을 때 낮은 구릉 위나 사면에 분포하는 입지적인 부분은 동일한데, 다만 고인돌의 구조가 문학산 일대의 고인돌과는 달리 남방식이라는 차이점이 있다.

(3) 도서지역의 고인돌

ㄱ. 백아도 고인돌[124]

백아도 서쪽의 산마루에서 고인돌 1기가 확인되었다. 덮개돌은 장타원형으로 장축이 340cm, 단축 200cm, 두께 87cm다. 고인돌 하부가 확인되지 않아 단정할 수는 없지만 덮개돌 아래로 받침돌 일부가 보이는 것으로 보아 북방식 고인돌로 추정된다.

ㄴ. 덕적도 고인돌[125]

덕적도에서는 모두 3기의 고인돌이 조사되었다. 고인돌 2기는 덕적중앙교회가 있는 언덕가에 위치하고 있다. 고인돌의 덮개돌은 하나는 길이 264cm, 너비 180cm, 두께 55cm이며 다른 하나는 길이 250cm, 너비 140cm, 두께 40cm이다.

나머지 고인돌 1기는 진리에서 남동쪽으로 나 있는 해안도로의 초입부근에 위치한다. 이 고인돌은 덮개돌의 크기가 길이 324cm, 너비 214cm, 두께 44~92cm 가량으로 교회 앞 고인돌보다 규모가 크다. 이 고인돌들은 하부구조를 확인할 수 없어 자세한 형태를 파악할 수는 없다.

---

124) 국립문화재연구소, 『고고학사전』, 2001.

125) 서울대학교박물관, 앞의 책, 1999.
인천광역시립박물관, 앞의 책, 2001.

상) 신도 고인돌 원경 및 측면 / 하) 신도 고인돌

ㄷ. 신도 고인돌[126]

신도 2리에 위치한 신도교회에서 서북쪽으로 50m 가량 떨어진 지점에 위치한다. 고인돌이 위치한 곳은 능선과 평지가 만나는 지점으로 민가와 인접해 있다. 덮개돌은 길이 230cm, 너비 190cm, 두께 40cm이며 덮개돌 측면에는 정으로 때린 흔적이 남아있다. 덮개돌 밑에는 받침돌 두개가 놓여 있어 북방식 고인돌임을 알 수 있다.

126) 인천광역시립박물관, 『서해도서 종합학술조사 2』, 2005.

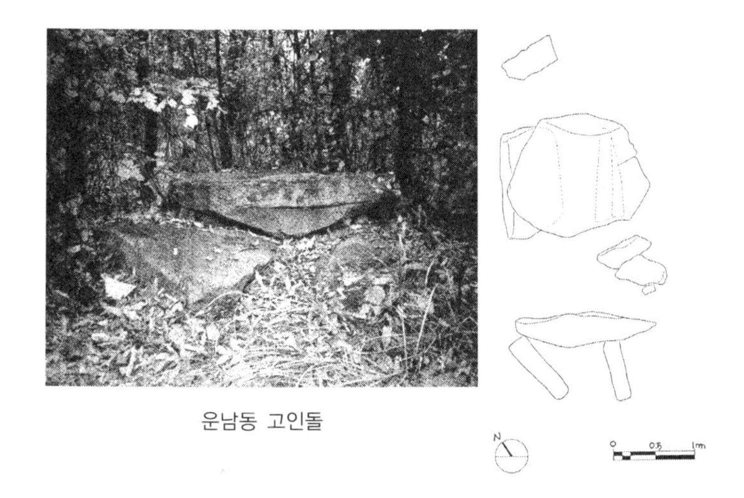

운남동 고인돌

ㄹ. 운남동 고인돌127)

운남동 고인돌은 운남동 중촌부락에 자리한 해발 41m의 낮은 구릉 정상부에 위치하고 있는데 중구 지역의 유일한 고인돌이다. 1963년 발굴조사 결과 대략적인 구조와 형태가 확인되었다. 구조는 북방식이고, 덮개돌의 크기는 160×130cm이며 받침돌은 93~112×높이 84~64cm가량이다. 발굴조사 과정에서 고려시대 편호 1점이 출토되었고 목탄에 대한 탄소연대 측정결과 고려시대에 해당하는 수치가 나온 바 있는데, 선사시대 고인돌을 고려시대에 재활용한 것으로 여겨지고 있다. 이 고인돌은 영종도 백운산의 동쪽에 낮은 구릉지대에 위치하고 있는데 최근 인접한 중산동과 운서동에서 청동기시대 주거지들이 확인됨으로서 청동기시대 당시 이 일대가 생활터전 가운데 하나였을 가능성을 보여주고 있다.

---

127) 인천직할시립박물관, 『영종·용유지역 문화유적지표조사보고서』, 1994.

3) 인천지역 청동기시대의 생계와 사회조직

인천지역 청동기시대 주거유적은 지역별로 구조와 출토유물에서 큰 차이는 보이지는 않는다. 주거지는 대략 해발고도 20~60m 정도의 비교적 낮은 구릉지대에 위치하며 평면 형태는 세장방형, 장방형, 말각방형, 원형 등 다양한 형태를 나타낸다. 주거지는 이른 시기에는 장방형과 세장방형이 주류를 이루다가 송국리식 주거지가 출현하는 늦은 시기로 가면서 원형 주거지의 빈도수가 높아지는 것으로 알려져 있다. 주거지 내부에는 땅을 파서 특별한 시설 없이 조성한 수혈식 노지가 거의 대부분을 차지하고 있으며 주거지의 바닥은 자연면을 그대로 정지하여 사용하거나 점토를 깔고 다짐을 한 것, 혹은 점토+불다짐을 하여 바닥을 조성 한 것 등이 있다. 그러나 원당동이나 문학동의 예에서 보듯 한 유적에서도 이러한 내부시설 등이 혼재되어 발견되는 것으로 보아 뚜렷한 정형성을 확인하기는 어렵다. 인천지역 청동기시대 유적의 연대는 절대연대를 신뢰하여 본다면 대략 기원전 13~5세기 대 까지 폭넓은 분포를 보이는데 주거지의 형태와 출토유물들로 볼 때 소위 역삼동식 주거지와 맥을 같이하는 비교적 이른 시기로 볼 수 있다.(표 12)

인천 지역 청동기시대 주거지는 가현산을 중심으로 한 서구 일대와 문학산을 중심으로 한 남구, 남동구 일대 그리고 강화도와 영종도를 중심으로 한 도서지역에서 주로 확인되었다. 먼저 서구지역에서 조사된 청동기시대 취락유적은 비교적 이른 시기부터 형성된 것으로 보인다. 이 지역의 움집들은 평면형태가 장방형과 방형, 세장방형의 주거지가 주로 확인되는데 특히 대형의 세장방형 움집은 일반적으로 청동기전기에 조성되는 형태로 중서부지역에서는 B.C. 1,300~800년 사이에 축조된 것으로 보고되고 있다.

주거지의 형태적 특징과 함께 출토유물도 공렬토기와 구순각목문토기, 이중구연토기 등 청동기시대 이른 시기의 유물이 확인된다. 공렬토기는 토기의 아가리에 구멍이 열을 지어 나있는 토기로 청동기시대 전기에 제작, 사용되었다. 이 토기는 평안남도와 황해도를 제외한 한반도 전 지역에서 출토되며, 동북지역에서 전파된 것으로 알려져 있다. 또한 토기 아가리에 구순각목이나 이중구연(二重口緣)+단사선문(短斜線文)이 시문되어 나타나는데 이 중 구순각목과 결합된 형태는 한반도 거의 전역에서 분포하며, 이중구연의 경우 한강유역 및 동해안 일대에 주로 분포하는 것으로 알려져 있다[128].

원당동유적(한국문화재보호재단)에서는 청동기시대 후기에 나타나는 원형점토대토기가 확인되고 있어 유적의 시기가 후기까지 이어지는 것을 알 수 있는데 이를 뒷받침 하듯이 유적의 AMS 측정연대가 기원전 12세기에서 5세기에 이르는 긴 연대 폭을 보이고 있다. 한편 서구지역의 청동기시대 취락유적은 주거지의 구조나 유물이 인천지 [illegible] 보이고 있지 않고 나아가 한강유역 일대에서 발견되는 유적들과도 문화적인 속성을 공유하고 있는 것으로 판단된다. 따라서 앞으로 보다 체계적인 조사가 이루어져야 정확히 판단할 수 있겠지만 서구지역에서 전개되었던 청동기문화는 최소한 경기 서해안지역의 청동기문화와 흐름을 같이 하는 것으로 판단된다.

---

128) 국립문화재연구소, 앞의 책. 2001.

문학산 일대의 청동기시대 주거지와 고인돌의 양상들도 서구지역의 그것들과 크게 다르지 않다. 문학산 일대의 고인돌과 주거지들은 모두 완만한 구릉 위나 경사면에 자리 잡고 있다. 이는 문학산 일대의 청동기인들이 구릉성 산지를 생활의 터전으로 삼았음을 말해 준다. 마제석부와 반월형석도 등 농사와 관련된 도구들과 화살촉 등 수렵용 도구들이 같이 출토되고 있는 것으로 보아 문학산의 청동기인들은 농경과 수렵을 통해 생계를 이어 나갔음을 알 수 있다. 점차 농경이 본격화 되면서 주변의 평지는 경작지로 활용되었을 것이며 그에 따라 집자리는 인근의 구릉 위로 자리를 옮기게 되었을 것이다. 이처럼 문학산 일대의 청동기인들은 구릉 위에 마을을 형성하고 주변 구릉과 평지에서 농경과 수렵채집활동을 하면서 생활했다. 문학산 일대에 분포하는 주거지들은 장방형과 방형, 세장방형의 주거지가 주로 확인되며, 서구지역과 마찬가지로 공렬토기와 구순각목문토기 등이 공통적으로 출토된다.

한편 문학동유적과 수산동, 구월동유적 등 문학산 일대 주변의 주거지들은 서로 5km 내외의 거리에 위치하고 있으며 주거지의 구조와 출토유물들의 조합도 유사하다. 이들 유적간의 거리는 수렵·채집인 들이 하루에 이동하면서 활동할 수 있는 거리로, 주변의 하천과 산림, 농지 등 자원을 확보할 수 있는 영역 또한 자연스럽게 일정부분 공유될 수 밖에 없을 것이다. 따라서 문학산 일대의 주거지에서 생활하던 주민들은 의도적이던, 우연이던 서로간의 빈번한 접촉과 교류가 이루어졌을 것으로 생각된다.

〈표 12〉 인천지역 청동기시대 주거지 현황

번호	유적명	입지(해발m)	주거지	주거지 형태	노지	바닥면	출토유물	연대	기타
1	동양동	16	3	세장방형/방형		점토다짐	이중구연토기, 석촉, 석부, 석창, 숫돌, 반월형석도, 석검	B.C. 1,335 B.C. 1,245	무주혈식
2	불로동	20	1	장방형		자연면	이중구연토기, 마제석촉	?	파괴
3	원당동	33~35	31	장방형, 방형 대부분/원형, 말각방형 일부	수혈식	점토+불다짐/자연면	구순각목+공열문, 구순각목문, 공열문, 홍도, 석촉, 석부, 석착, 방추차	B.C. 12~5세기	대부분 삭평
4	원당동(인하)	62	1	세장방형	수혈식	자연면	마제석촉, 방추차, 공렬토기, 반월형석도	B.C. 1,120~890	삭평
5	검단동	56	2	세장방형/장방형	수혈식		이중구연토기, 무문토기, 마제석촉, 지석	B.C. 10~6 추정	삭평
6	경서동	25~26	1	말각방형	수혈식		무문토기, 석도, 환형토제품	B.C. 1,645 ~1,405	삭평
7	문학동	60	7	세장방형/장방형	수혈식	부분점토다짐 / 자연면	구순각목공렬토기, 석창편, 마제석부, 마제석촉, 숫돌, 갈돌, 반월형석도	B.C. 945~460	일부 시료 오염 추정
8	수산동	25	11	세장방형/장방형	수혈식	자연면	구순각목공렬, 이중구연단사선문토기, 반월혈석도, 석촉, 석창, 석착, 갈돌	B.C. 1,210~740	
9	구월동	30~40	43	세장방형/장방형/방형/원형(송국리형)	수혈식		구순각목+공렬, 환형석부, 석착, 유구석부	기원전 12~7세기	
10	중산동(중앙)	15~30	35	말각방형/방형	수혈식	자연면	공렬+구군각목토기, 유구석부, 환	B.C. 1,160	

							형석부, 일단병식 석검, 반월형석도		
11	운서동	68	10	말각방형/ 장방형/ 세장방형			이중구연단사선 토기, 구순각목토기, 반월형석도, 석착	B.C. 6~7세기	1기 파괴 주거지 수습 조사
12	장정리	80~95	7	장방형	수혈식	자연면	이중구연단사선 문편, 일단경식석촉, 척창, 방추차, 무문토기편, 숫돌	B.P. 2,170 ~2,500	

문학동유적과 수산동유적은 주거지의 형태와 출토유물의 조합이 거의 같다. 수산동 주거지의 평면 형태는 문학동과 마찬가지로 장방형과 세장방형이며 보고자는 소형 주거지 3기, 중형 주거지 4기, 대형 주거지 4기로 구분하였다.[129] 대체로 중·대형의 주거지는 구릉 정상부 평탄면에, 소형의 주거지는 구릉의 중하단부인 사면부에 입지하는 양상을 보여 주거지의 입지에 따른 규모의 차이가 있음을 보고하고 있다. 주거지 내부에서 확인되는 시설은 저장수혈, 노지, 벽구, 벽구 내 소 주공, 주거지 내외의 주공 등이 있다. 노지는 원형 또는 타원형에 가까운 형태이다. 대부분 주거지의 바닥면을 그대로 이용한 무시설식 노지로, 2개 이상의 노지가 주거지 바닥 중앙에 일정한 간격으로 배치된 양상이다. 벽구시설은 1구역에서만 확인되는데, 4호 주거지를 제외하면 모두 주거지 벽면에 위치해 있다. 1호 주거지의 경우 벽구의 평면 형태는 벽구를 주거지의 세 벽에 설치한 'ㄷ'자형이다. 이러한 'ㄷ'자형 벽구의 형태는 인천 원당동유적 '가'

129) 보고자는 주거지의 규모를 20㎡미만을 소형, 20㎡~30㎡사이를 중형, 30㎡이상을 대형으로 구분하였다.

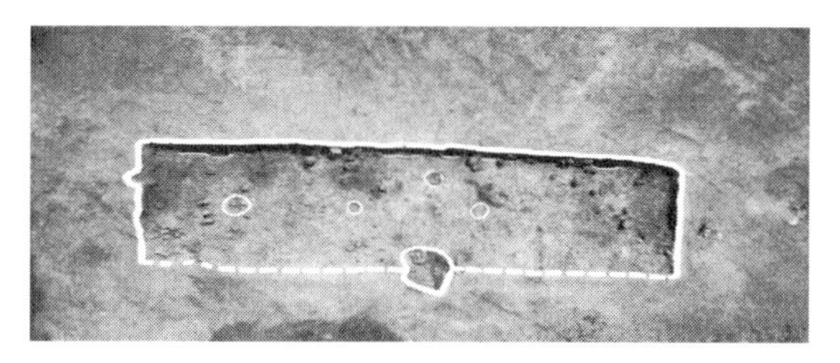

문학동유적 청동기시대 6호주거지

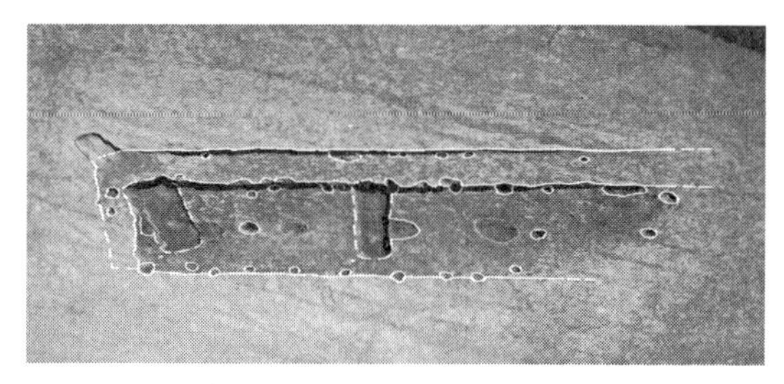

구월동유적 청동기시대 31호 주거지

구역 12호 주거지, 인천 문학동유적 6호 주거지 등에서 확인된다. 보고자는 수산동유적 주거지는 평면형태, 노지의 형식, 벽구의 형태로 보았을 때, 김포양촌 유적의 청동기 시대 주거지와 가장 유사한 형태를 띠는 것으로 보고 있다.

이러한 양상은 인천지역에서 확인되는 청동기시대 주거지의 무문토기 출토양상과 유사하다. 일반적으로 인천지역은 경기도 일대에 비해 공렬토기의 출토비율이 매우 낮으며, 무문토기의 출토비율이 상대적으로 높다. 이는 한반도 중부지역에서는 공렬토기가, 서부해안지역에서는 무문토기가 주로 발견되는 청동기시대 주거지 출토 토기의 일반적인 특징으로 볼 수 있으며, 인천 수산동유적도 그러한 맥을 같이 한다.[130)]

문학산 주변의 마을간 접촉이 점차 확대되면서 경기 서해안 지역

문학동유적출토 석착

문학동 1호 주거지 및 구월동 24호 주거지 출토 구순각목공렬토기

의 문화가 공통적인 양상을 보이게 된 것으로 추정된다. 더 나아가 한강유역 일대에서 발견되는 유적들과도 문화적인 속성을 공유하고 있다. 따라서 앞으로 보다 체계적인 조사가 이루어져야 정확히 판단할 수 있겠지만 인천지역의 청동기문화는 최소한 경기 서해안지역의 청동기문화와 그 흐름을 같이 하는 것으로 이해할 수 있을 것이다.

인천 지역 청동기시대 주거지에서 출토된 유물들의 조합은 대부분 유사한데 이들 중 몇몇 대표적인 유물들의 속성을 살펴보도록 하겠다. 동양동 1,2호 주거지에서 출토된 토기들 중에는 이중구연토기들이 다수 확인되는데 이중구연은 평안도와 황해도 등 한반도 서북부지역에서 많이 발견되는 팽이형토기(신흥리식토기)에서 보이는 구연형태이다. 2호 주거지에서 출토된 돌대문토기는 일본 야요이시대 초

130) 박성우, 「인천지역 청동기시대 주거지의 현황과 성격」, 『사림』 34, 2009, 수선사학회.

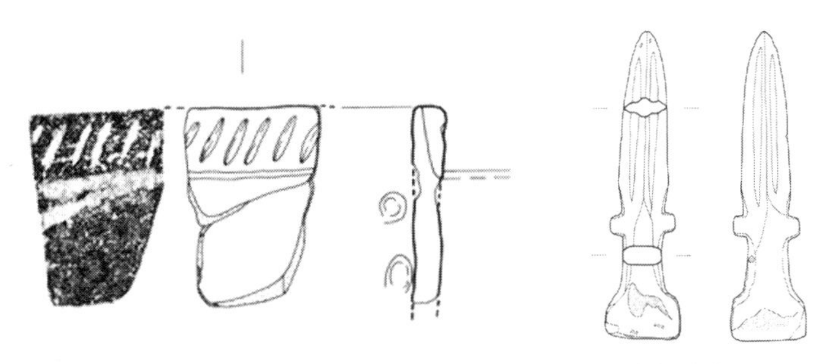

도면 3. 동양동 1호 주거지출토 이중구연단사선 토기편과 석검

기의 표식적인 토기로 알려져 있으나 한반도에서는 1990년 하남 미사리 발굴에서 처음 확인되었다. 이 토기는 구연부 외측에 점토띠를 붙이고 그 상면을 도구를 사용하여 사선문을 새겨 넣은 것인데 남한에서는 주로 발(鉢)형토기에, 북한지역에서는 주로 호(壺)형토기에 시문되는 것으로 알려져 있다.

가락동식 토기와 공반하는 마제석검은 혈구가 있거나 이단병식의 형태가 많으며 석촉은 삼각만입형태나 이단경식이 대부분으로 알려져 있다. 반월형석도는 주형이 주류이고 어형도 일부 확인되며 합인석부와 편평편인석부도 함께 출토된다. 동양동 1호 주거지에서는 유경식 석촉 2점과 2호 주거지에서는 삼각만입촉 3점이 출토되었다. 반월형석도는 1, 2호 주거지에서 각각 장주형의 석도가 출토되었다. 1호 주거지에서 출토된 석검은 신부 양쪽에 혈구가 나있는 이단병식이다. 이 석검의 병부는 두부(頭部)쪽은 폭이 넓고 인부(刃部)쪽은 단이 좁게 제작된 특이한 형태이다. 1호 주거지에 대한 AMS 측정결과 B.C. 1,335년, 2호 주거지의 경우는 B.C. 1,245 (1,095)년의 결과가 나왔다. 이러한 연대는 이들 주거지에서 출토된 가락동식토기와 마제석기들의 시

기적 형식과도 잘 부합하는 결과이다.[131]

원당동유적 출토 토기의 구연부에는 청동기시대 전기에 등장하는 구순각목문(口脣刻木)과 공열문(孔列), 또는 구순각목문과 공열문이 조합된 복합문이 다수 확인되어 원당동유적이 비교적 이른 시기에 조성된 것임을 알 수 있다.[132] 이 밖에 역시 청동기시대 이른 시기에 나타나는 이중구연토기도 확인되었다. 토기의 기형은 호형토기(壺形土器)와 발형토기(鉢形土器)가 주를 이루는데 구순각목문은 호형토기이고 공열문과 복합문은 모두 발형토기로 파악되었다. 이 외에도 소호(小壺)의 형태로 제작된 홍도가 2점이 출토되었다. 한편 '가' 13호와 '나'1호 주거지에서는 청동기시대 후기에 등장하는 원형점토대토기와 두형토기가 출토되어 원당동유적이 전기와 후기에 걸쳐 조성되었음을 알 수 있다.[133]

원당동유적에서는 석촉과 석검, 석창(石槍), 석부(石斧), 반월형석도 등이 출토되었다. 석촉은 슴베(莖)가 없는 무경식(無莖式)과 일단 또는 이단의 슴베가 있는 유경식(有莖式)이 모두 출토되었다. 이중 무

---

131) 한국문화재보호재단, 앞의 책, 2007(b). 94~97쪽

132) 공렬토기는 청동기시대 전기에 제작 사용된 토기로 평안남도와 황해도를 제외한 한반도 전 지역에서 출토되며, 동북지역에서 전파된 것으로 알려져 있다. 토기의 구멍은 기벽(器壁)을 완전히 관통한 것과 반관통한 것으로 분류되고, 또 구멍을 뚫은 방향이 토기의 안쪽에서 바깥을 향해 새긴 것과 그 반대인 것으로 분류된다. 구멍이 완전히 관통되지 않은 경우를 돌류문(突瘤文)으로 구분하기도 한다. 공렬토기는 구순각목이나 이중구연(二重口緣)+단사선문(短斜線文)과 결합되어 나타나기도 하는데 구순각목과 결합된 형태는 한반도 거의 전역에서 분포하며, 이중구연의 경우 한강유역 및 동해안일대에 주로 분포하는 것으로 알려져 있다.(국립문화재연구소, 앞의 책, 2001)

133) 점토대토기는 청동기시대 후기(초기철기시대)에 남한지방에서 유행한 토기 형식으로 형태는 심발형(深鉢形)이나 호형(壺形)을 띠고 있다. 점토띠의 단면형태에 따라 원형점토대토기와 삼각형점토대토기로 구분되는데, 원형점토대토기에서 삼각형점토대토기로 시간의 흐름에 따라 변화하는 것으로 이해되고 있다.

경식은 1점만 출토되었고 일단의 슴베가 있는 일단경식의 석촉이 다수를 차지한다. 석창은 1점이 출토되었는데 보고자는 석검을 재활용하여 다시 제작한 것으로 보고 있다. 석부는 양날(兩刃)또는 외날(偏刃)석부가 대부분이며[134] 특수한 형태의 석부인 환상석부(環狀石斧)와 유구석부(有溝石斧, 홈자귀)도 출토되었다. 석부의 용도는 대형의 양날도끼는 벌채나 굴토용으로 사용되었으며 외날도끼는 주로 목재 다듬기용으로 사용된 것으로 파악되고 있어 원당동유적의 생계방식을 짐작할 수 있다. 환상석부는 무기나 지휘용, 족장의 상징구로 파악되고 있는데 2점이 출토되었다. 이 밖에 반월형석도가 다수 출토되었는데 형태가 주형(舟形)과 어형(魚形), 즐형(櫛形), 역제형(逆梯形)등이 고루 확인되지만 주형이 다수를 차지한다.[135] 반월형 석도의 평면형태는 주형(舟形)을 보이고 있다. 일반적으로 청동기시대 전기에는 어형과 주형이 가장 많이 사용되었으며, 인천지역에서 주로 확인되는 반월형 석도는 평면형태가 주형(舟形)이다. 이 외에도 토제로 제작된 어망추 1점이 출토되었는데 비중은 낮지만 유적 인근의 하천을 배경으로 한 어로활동도 이루어졌을 가능성을 제시하고 있다.[136]

수산동유적에서 출토된 석기는 총 24점으로, 석촉 7점, 석부 5점, 반월형 석도 2점, 석착 2점, 석창 1점, 지석 4점, 고석 1점, 몸돌 1점,

134) 마제석부는 날의 형태에 따라 양날도끼(兩刃石斧)와 외날도끼(單刃石斧)로 구분된다. 외날도끼는 자귀나 대팻날 등이 해당되며 양날도끼는 날의 평면 형태에 따라 조개날돌도끼(蛤刃石斧)와 곧은날돌도끼(扁平扁刃石斧) 등으로 구분된다. 도끼 몸체의 단면형태는 장방형 또는 원형이나 타원형이다.

135) 반월형석도는 대표적인 농업용 도구로서 몸체에는 1~2개 구멍이 뚫려있어 이 사이에 끈을 꿰어 손가락을 집어넣어 사용하도록 하였다. 한반도 청동기시대의 거의 모든 취락유적에서 출토되고 있어 당시 생산 활동에서 농업의 비중이 컸음을 짐작 할 수 있다.

136) 한국문화재보호재단, 앞의 책, 2008.

미상석기 1점 등이 출토되었다. 석촉이 가장 많은 수량을 차지하며, 모두 유경식 석촉으로 일단경식이다. 석촉의 신부 단면형태는 대부분 마름모형이며, 경부의 단면형태는 육각형에 가깝다. 이러한 형태의 석촉은 인천지역 및 김포, 역삼동 유형에 속하는 주거지에서 출토된 석촉과 대체로 유사하다. 수산동에서 수습된 석부는 편인석부가 4점, 합인석부가 1점으로, 합인석부는 3-2지점 1호 주거지에서 1점 확인되었다. 주로 합인석부는 청동기시대 전시기에 걸쳐 확인되고, 편인석부는 전기후반부터 나타나는 것으로 알려졌다.[137] 인천지역에서 석부는 주로 합인석부가 출토되지만, 수산동유적에서는 편인석부가 더 많이 출토되고 있는 양상을 보인다. 마제석부는 화강편마암으로 만든 것으로 몸통은 원통형이며 석재를 거칠게 다듬은 후 날 부분만 정교하게 갈아 만들었다. 마제석부는 신석기시대부터 사용되어 왔지만 청동기시대부터 본격적으로 사용된 도구로 나무를 자르고 다듬거나 땅을 파헤치는 기능을 갖고 있다.[138] 기본적으로 돌도끼는 농경문화와 관계가 있다고 판단되기 때문에 수산동에서 돌도끼가 수습되었다는 사실은 청동기시대 남동구 지역에 농업과 관련된 생계방식이 이루어졌음을 보여주는 증거라 하겠다. 수산동에서는 돌도끼 외에도 농경과 관련된 도구로 반달돌칼이 출토됨으로서 청동기시대 남동구 지역에서 농업의 비중이 컸음을 알 수 있다. 이 반달돌칼은 사암으로 만든 것으로 장주형을 띠고 있다. 이러한 반달돌칼은 잘 알려져 있듯이 수확용 도구로 사용된 것으로 몸체에는 1~2개의 구멍이 뚫려있어 이 사이에 끈을 꿰어 손가락을 집어넣어 사용하도록 하였

137) 손준호, 『한반도 청동기시대 마제석기 연구』, 고려대학교 박사학위논문, 2006.
138) 국립문화재연구소, 앞의 책. 2001.

다. 반달돌칼의 모양은 장방형, 배모양(舟形), 물고기모양(魚形), 삼각형 등으로 다양한데, 장방형 돌칼은 주로 한반도 동북지방에서 주로 보이며, 배모양 형태는 서북지방에서 많이 출토된다. 삼각형은 청동기시대 중·후기에 나타나며 서남부 지방에서 주로 확인 된다.[139)]

강화도와 영종도 등 도서지역 확인된 청동기시대 주거지의 구조와 출토유물의 기본적인 조합에는 내륙지역과 큰 차이가 없다. 그러나 섬이라는 특수한 환경에 따른 물자의 교류 등에는 다소 차이를 보이는 예들도 있다. 영종도에 청동기시대 토기문화는 B.C. 1,650~1,410 정도에 유입된 것으로 알려져 있다. 주거지는 중·대형의 세장방형과 장방형의 평면 형태를 가진 것이 함께 나타나고, 내부시설은 무시설식 노지가 확인된다. 유물들은 구순각목문과 이중구연단사선문 토기가 발견되며, 합인석부, 반월형석도, 갈판 등이 출토되어 초보적인 농경문화의 유입이 진행된 것으로 보인다.

영종도 중산동유적 3지역 5호주거지의 경우 B.C. 1,160의 연대측정결과가 나왔는데 이 지역의 주거지들은 바닥처리를 하지 않았고 수혈식 노지를 설치하였고 원시 타날문토기, 구순각목공열문토기, 유구석부, 석착 등이 출토되어 인천 내륙지역의 주거지들과 유사한 양상을 보이고 있다. 영종도 일대의 토기의 출토양상은 청동기시대 이른 시기의 이중구연단사선문 토기부터 상대적으로 늦은 시기인 구순각목공열토기등도 계속 출토된다. 석기의 경우도 청동기시대 후기에 주로 출토되는 일단병식석검, 단면능형의 일단경식석촉, 유구석부가 출토된다.

---

139) 서경문화재연구원, 앞의 책, 2015.

중산동유적(중앙)에서 출토된 토기는 기형을 알 수 있거나 추정할 수 있는 것은 모두 26점이다. 이중 호로 추정되는 것은 11기의 주거지에서, (심)발형이 확인된 유구는 8기 장경호는 1기의 주거지에서 확인되었다. 출토된 토기를 문양별 비율로 볼 때 무문토기 비율이 가장 많고, 원시타날문, 공열문, 구순각목문, 구순각목공열문 순으로 나타났다. 석기는 총 105점이 출토되었는데, 석촉은 47점(44.76%), 석검 8점(7.62%), 반월형석도는 10점(9.52%), 석부 8점(7.62%), 석착 11점(10.48%), 갈판과 갈돌은 1점(0.95%)씩 출토되었고, 기타 19점(18.10%)이 출토되었다. 이를 기능별로 출토 비율을 살펴보면 무기·수렵구(52.38%), 농경·목가공구(27.62%), 식가공구(1.90%), 기타(18.10%) 등의 비율로 나타났다.140)

이러한 양상들을 종합해 보면 영종도의 청동기시대 주거지는 한강유역의 역삼동 문화의 특징을 보이면서 후기까지 이어져 내려가며 후기에 접어들면서 송국리 문화와 교류가 있었던 것으로 보고 있다. 영종도의 주거지와 토기 등의 유물은 인천내륙지역과 유사한 형태를 보이지만 석기는 보다 다양한 양상을 보이는데 이는 석기제작에 필요한 원석이 영종도에서 멀리 떨어진 김포 대곶면으로부터 들어온 것들이 있는 것으로 보아 문물교류가 활발했던 것으로 파악하는 견해도 있다.141)

지금까지 살펴본 인천지역 청동기시대 주거유적과 출토유물들의 속성을 살펴보면 몇 가지 특징들로 요약될 수 있다. 우선 청동기시대 주거유적의 경우 해안과 인접한 인천지역만의 독특한 성격을 가늠해

---

140) 중앙문화재연구원, 앞의 책, 2011.

141) 중앙문화재연구원, 앞의 책, 2011, 246~251쪽.

볼 수 있다. 첫째, 인천지역 청동기시대 주거지는 인접한 경기도 일대의 청동기시대 주거지와 비교했을 때 기본적인 구조나 유물의 조합 등에서는 큰 차이점이 관찰되지 않는다. 지금까지 조사된 바에 의하면 인천지역에서는 세장방형과 방형, 장방형, 원형 등 다양한 형태의 주거지들이 발견되는데, 이 가운데 세장방형의 대형 주거지들의 비율이 상대적으로 높은 것으로 여겨진다. 장축의 길이가 10m 내외의, 장축과 단축의 비율이 2:1 이상인 주거지들은 소위 역삼동 유형에 속하는 것으로 원당동유적, 문학동유적, 동양동유적 등에서 그 예가 확인된다. 인천지역에서 확인된 세장방형의 대형 주거지는 B.C. 1,300~1,000년 사이에 축조된 것으로 보고되고 있다. 한편 대형의 세장방형 주거지 외에 방형, 장방형의 중·소형 주거지도 발견되지만 청동기시대 중기로 비정되는 송국리 유형은 출토예가 드물다. 이처럼 송국리형 주거지는 그 출토 예가 드문 반면에 역삼동 유형의 세장방형 주거지와 장방형 주거지가 주를 이루는 것으로 보아 인천지역의 청동기문화가 상대적으로 내륙지역보다 이른 시기에 형성된 것으로 추정된다.[142]

인천지역 청동기시대 주거지 출토유물을 김포, 경기지역 등 인접지역과 비교해 보면 유물조합의 양상은 비슷하지만 유물별 출토 빈도수에서 약간의 차이점이 관찰된다. 토기의 경우 공렬토기와 무문토기의 출토비율이 다른 지역에 비해 인천지역이 공렬토기의 출토비율이 매우 낮다는 것이다. 김포지역도 인천과 비슷한 비율을 보이고 있는데 인천·김포 지역에서는 공렬토기(구순각목공렬토기포함)의 출

142) 박성우, 앞의 글, 2009, 16~21쪽.

토 빈도수와 무문토기의 빈도수 사이의 편차가 상대적으로 높은 반면 경기도지역에서는 공렬토기의 빈도수와 무문토기의 빈도수의 차가 상대적으로 낮다. 이는 학계에서 일반적으로 논의되고 있는 토기 전파 경로와도 관련이 있는 것이다. 압록강 중부와 두만강 등에서는 공렬토기와 구순각목토기 등이 발견되는 반면 서북의 대동강 유역은 공렬토기의 출토 예가 드물고 팽이형이나 이중구연 토기가 주로 발견된다. 즉, 한반도 중부 일대는 공렬토기가, 서부해안 일대는 무문토기가 주로 발견된다는 현상과 부합하는 것으로 판단된다.[143)]

한편 어망추(魚網錘)는 인천 및 김포지역 주거지에서는 발견된 예가 거의 없으며 경기 북부와 남부에서도 낮은 빈도수를 나타내고 있으나 경기도 중부지역에서는 상대적으로 높은 빈도수를 나타내고 있다.[144)] 인천과 김포지역의 경우 발굴된 주거지의 숫자가 상대적으로 적어서 어망추의 출토 빈도수가 낮을 수도 있겠고 토제 어망추를 사용했을 경우 자연 소멸되었을 확률이 클 것이다. 그러나 바닷가에 인접한 인천 및 김포지역에서 어망추의 출토 빈도수가 낮다는 점은 고고학적으로 의미가 있을 가능성이 높다. 일반적으로 인천지역은 해안가에 인접한 지역으로 어로활동이 생계경제에서 차지하는 비율이 높을 것이라는 선입견이 존재하고 있지만 청동기시대 주거지에서는 어로활동의 흔적을 찾아보기 어렵다는 점에서 주목할 만하다. 이는 우리가 일반적으로 생각했던바와 달리 인천지역이 청동기시대로 접

---

143) 한국고고학회, 『한국고고학강의』, 한국고고학회, 2007, 74~105쪽.

144) 기전문화재연구원, 『하남 덕풍리 수리골 유적』, 2005.
세종대학교박물관, 『하남 덕풍골 유적』, 2006.
____________, 『하남 덕풍골 유적Ⅱ』, 2007.
서울대학교박물관, 『미사리: 1-4권』, 1994.

어들면서 이미 농경위주의 생활양식이 주된 생활수단으로 자리 잡았을 가능성을 보여주는 것이라 생각된다. 다른 한편으로는 인천지역에 뚜렷하게 하천이 발달해 있지 않기 때문에 청동기시대 인천지역에서 어로가 생계경제에서 차지하는 비율이 크지 않았을 가능성도 생각해 볼 수 있다.[145] 즉 한반도 청동기문화는 일반적으로 내륙의 하천과 구릉지대를 배경으로 하는데 인천의 경우 이와 같은 어로활동의 효율이 다른 지역과 비교했을 때 낮았기 때문일 수도 있다.

인천지역의 청동기시대 주거지들은 지리적, 환경적 입지조건에 뚜렷한 정형성을 나타내고 있다. 지금까지 인천지역에서 확인된 청동기시대 주거지 유적들은 하천이나 강에 인접한 해발 고도가 100m 이하의 낮은 구릉지대에 서로 인접하여 위치하고 있다. 유적간의 거리는 평균 5~6km 정도이며 다소 멀리 떨어진 유적들도 10km 내외에 위치하고 있다. 보다 많은 유적들이 발굴되어야 정확한 데이터(data)를 산출할 수 있겠으나 이들 주거지(마을)간의 거리는 사람들이 하루에 이동하면서 활동할 수 있는 거리이다. 또한 이들 주거지(마을)는 강이나, 하천, 저수지등과 인접한 곳에 위치하고 있어 일정한 활동영역(catchment) 범위 안에 속하는 거리에 위치하고 있다.[146] 즉, 인천지역에서 확인된 주거지들은 인접한 유적간의 거리가 이동 및 교류

---

145) 현재 인천지역에는 포천, 공촌천 등 크고 작은 하천들이 있지만 이 하천들은 대부분 후대에 매립과정에서 갯고랑이 하천으로 변한 경우다. 인천지역은 본래 자연지형상 하천이 발달하기 어려운 곳으로 알려져 있다.

146) Renfrew, Colin and Paul Bahn, Archaeology: Theories, Methods, and Practice, Fourth Edition : Thames & Hudson, 2004, pp.264~265.
Catchment Analysis: catchment 는 물을 구할 수 있는 저수지, 담수지, 강 등을 의미하며 이를 중심으로 한 사람들의 하루 활동 영역을 나타낸다. 보다 넓은 의미에서는 문화 활동 영역분석의 의미로 사용되기도 한다.

가 가능한 거리이며 서해안 일대에서 확인된 청동기시대 유적과 유물의 유사성은 이들 주민간의 빈번한 접촉과 교류를 반영하고 있는 것으로 여겨진다.

이러한 인천지역의 청동기시대 유적과 출토유물들을 살펴보면 한 가지 의문점을 가질 수 있을 것이다. 청동기시대의 주거지와 분묘에서는 왜 청동유물이 거의 출토되지 않는가? 앞서 언급한 바와 같이 인천지역의 청동기시대 유적은 비교적 이른 시기인 B.C. 1,300~1,000년까지 거슬러 올라간다. 그러나 우리가 일반적으로 익숙한 동검과 동경 등의 청동유물은 이보다 늦은 시기인 청동기시대 후기부터 초기철기시대[147]에 더 많이 출토되는 양상을 보인다. 예를 들어 서구 검암동 토광묘에서 철제유물들과 함께 세형동검 1점이 출토되었는데 B.C. 3~2세기경의 유적으로 파악하고 있다.[148] 또한 영종도 운북동에서는 오수전과 함께 철경동촉이 수습되었는데 B.C. 1세기 전후한 시기로 추정하고 있다.[149] 그렇다면 우리는 청동유물이 거의 출토되지 않는 이 시기를 청동기시대라고 불러야하는가? 이 질문에 대한 대답은 앞으로 학계의 과제로 남겨두고, 이보다 더 중요한 질문은 왜 이른 시기의 청동기 유적에서는 청동유물이 많이 발견되지 않는가? 하는 점이다.

물론 청동유물은 석제유물이나 토기와 달리 땅속에서 부식되기 때

147) 한국 고고학에서 철기시대란 철기가 사용되기 시작한 B.C. 300년경부터 삼국이 정립된 A.D. 300년경까지를 말한다. 그러나 일부 고고학자들 중에는 이 시대를 두 시기로 나누어 B.C. 300년에서 A.D. 원년 (혹은 B.C. 100년)까지를 초기철기시대(初期鐵器時代)로, A.D. 원년(혹은 B.C. 100년)부터 A.D. 300년까지를 원삼국시대(原三國時代)로 구분하기도 한다. 반면 일부 연구자는 이를 통합해서 삼한시대(三韓時代)로 지칭하기도 하는데 아직 학계에서 합의된 명칭과 시기구분 없이 연구자마다 선호하는 용어를 사용하고 있는 실정이다.

148) 중부고고학연구소, 『인천 검암동 유적』, 2014.

149) 한강문화재연구원, 앞의 책, 2012(b).

문에 남아있는 경우가 거의 없다고 상정해 볼 수 있다. 그러나 청동기를 사용하던 이른 시기에는 소수의 사람만이 청동유물을 제작, 사용했기 때문일 수도 있다. 즉. 청동유물이 널리 쓰이게 된 것은 생산기술의 발전으로 단가가 낮아지고 교역 등으로 보급로가 확충되면서 가능해졌을 것이다. 그렇다면 청동기가 많이 제작되지 않던 시기에 청동 유물들은 누가 사용했던 것일까? 그것은 아마도 다른 사람들보다는 상대적으로 많은 자산(資産)과 사회·정치적 영향력이 있는 소수의 사람들이었을 것으로 생각된다. 청동기를 제작하기 위해서는 구리, 주석, 납 등을 확보해야하는데 이러한 광석이 생산되는 지역은 매우 제한적이다. 또한 청동의 용융점은 대략 950℃ 정도로 알려져 있는데 이를 제련하기 위한 고도의 기술력을 필요로 한다. 즉 청동기가 제작, 사용되었다는 것은 원석이 생산되는 광산을 관리하고 이를 조직적으로 유통시키고 통제하는 사회조직과 청동을 다루는 전문 기술자들이 존재했을 것이다. 즉 다양한 사회조직과 직업의 분화(Division of Labour)가 이루어지기 시작하는 소위 복합사회(complex society)를 구성하기 시작하였을 것으로 판단된다. 즉, 청동기시대는 철기시대(역사시대)에 등장하는 고대국가의 초석이 되는 사회·정치적 기반들이 본격적 형성되기 시작한 시기라 할 수 있으며 이러한 새로운 문화적 변동은 청동기시대 이른 시기부터 발현되기 시작했다고 할 수 있다.

제3장

유적으로 보는 역사시대 인천

1. 미추홀 인천

1) 인천, 마한 그리고 백제

인천하면 떠오르는 단어가 몇 있다. 나이가 지긋한 분들에게만 해당되는 것인지 모르겠지만 짠물, 사이다, 성냥공장이 그것이다. 그리 좋은 느낌이 아니거니와 이런 말이 언제 어떻게 생겼는지 '설'도 여러 가지다. 한편 이보다 인천을 나타내는 조금 더 품위 있고, 유래도 분명한 이름도 있다. 미추홀(彌鄒忽)이다. 역사에 관심이 없는 사람이라도 적어도 한번은 들어보았을 것이다. 수돗물에서부터 공원, 도서관, 학교, 음식점 이름에 이르기까지 인천에서 널리 사용되고 있기 때문이다.

오늘날 인천은 미추홀 이라는 이름으로 역사책에 처음 등장한다. 잘 알려져 있듯이 미추홀은 기원전 18년 주몽의 아들로 전하는 비류(沸流)가 내려와 정착한 곳이다. 『삼국사기』에는 백제의 건국과 관련해

3개의 설화가 전해지는데[1] 이 중 온조 설화가 일반적으로 받아들여지고 있다. 이에 따르면 고구려 시조 주몽의 아들인 비류와 온조 형제가 남쪽으로 내려와 동생 온조는 한수(漢水) 남쪽에, 형 비류는 미추홀에 가서 살았다. 이후 비류는 미추홀의 땅이 습하고 물이 짜[土濕水鹹] 살수 없어 다시 온조에게 돌아간 뒤 죽었다 한다. 여기서 비류가 정착한 미추홀의 오늘날 위치는 아산 밀두리나 양주와 파주 일대 등 다른 곳으로 보는 설도 있지만, 『삼국사기』 지리지에 인주(仁州), 즉 인천으로 기록한 이후[2] 대체로 인천으로 받아들여지고 있다.[3]

『삼국사기』에 의하면 백제는 기원전 18년 건국되었다. 도읍은 오늘날 서울 풍납토성으로 이해된다. 백제의 영토는 온조왕 13년인 기원전 5년에 "북쪽은 패하(浿河)에 이르고, 남쪽은 웅천(熊川)을 경계로 삼고 서쪽은 큰 바다에 닿고, 동쪽은 주양(走壤)에 이르렀다." 전해진다.[4] 당시의 경계가 오늘날로 보면 어디까지인지 학설이 분분하다. 패하는 예성강 또는 대동강, 웅천은 안성천 또는 금강, 주양은 춘천 또는 평강으로 여겨지고 있다. 대체로 이 때 확정된 백제의 영역은 지금의 서울 송파 일대를 중심으로 경기도와 황해도, 강원도와 충청도 일부까지 포함한다.

한편 인천에서 미추홀의 근거지는 문학산 일대로 지목되고 있다. 특히 문학산 정상부에 축조된 둘레 587m의 문학산성을 비류의 성(城)이라고도 한다. 그러나 지금까지 문학산 일대에는 몇몇 전승 유적을

1) 『三國史記』 23 百濟本紀 1, 溫祚王 1.
2) 『三國史記』 35 雜誌 4, 地理 2.
3) 정재윤, 「미추홀의 위치에 대한 재검토」, 『박물관지』 4, 2002, 인하대학교박물관, 66쪽.
4) 『三國史記』 23 百濟本紀 1, 溫祚王 13.

제외하고 미추홀의 존재를 입증할 만한 자료는 확인되지 않는다.

문헌 기록 그대로 보면 기원 전후 인천은 분명 백제의 영역이었다. 그런데 『삼국사기』 초기 기록을 당대의 사실로 이해하기도 하지만 그렇지 않은 시각도 있다. 후대의 일을 소급하여 기록했다고 보는 것이다. 그래서 온조왕 13년의 백제 영역은 3세기 중·후반 또는 4세기 중·후반의 성과로 파악한다. 이는 백제가 소국을 벗어나 국가 단계에 접어든 시기를 3세기 중·후엽으로 보는 것과 관련이 있다.[5)]

고대국가의 성립을 나타내는 물질 자료 가운데 대표적인 것이 성곽이다. 성곽 건설은 대규모 인력과 물자 투입이 필요하며 따라서 고도의 복합 사회에서만 가능한 사업이기 때문이다.[6)] 둘레 3.5km의 풍납토성은 3세기 중엽, 기존 방어 시설인 환호(環濠) 바깥으로 새로 성벽을 쌓은 것으로 파악되고 있다. 성벽 건설에는 연인원 약 200만 명이 동원되었을 것으로 추정되는데,[7)] 이는 당시 백제가 방대한 인력과 물자를 통제할 수 있는 권력이 있었다는 것을 의미한다. 그렇다면 백제가 고대 국가의 기틀을 마련하기 이전 인천 지역에는 어떤 세력이 있었을까?

한반도 중·남부에는 기원전 3~2세기 무렵 대륙으로부터 철기 문화가 한반도에 유입되면서 삼한(三韓)이라는 정치체가 형성되기 시작했다. 마한과 변한, 진한이 그것이다. 이중 마한은 오늘날 경기, 충청, 전라 지역, 진한과 변한은 한반도 동남부, 즉 경상도 일대에 자리한

5) 박순발, 「유물상으로 본 백제의 영역화 과정」, 『백제 마한과 하나 되다』, 2013, 한성백제박물관, 128~129쪽.

6) 한국고고학회, 『국가형성의 고고학』, 2008.

7) 한성백제박물관, 『백제 마한과 하나 되다』, 2013, 50쪽.

것으로 추정된다. 중국『삼국지』위서 동이전에 의하면 마한은 50여 개의 소국으로 구성되어 있었고 백제도 그 가운데 하나였다.[8)]

백제는 마한을 자신의 영역으로 만들어 가면서 점차 성장하는 것으로 이해된다. 대체로 4세기 중·후반 오늘날 경기·충청 일대는 백제의 영역이 되었지만, 한반도 서남부 지역은 6세기 초까지 마한의 문화가 존재하고 있었던 것으로 파악된다. 이렇게 보면 오늘날 인천 서해안 지역은 마한(馬韓)의 영역에 해당된다. 마한의 소국 가운데 우휴모탁국(優休牟涿國)이나[9)] 신분고국(臣濆沽國)이 있었다고 보기도 한다.[10)] 인천 지역이 언제 백제의 직접적인 영향권에 들었는지는 구체적으로 알 수 없지만 한성백제의 영향 아래 있었을 것으로 여겨진다. 한성백제는 건국이후부터 475년 고구려 장수왕의 남하로 도읍을 빼앗기고 웅진(공주)으로 천도할 때까지의 시기를 의미한다.

고고학적으로 백제의 영역을 확인 수 있는 증거는 한성백제 양식의 토기, 중국제 자기나 금동관, 금동신발, 금귀고리, 장식 고리자루칼 등의 위세품(威勢品) 그리고 분묘와 성곽 등이 있다.[11)] 세발토기(삼족기), 곧은입둥근밑항아리(직구단경호), 굽다리접시(고배)와 같은 한성 백제의 그릇이 확인된 지역은 백제의 지배아래 있다고 보는 것이며, 직접 유입은 아니더라도 형태와 제작 기술의 영향을 받은 토기가 발견되는 경우도 그 지역에 백제의 영향력이 미쳤다고 여긴다. 위세품은 백제가 지역 수장들에게 내려준 사치품으로 그들의 협조를

---

8) 『三國志』 30 「魏書」 30 東夷傳 韓.
9) 박순발, 앞의 글. 2013, 126쪽.
10) 김길식, 「원삼국~백제초기 한강하류 지역집단의 성격」, 『김포 정명 1260년, 기원을 말하다』, 김포문화원 학술대회자료집, 2017, 32쪽.
11) 한성백제박물관, 앞의 책, 2013.

통해 주요 지방 거점을 간접 지배 했다는 증거가 된다. 토착 무덤에는 없는 형태인 돌방무덤이나 돌덧널무덤 등의 무덤이나 성곽의 분포도 백제의 영역을 보여주는 표지다. 그러나 현재까지 인천 지역에서 이러한 흔적은 확연하지 않다. 지리적으로 한성에 인접해 있어 직접적인 영향권에 있을 것으로 생각되지만 지금까지는 오히려 마한의 흔적이 더 뚜렷한 모습이다.

최근 강화도와 영종도 등 도서 지역과 동양동, 구월동, 연희동 등 인천 서구·남동구 일대의 내륙에서 마한의 전통에 속하는 집자리와 무덤, 패총이 발견되었다. 인근 운양동, 양곡 등 김포 지역에서도 이와 시기와 고고학적 양상이 같은 유적이 확인된다. 지금까지 인천 서해안 일대에서 확인된 마한 유적은 빠르게는 기원 전후에 해당하는 경우도 있지만 대략 기원후 2~4세기에 형성된 것으로 파악된다. 이 시기는 원삼국(原三國)시대로 불린다. 『삼국사기』에 의하면 이 때는 이미 고구려, 백제, 신라가 고대 국가로 형성된 뒤지만 실제로는 본격적인 국가 성립 이전의 시기로 인식된다. 원삼국시대는 이처럼 본격적으로 삼국이 정립하기 전 단계를 의미하는 시대 개념으로 이에 대한 논란이 오래 전부터 있어왔다. 어쨌든 문헌으로 보면 인천·김포 지역은 일찍부터 백제에 통합되는 것으로 이해되지만, 최근의 고고학적 자료는 한성백제기 인천 서해안 일대에서 상당 기간 마한의 문화가 단절되지 않고 유지되는 것으로 나타난다.[12] 성남, 화성, 의왕, 고양 등 인접 지역에서는 한성백제의 영향이 확인되는 것과 대조적이다. 이러한 고고학적 양상이 단순히 조사의 한계에 따른 것인지

---

12) 김기옥, 「원삼국~삼국시대 분묘유적의 조사현황과 성격」, 『인천, 마한과 만나다』, 검단선사박물관, 2014, 175쪽.

아니면 실제 이 일대에 오랫동안 유력한 재지 세력이 유지되었기 때문인지 혹은 백제의 직·간접적인 지배에도 불구하고 문화적 전통이 남아있었던 것인지 분명치 않다. 한성백제기 인천 서해안 일대에 존재했던 정치체의 실체와 백제 중앙과의 역학 관계를 보다 자세히 파악하기 위해서는 시간이 필요해 보인다.

2) 인천 서해안의 마한

근래 김포를 포함한 인천 서해안 일대에서 발견된 원삼국시대 유적은 10여 개소다. 인천 지역에서는 영종도 운서동, 운북동, 운남동, 중산동유적, 서구 불로동과 연희동, 동양동유적, 장금도 패총과 남동구 구월동유적, 강화 대룡리패총 등이 조사되었다. 김포 지역에서는 운양동, 양촌, 양곡동, 구래동, 학운리유적 등이 확인되었다. 유적은 주로 영종도와 문학산, 계양산, 가현산 일대에 집중되어 있다. 이중 인천과 김포의 경계에 자리한 가현산 일대에 가장 많은 유적이 자리하며 다음으로 영종도와 계양산 일대에 유적이 많고, 문학산 일대에는 구월동유적 뿐이다. 지금까지 확인된 유적 분포로 보면 인천 서해안 일대에서 마한 집단의 거점은 인천 남부 내륙보다는 영종도와 가현산, 계양산 등 인천 북부·김포 남부지역이다. 이는 뒤에서 살펴볼 지역별 유적 규모와 출토 양상과도 부합된다.

한편 원삼국시대 유적이 확인된 지역에는 대개 이보다 앞선 시기의 유적이 분포한다. 가현산 일대에는 대곡동과 김포 마산리 등에 100여기의 고인돌이 분포하며[13] 문학산 일대에는 10여기의 고인돌

13) 경기도박물관, 앞의 책.

검암동유적 출토유물

이 있었다. 계양산 주변에도 크고 작은 청동기시대 집자리 유적이 있다. 검암동과 운양동에서는 세형동검과 점토대토기가 출토되는 초기철기시대 토광묘도 조사되었다. 초기철시시대는 기원전 300년경부터 기원전후 까지 기존의 청동기문화가 새로이 유입된 철기문화와 교체되면서 공존하는 시기를 의미한다.[14] 이렇게 볼 때 마한 세력은 어느 날 갑자기 나타난 것이 아니라 청동기~초기철기시대에 걸쳐 지역에 자리했던 토착 집단을 배경으로 성장했음을 알 수 있다.

지금까지 인천 서해안 일대에서 확인된 원삼국시대 유적은 분묘와 집자리, 패총 등 생활유적이다. 여기서 특징적인 것은 분구묘라는 독특한 모습의 무덤이다. 분구묘(墳丘墓)는 무덤 둘레에 방형이나 원형 또는 'ㄷ' 등 일정한 형태의 도랑(周溝)을 설치한 고대 무덤의 한 종류다. 도랑을 파면서 나온 흙을 가운데에 쌓은 뒤 시신을 안치한 목관이나 목곽을 그 안에 설치한다. 따라서 시신은 땅 밑이 아니라 지상에 놓이게 된다. 분구묘는 인천·경기 서해안과 충청·전라 해안 지역에 주로 분포하며 한반도 중서부와 남서부 지역에 자리했던 마한의 무덤으로 파악되고 있다. 한편 같은 마한의 영역이라도 경기·충청 내륙지역에는 분구묘와 비슷한 모습의 주구(周溝)토광묘가 주로 분포한다. 분구묘는 시신이 지상에 안치되지만 주구토광묘는 지하에 위치한다.

인하대박물관, 앞의 책, 2006.

14) 국립문화재연구소, 앞의 책, 2001.

2호 분구묘

4호 분구묘

출토 토기류

출토 철기류

연희동유적 분구묘와 출토유물(서경문화재연구원)

그래서 분구묘는 오랜 세월 쌓은 흙이 깎이면서 매장부가 없어지고 주위에 도랑만 남는 경우가 많다. 분구묘의 매장부 내·외부와 도랑에서 토기와 구슬, 철제유물 등이 출토된다.

인천 서해안 일대에서는 북부 내륙 지역에서 대규모 분묘 유적이 확인된다. 서구 연희동유적에서 58기, 김포 운양동과 양촌에는 각각 32기가 조사되었다. 인천 남부 내륙의 구월동유적에서도 13기가 확인되었고 영종도 운서동과 운남동에서도 분구묘가 조사되었지만 규모는 북부 지역에 미치지 못한다. 앞으로 조사에 따라 상황이 변할 수 있지만 현재로서는 분묘군의 규모와 유적 분포 양상으로 볼 때 인천 북부와 김포 남부지역이 마한 세력의 거점지역이었을 가능성이

고사리문양 꾸미개 고리자루 칼과 창

운서동유적 출토 무기(중앙문화재연구원)

커 보인다.

이 일대에서 조사된 분구묘의 크기는 도랑을 기준으로 큰 것은 한 변이 18m에 달하는 것에서부터 작게는 4~5m로 다양하다. 한편 분구묘에서는 고리자루칼(환두대도)과 창, 화살촉, 낫 등 철제 무기류가 많이 출토되는 점이 특징이다. 출토 무기는 대략 2세기 중·후반~3세기 중반으로 편년되며, 그에 따라 인천 서해안 일대 분구묘는 2세기 중·후반부터 조성되기 시작했던 것으로 여겨진다.[15] 그런데 여기서 출토된 무기는 자체 생산품이 아니라 한반도 동남쪽 진·변한 계통의 무기로 파악되어 주목된다. 영종도 운서동 분구묘에서 한반도 동남쪽에서 주로 확인되는 고사리문양의 철기 장식이 출토된 것도 이와 관련이 있다. 이는 기본적으로 인천 서해안 지역의 마한 세력이 한반도 남부지역과 관계 망을 가지고 있었다는 증거다. 하지만 진·변한 철제 무기가 이 지역에 대량 유입된 것이 단순히 교류의 결과로만 보기는 어렵다는 시각이 있다. 이 지역에서 분구묘가 조성되던 3세기 전·중엽은 백제를 포함한 마한과 북쪽에 자리한 낙랑·대방 사이에 긴장이 고조되던 시기인데[16], 철제 무기의 유입이 이러한 시대적 상

15) 중앙문화재연구원, 앞의 책, 2011.

황과 관련이 있다는 것이다. 다시 말해 당시 강력한 세력의 위협에 위기감에 빠져 있었던 삼한사회는 이에 대한 대비책으로 전방에 해당하는 인천 서해안 지역의 세력에게 무기를 공급했고, 이러한 사실이 무덤 부장품에 반영되었다는 것이다.[17]

인천 서해안 지역 분구묘는 2세기 중엽부터 4세기까지 지속적으로 조성된 것으로 파악된다. 특히 3세기 무렵 가장 활발하게 조성되다가 3세기 후반부터 점차 감소하는 데, 이는 한성백제가 이 지역에 직·간접적인 영향력을 행사하기 시작한 결과로 여겨지고 있다.

생활유적은 집자리와 수혈(구덩유구), 토기·기와 가마, 패총 등이 있다. 인천 지역에서는 영종도 운복동과 중산동, 운남동, 운서동유적과 서구 불로동, 동양동, 연희동에서, 김포 지역에서는 학운리와 양곡, 운양동, 구래동유적에서 집자리가 확인되었다. 유적마다 집자리 수는 김포 양촌유적과 구월동유적을 제외하고 대부분 5~6기 이하다. 집자리 형태는 다양한데 모서리가 둥근 방형이나 방형이 가장 많다. 난방 시설로는 수혈식 노지가 주로 사용되었고 부뚜막도 일부 발견되었다. 서구 연희동유적에는 지상식 건물도 확인된다.

가마는 인천 불로동과 김포 학운리에서 조사되었다. 이 가운데 불로동유적 가마는 길이 약 9m의 대형으로 토기와 기와를 동시에 제작했던 것으로 추정된다. 시기는 3~4세기대로 편년된다.[18]

패총 유적은 영종도 운남동패총과 교동 대룡리패총, 장금도패총, 시도 패총 등이 있다. 이 가운데 운남동패총은 패총 6개소와 집자리

---

16) 『三國志』 30 魏書 東夷傳 韓.

17) 김길식, 앞의 글, 34~37쪽.

18) 한국문화재보호재단, 앞의 책, 2007a.

불로동유적 가마 (한국문화재재단)

와 수혈, 기둥 구멍, 토광묘 등이 함께 확인되었다. 운남동패총은 일반적으로 패총에서 많이 보이는 굴보다 가리맛조개가 다수 발견되는 점이 특징이다. 패각층에서는 심발형토기, 옹형토기, 장란형토기, 기대형토기 등 토기류와 오수전(五銖錢)과 철경동촉(鐵莖銅鏃) 등 철기가 출토되었다. 아울러 사슴뼈나 돼지뼈 일부를 점을 치는데 사용한 복골(卜骨)의 흔적도 확인되었다. 운남동 패총은 다양한 패류가 확인되는 것으로 보아 오랫동안 정착을 했던 흔적으로 보이는데, 대략 3~4세기 전반기에 형성된 것으로 파악된다.[19]

지금까지 조사된 원삼국시대 인천 서해안 지역의 생활유적은 대부분 3~4세기에 해당한다.[20] 가장 이른 시기의 유적은 영종도 운북동

19) 한국고고환경연구소, 『인천 운남동 패총』, 2012.

20) 서현주, 「인천·김포지역 원삼국시대 생활유적의 조사현황과 성격」, 『인천,마한과 만

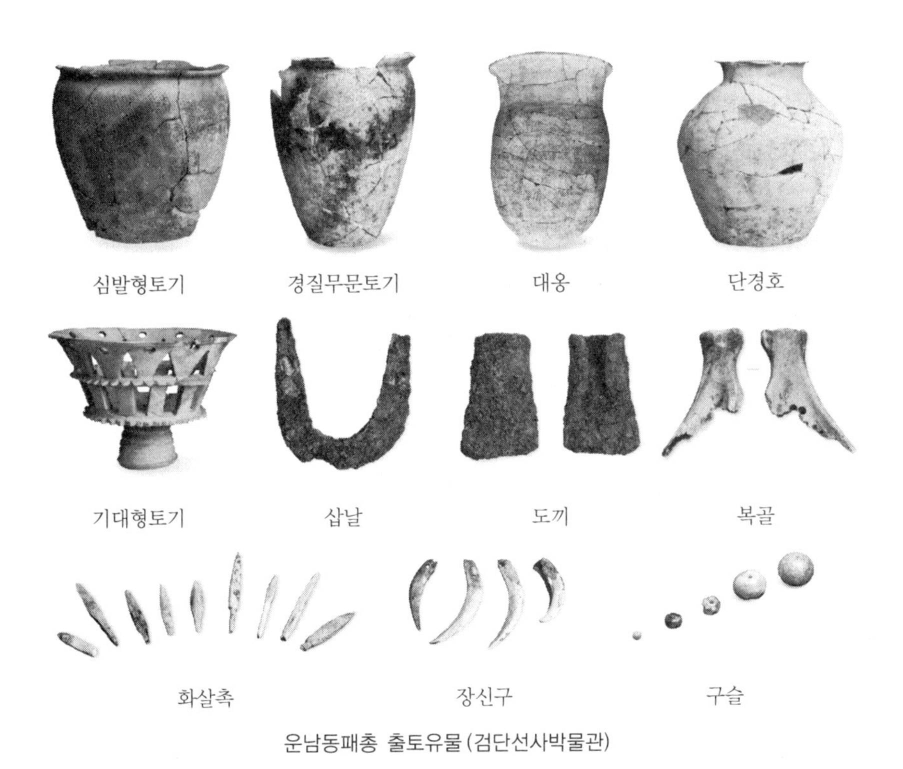

운남동패총 출토유물(검단선사박물관)

유적으로 기원전 1세기에서 기원후 1세기 사이에 사용되었다. 집자리 2기와 수혈유구 8기가 조사되었는데 이 중 1호 집자리에서 화분형토기와 항아리형토기 등 외래 토기가 출토되었고 2호 집자리에서는 중국 한나라 동전인 오수전과 중국에서 주로 사용되던 화살촉인 철경동촉이 발견되어 주목된다. 오수전은 한(漢) 무제(武帝) 때인 기원전 118년에 처음 주조되어 수대(隋代)까지 사용된 동전으로 무게가 오수, 즉 3.5g이라서 붙여진 이름이다.[21] 운북동유적에서 꾸러미로

나다』, 검단선사박물관, 2014, 149쪽.

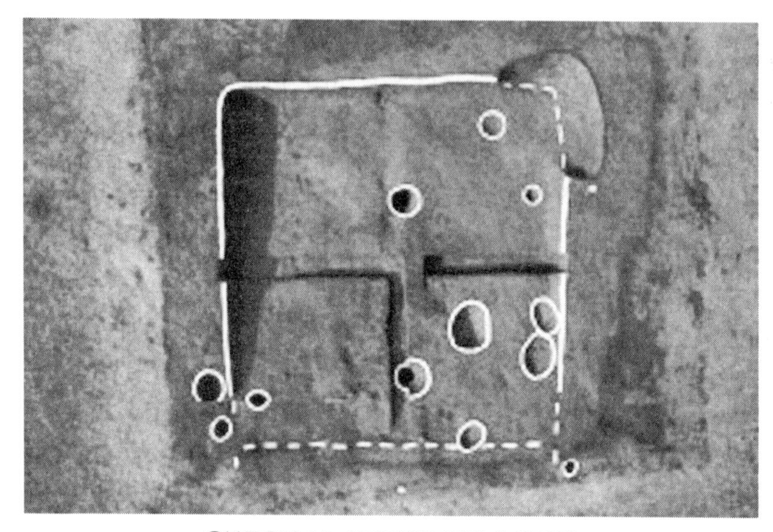

운북동유적 2호 집자리 (한강문화재 연구원)

출토된 오수전은 한나라때 제작·사용된 것으로 파악된다. 한편 오수전과 같이 출토된 철경동촉은 전국시대부터 한대(漢代)까지 성행한 화살촉이다. 촉은 청동으로 제작되었으나 화살대에 결합하는 부위인 슴베는 쇠로 되어 있는 것이 특징이다. 함께 출토된 화분형토기와 항아리형토기도 국산품이 아니라 중국 또는 낙랑에서 전래된 기술이 적용되거나 혹은 직접 수입된 것으로 여겨진다. 오수전과 철경동촉, 외래 토기가 출토되는 양상으로 미루어 볼 때 운북동유적은 낙랑 주민 또는 중국 한인이 교류를 위해 영종도에 머물렀던 흔적으로 추정되고 있다. 운북동유적이 조성된 때는 문헌 기록상 삼한과 낙랑의 교섭이 집중된 시기에 해당하기 때문에 당시 교류 관계에서 생겨난 유적일 가능성이 높다.[22]

---

21) 국립문화재연구소, 앞의 책, 2001.

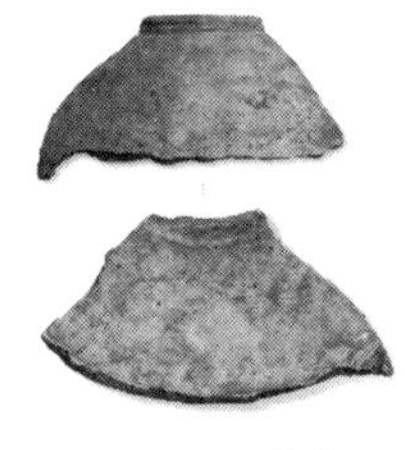

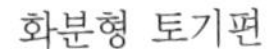

화분형 토기편　　오수전　　철경동촉

운북동유적 출토 외래 유물

영종도는 한반도 서해안의 중심에 위치하며 한강 하구를 통해 내륙 깊숙한 곳까지 연결될 수 있는 지리적 요충지다. 그래서 오래 전부터 중국에서 한반도를 거쳐 일본까지 오가는 연안항로의 거점 가운데 하나로, 서해 뱃길을 따라 오르내리자면 꼭 거쳐야만 하는 장소였다. 해상 교통로에서 영종도의 중요성은 고대는 물론 중세 이후에도 변함이 없었다. 12세기 송나라의 사신 서긍(徐兢)이 고려에 사신으로 가기 위해 중국 양자강 하구에서 출발해 서해를 가로질러 흑산도에 도달한 뒤 연안을 따라 개경까지 올라갔다. 서긍이 여행했던 이 뱃길은 남선항로(南線航路)라 불리는 고려시대 중국을 잇는 항로 가운데 하나였다. 사신 일행은 흑산도에 도착에 고려 영내에 들어온 뒤 군산의 고군산도와 태안의 마도를 들른 뒤 영종도에 정박했다.[23] 고려시대 서·남해를 따라 세곡을 싣고 개경으로 오는 조운선도 이곳을 지나치지 않을 수 없었고 조선시대에도 마찬가지였다. 영종도가 교류와 물류의 중심지였던 것이다. 운남동유적에서 오수전과 철경동촉

22) 서현주, 앞의 글, 150쪽.

23) 『宣和奉使高麗圖經』.

이 출토된 것을 보아도 영종도가 원삼국시대 삼한과 중국, 여타 지역과 교섭의 거점 가운데 하나였음을 알 수 있다.

시간이 많이 흐른 뒤의 일이지만 송나라 서긍은 『고려도경』에 사신으로 고려 개경으로 향하다 잠시 머문 영종도를 "제비가 많이 날아다녀 자연도(紫燕島)라 불린다."라고 기록했다. 지금은 900여 년 전 하늘을 날아 다녔던 제비 대신 하루 수 백 대의 비행기가 뜨고 내리고 있다. 운북동유적과 운남동패총 등 2,000년 전 유적에서 보았듯이 과거 배를 타고 중국을 왕래하거나 서해 바다를 오르내리자면 꼭 거쳐야만 하는 곳이 영종도였다. 오늘날 국제공항이 들어서면서 국내·외를 오가기 위해서는 반드시 들러야만 하는 섬이 된 것은 우연만은 아닌 것이다.

한편 운남동패총에서는 한성백제 양식 그릇인 세발토기(삼족기)와 굽다리 접시편, 흑색마연토기 등 한성백제의 영향도 확인된다. 불로동과 구월동, 동양동유적에서도 한성백제의 집자리와 무덤이 나타나는 것으로 보아 아마도 4세기 무렵 인천 서해안 일대는 한성 백제의 직·간접적인 영역에 포함되었던 것으로 보인다. 앞서 마한의 무덤인 분구묘가 이즈음 감소하기 시작하는 것과 같은 맥락이다.

이쯤에서 미추홀의 실체가 다시 궁금해진다. 비류가 미추홀에 갔다가 한성으로 돌아갔다는 설화는 인천 서해안 일대에 오랫동안 한성백제의 흔적이 뚜렷하지 않은 것과 혹시 관련이 있는지 모르겠다. 많은 고민이 필요하다.

3) 산성에 담긴 인천

고대 한반도의 시간을 담고 있는 유적 가운데 성곽이 상당수를 차지한다. 성곽에는 여러 종류가 있지만 그 가운데 산성이 압도적이다. 영토의 대부분이 산악 지형인데다가 잦은 외침으로 유사시 방어와 대피에 효율적이었기 때문이다. 우리나라는 동아시아에서 산성이 가장 발달해 산성의 나라로 불리기도 한다. 산성은 삼국시대부터 통일신라시대에 많이 축조했다. 물론 그 이후에도 건설되기는 했지만 옛 산성을 고쳐 쓰는 예가 많았다. 고대 산성은 삼국 간 영역 다툼의 중심에 있었고, 외세의 침입 시 방어의 거점으로 이용되었다. 산성은 기본적으로 군사 시설이지만 다른 정보도 많이 담겨 있다. 모두 그런 것은 아니지만 고려시대까지 산성은 지방 행정의 중심지인 치소(治所)이기도 했다. 규모가 작은 성은 주변에 촌락이 있었지만 큰 성에는 성 안에 관아와 취락이 존재했다. 그래서 산성은 군사적 의미는 물론 당시의 지방 사회를 이해하는데 중요한 자료가 된다.

인천 서해안 일대에도 여러 산성이 있다. 이 지역은 산세가 그다지 발달한 곳은 아니다. 경기도 안성 칠장산에서 김포 문수산까지 이어지는 한남정맥(漢南正脈)이 해안을 따라 이어지지만 크고 높은 산은 거의 없다. 대부분 낮고 완만한 구릉성 산지로 해발고도 100~300m 내외가 보통이다. 그러나 주변이 해안과 넓은 평지로 이루어져 있기 때문에 낮은 산이라도 상대적으로 주위를 잘 조망할 수 있어 방어와 공격에 유리하여 산성이 들어서기에 크게 부족함은 없다. 인천 서해안 일대의 산성은 10여 개소에 달한다. 인천에는 문학산성과 계양산성이 있고 북쪽 김포 일대에 동성산성, 수안산성, 북성산성이 있다.[24] 바다 건너 강화에도 하음산성, 고려산성, 정족산성, 화개산성 등이 자리한다.[25] 이 가운데 규모가 가장 큰 것은 둘레 2,300m의 정족산성이다. 다음으로 교동 화개산성과 계양산성이 각각 1,100m 정도의 대형 산성이며, 둘레 792m의 북성산성을 제외한 나머지 산성은 600m 이하의 소규모 산성이다. 이 지역 산성은 대부분 돌로 쌓았다.

산성이 어떤 기능을 했는지 알기 위해서는 먼저 누가 처음 쌓았는지 밝혀야 하고, 언제 사용되었는지를 알아야 한다. 그러기 위해서는 발굴이 이루어져야 하는데 지금까지 이 일대에서 발굴된 산성은 계양산성과 수안산성 정도다. 지표조사 수준에서 파악된 바로는 인천 서해안 일대의 산성들은 삼국~통일신라시대에 쌓았던 것으로 추정된다. 산성의 기능은 인천 · 김포 연안을 한 눈에 볼 수 있는 지점에 위치해 한강 수로와 중국을 잇는 뱃길의 안전 확보와 연관이 있을 것으로 보고 있다.[26]

강화를 포함한 인천 지역의 산성 가운데 문학산성과 계양산성이 주목을 받는다. 문학산성은 미추홀과 관련된 유적으로 인식되고 있고, 계양산성은 인천 내륙에서 가장 규모가 큰 산성이면서 삼국시대부터 오늘날 부평, 계양, 서구 일대의 군사·행정의 중심지 였던 것으로 이해되고 있다. 문학산성과 계양산성은 주변에 분포하는 다양한 유적군과 함께 고대 인천 지역을 이해하는 중요한 자료가 된다.

---

24) 경기도박물관, 앞의 책.

25) 육군박물관, 『강화도의 국방유적』, 2000.
인천시립박물관, 『강화의 국방유적』, 2011.

26) 백종오, 「인천연안의 고대성곽에 대하여」, 『문화사학』 27호, 2007, 164~165쪽.

문학산성 전경(인천시립박물관)

문학산성은 해발 217m 문학산 정상부에 쌓은 석축 산성이다. 둘레 587m로 비교적 작은 규모인 이 산성은 정확히 언제 쌓았고 사용되었는지 아직까지 명확하지 않다.[27] 다만 조선 전기 읍지에 고성(古城)으로 표시되면서 16세기 무렵엔 산성의 기능을 잃어버린 것으로 보인다.[28] 그런데 18세기 중엽 『동사강목』과 『여지도서』에 문학산성이 미추홀의 도읍 혹은 성(城)이라는 기록이 등장하면서 위상이 갑작스레 높아진다. 문학산성을 미추홀의 성이라 본 것은 그리 오래되지 않은 일인 것이다. 이러한 인식은 산성 안의 우물을 비류정(沸流井)이라 부르거나 문학산 정상에 미추왕릉(彌鄒王陵)이 있다는 기록처럼 확대·재생산된다.[29] 18세기에 들어 갑작스레 문학산성이 미추홀의

27) 인천시립박물관, 『문학산성 정밀지표조사보고서』, 2017.

28) 『新增東國輿地勝覽』 古蹟.

문학산성 북벽 및 옛 동문 모습

왕성으로 인식되기 시작한 것은 구체적인 근거에 의하기 보다는 양란이후 흔들린 조선의 정체성을 한반도 고대사에서 찾으려했던 당시의 시대적 사조와 관련 있어 보인다. 어쨌든 문학산성은 인천시 기념물 제1호로 지정될 만큼 지역에서는 의미가 적지 않다. 산성이 자리한 문학산은 지역의 상징이면서 일명 '배꼽산'이라고도 불리울 만큼 인천 사람들에게 마음의 고향이기도 하다.

미추홀은 실체가 아직 분명하지 않거니와, 문학산성을 백제와 연결할 수 있는 흔적도 잘 보이지 않는다. 문학산성은 최근 지표조사만 이루어진 상태라 축조 시점과 사용 시기를 구체적으로 알기는 어렵다. 게다가 1960년대부터 최근까지 약 50여 년 간 군부대가 산 정상에 자리 잡으면서 군 시설물 설치로 지형이 많이 변했고, 80년대에는 산사태로 성벽이 상당 구간 유실되면서 성 안팎이 훼손되었다. 1997년 산성에 대한 실측조사가 실시된 바 있었지만 문학산 정상부는 군 통제

29)『京畿誌』仁川府邑誌 冢墓.

구역으로 여전히 출입이 자유롭지 못해 추가 조사도 이루어지지 못했다. 그러는 동안 몇해 전 산성 남벽과 동벽 구간이 발굴조사 없이 '복원' 되는 등 시간이 갈수록 원형을 찾기 어려워지는 상황에 놓여 있다. 광복 직후만 해도 성내에 봉수대와 건물터, 우물터, 동문터가 남아 있었다고 하나[30] 현재는 흔적을 찾을 수 없다.

지금까지의 자료에 의하면 문학산성은 삼국시대에 축조되어 통일신라시대에 주로 사용된 것으로 보인다. 성벽은 치석된 장방형 석재를 이용해 아래와 위가 '품(品)'자를 이루게 쌓았다. 석재의 구성은 장방형의 성돌과 이보다 두께가 얇은 세장방형 석재를 혼용하여 축조하였다.[31] 이러한 축조 방식이 다른 삼국시대 산성에서도 확인되는 것으로 보아 문학산성도 삼국시대에 처음 쌓았을 가능성이 있다.[32] 한편 산성 안팎에서 출토된 기와와 토기의 편년은 삼국시대부터 조선시대까지 다양하나 통일신라시대의 비율이 압도적이다. 이르게는 6세기 후반에서 7세기에 해당하는 신라토기도 발견된다. 출토유물의 시기로 보면 문학산성은 6세기 중엽 이후부터 시작해 통일신라시대에 주로 활용되었다. 통일신라시대 이후 산성이 활용된 흔적은 뚜렷하지 않다. 다만 『세종실록』 지리지 기록으로 볼 때 조선 초까지는 산성으로서 생명을 유지하고 있었던 것을 보면 고려시대에는 산성의 역할을 했던 것으로 생각된다. 16세기 무렵 문학산성은 폐성된 뒤 임진왜란 때 성벽을 수축하여 성곽의 기능을 잠시 수행 했지만 다시 고적화한 것으로 보인다. 19세기 말 조선이 외세의 침입에 대응

---

30) 이경성, 『인천고적조사보고』, 배성수 엮음, 인천문화재단, 2012, 44~48쪽.
31) 인천시립박물관, 앞의 책, 2017.
32) 백종오, 앞의 글, 177~178쪽.

하는 과정에서 문학산성의 전략적 가치가 다시 인식되기도 하였지만[33] 역할은 하지 못했다. 한편 문학산 일대 여러 곳에서 백제토기편이 채집되고,[34] 앞서 본 인근 구월동에서 마한과 백제의 집자리와 무덤이 조사된 것을 보면[35]백제가 산성을 쌓았을 가능성을 배제할 수 없다. 어쨌든 고대 산성이 지방 치소의 기능을 수행했던 점을 감안하면 문학산성은 통일신라시대 인천지역 군현이었던 소성현(邵城縣)과 관련되었을 개연성이 있다.

산성은 군사와 행정의 중심이기도 했지만 한편으로 제의의 공간이기도 했다. 산성은 각 고을의 중요한 산에 자리하면서 그 자체가 숭배의 대상이 되기도 하였다. 고을과 나라의 풍요와 안녕을 위해 산천에 제사를 지낸 흔적이 고대 산성에 남아있는 이유다. 의례를 위해 특별한 건물이나 제단을 세우기도 하지만 성내 물 확보를 위해 만든 집수지(集水池)가 공간으로 많이 활용되었다.[36] 집수지 물속에 토기나 농기구, 가위 등을 깨뜨려 넣으면서 간절한 기원을 했던 것이다.

문학산성은 현재 성내에서 제의의 흔적을 확인할 길은 없으나 광복 직후까지 산성 내에 있었다는 건물터가 주목된다. 안관당이라는 이름으로 전해지는 건물은 임진왜란당시 인천부사였던 김민선을 기리는 사당이라고 알려져 있지만[37] 아마도 산천에 제사를 지냈던 제의 공간이었던 것으로 생각된다. 그런데 최근 산성 밖에서 제의 유적

---

33) 『邵城陣中日誌』

34) 인천시립박물관, 『인천남부종합학술조사』, 2003.

35) 한강문화재연구원, 앞의 책, 2014.

36) 정의도, 「祭場으로서 고대산성연구」, 『한국성곽학회 초대회장 심봉근박사 퇴임기념논총』, 한국성곽학회, 2010, 169~171쪽.

37) 이경성, 앞의 책, 2012, 48쪽.

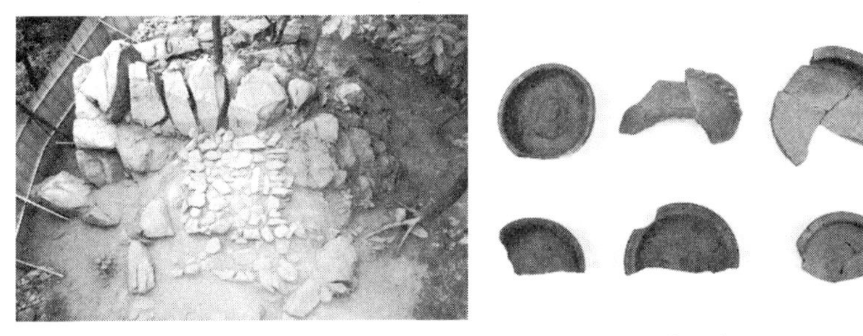

문학산 제의유적 및 출토 토기(한국고고인류연구소)

이 확인되었다. 산성에서 서쪽으로 150m 떨어진 자연 암반 주위에 제단을 설치하고 기와를 얹은 건물을 지었던 흔적이 조사되었다. 출토 기와와 토기로 보아 유적은 7~9세기에 주로 사용되었고 고려시대인 10~12세까지 이용된 것으로 추정된다. 바위는 선사시대부터 신앙의 대상이었는데 실제로 유적에서 청동기시대 화살촉이 출토되어 선사시대부터 제의 행위가 있었던 것으로 밝혀졌다. 그러나 여기서 어떤 제사가 이루어졌는지는 분명치 않다. 다만 제의가 보통 그렇듯이 풍요와 안전을 비는 의례도 있었을 것이다. 특히 이곳이 한강 유역에서 인천 지역을 통해 서해 바다로 이어지는 길목임을 감안할 때 바닷길의 안전과 관련한 기원이 이루어졌을 수 있다.[38] 문학산 제의 유적은 산성이 주로 사용된 시기와 일치하기 때문에 산성과 직접적으로 관련된 시설일 가능성이 높아 보인다.

계양산성은 해발 395m 계양산 정상의 동쪽에 있는 해발 202m의 작은 봉우리 일대에 돌로 쌓은 산성이다. 둘레 1,184m로 강화를 제외한 인천 서해안 일대에서 가장 규모가 크고 높은 곳에 위치한다.

---

38) 한국고고인류연구소, 『인천 문학산성 주변 유적 발굴조사 약식보고서』, 2016.

계양산성 전경

북문지

치성

계양산성(계양구청)

성의 평면형태는 불규칙한 장타원형이며 서쪽이 높고 동쪽이 낮다. 계양산성에는 동문과 북문, 서문 등 문지 3개소가 있는 것으로 파악되며 치(雉) 9개소가 확인된다. 인근 문학산성과는 대조적으로 지금까지 9차례에 걸쳐 발굴조사가 이루어졌다. 북문지와 서벽과 동벽, 치성이 조사되었고 성 내에서 10여 개소 이상의 건물터와 물을 저장하는 집수지 3곳이 확인되었다. 발굴을 통해 계양산성이 삼국시대부

계양산성 서벽

터 조선시대까지 사용된 것으로 드러났다.

일찍이 조선후기부터 삼국시대에 쌓은 것으로 인식되었던 계양산성은[39] 여러 차례의 발굴에도 언제 쌓았는지 확실하게 밝혀지지는 않았다. 삼국시대부터 고려 초까지 산성이 사용된 것은 확인되었지만 처음 누가 언제 쌓았는지에 대해서는 논란이 있다. 산성은 요충지에 자리하기 때문에 시대가 바뀌어도 전략적 중요성은 유지되는 경우가 많다. 또, 많은 노동력이 동원된 거대한 구조물이기 때문에 새로 쌓기 보다는 후대에 고쳐 사용하는 경우가 많아 정확한 축조 시기를 밝히기 쉽지 않다. 계양산성 초축 주체와 시기는 백제가 5세기 무렵 쌓은 것으로 보는 견해와 6세기 후반 신라가 한강유역을 점령 한 뒤 건설한 것으로 보는 시각이 있다. 백제로 보는 데는 집수지에서 출토된 백제 둥근밑항아리와 논어가 적힌 목간이 중요한 근거가 된

39) 『東國輿地志』 富平都護府 古蹟.

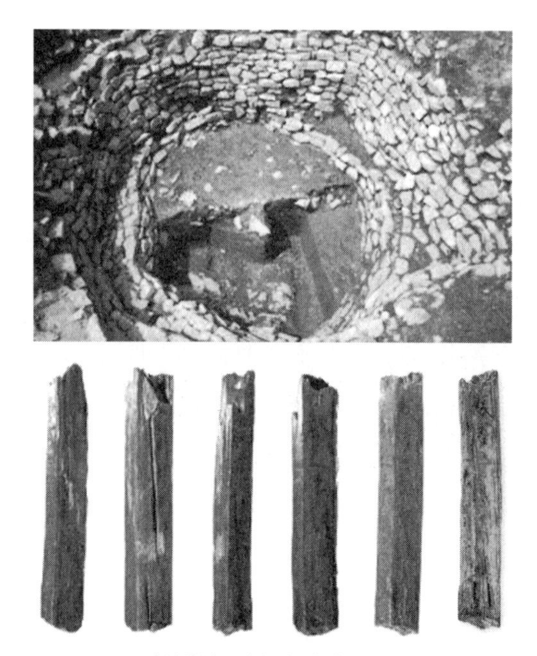

계양산성 1집수지 및 출토목간

다.[40] 반면 신라 성으로 보는 근거는 계양산성에서 신라 산성의 전형적인 구조인 성벽 중간에 성문을 설치한 현문(懸門) 구조와 성벽 하단 붕괴를 방지하기 위해 설치한 보축(補築) 그리고 6~7세기 신라 토기와 기와가 주로 출토되는 점이다.[41] 계양산성은 백제가 쌓은 것으로 보는 시각이 많지만 축조 주체와 시기를 확정하기에는 해결해야 할 숙제가 많다.[42] 계양산성 출토 유물 가운데 집수지에서 출토

40) 이형구, 「인천 계양산성의 성격과 역사적 위상」, 『인천 계양산성의 역사적 가치와 활용방안』, 계양구·겨레문화유산연구원, 2013.

41) 심광주, 「계양산성의 축조방식과 축조시기」, 『인천 계양산성의 역사적 가치와 활용방안』, 계양구·겨레문화유산연구원, 2013.

42) 김호준, 「인천 계양산성 축성 및 활용에 대한 시고」, 『계양산성』, 검단선사박물관, 2015,

주부토명 기와 일괄

된 목간이 이목을 끈다. 목간은 종이가 널리 사용되기 이전 기록의 중요한 수단이었다. 집수지에서 발견된 목간은 모두 2매인데, 특이하게 『논어』 가운데 여러 사람에 대한 공자의 인물평이 수록된 공야장(公冶長)의 내용이 먹으로 적혀 있다. 아마도 유교 경전을 강론하는 용도로 사용된 것으로 추정된다. 집수지에서 목간이 출토된 것은 제의의 목적으로 인위적으로 넣은 것인지 아니면 우연히 쓸려 들어간 것인지 분명치 않다. 목간과 함께 집수지에서는 토기, 기와, 동물뼈, 과일 씨앗 등이 함께 출토되었는데 이 가운데 백제 둥근밑항아리가 있어 목간은 백제의 것으로 보고 있다.

성 안팎에서 출토되는 유물은 6세기 중엽부터 8세기까지의 신라 기와와 토기가 상당수를 차지한다. 6세기 후반부터 통일신라시대에 산성이 주로 운영된 것을 알 수 있다. 이와 관련하여 최근 진행된 8차 조사에서는 24×10m 규모의 통일신라시대 대형 건물지가 조사되

98~101쪽.

었다. 이 건물지는 네 벽면을 판축으로 축조한 벽체를 설치하고 그 아래에 암거형 석축구조물을 놓은 구조로[43] 국내에서 처음으로 확인된 형태로 알려져 있다. 한편 성내에서 고구려 기와가 출토되면서 일시적으로 고구려가 계양산성을 사용했던 것으로 여겨지고 있다. 한강 유역이 고구려의 영역이 된 것은 475년 장수왕 남하 이후부터 6세기 중반 신라가 한강유역을 확보할 때까지다. 고구려가 계양산성을 활용했다면 5세기 후반~6세기 중엽까지가 유력하다.

이 밖에 나말여초기인 9~10세기부터 고려 전기까지 해당하는 토기와 철기, 중국제 자기와 고려청자가 출토되었다. 이 가운데 '주부토(主夫吐)'명이 새겨진 기와가 주목된다. 삼국시대 계양산 일대는 주부토군(主夫吐郡)이었다가 통일신라시대에는 장제군(長堤郡)이 되는데[44] 문헌에만 전하던 삼국시대 지명이 실제 유물로 확인된 것이다. 몇 백년 전 지명인 주부토가 여전히 사용되는 이유는 지역 이름은 한번 붙여진 이상 쉽게 바뀌지 않는 성질이 있기 때문이다. 그러나 고려 중기 이후 산성의 활용 흔적은 뚜렷하지 않다. 조선시대에는 임진왜란 당시 평양으로 북상했던 왜군이 남하하면서 고니시 유키나카[小西行長]의 부대가 계양산성에 주둔했을 가능성도 제기되었다.[45]

계양산성은 한강 하류 일대에서 서해안을 연결하는 여러 길목 가운데 하나에 자리한다. 계양산 남쪽의 경명현(징맹이 고개)은 내륙에서 바닷가로 최단거리로 지나갈 수 있는 루트였다. 이러한 지리적 조건으로 미루어 보아 계양산성은 한강 하류로 연결되는 내륙 수로와

---

43) 겨레문화유산연구원, 『계양산성 8차 발굴조사 지도위원회 자료』, 2016.
44) 『三國史記』 권37, 雜誌4, 地理2.
45) 심광주, 앞의 글, 47쪽.

서해 연안을 따라 이어지는 뱃길을 통제하기 위해 축조한 것으로 이해되고 있다. 그런데 산성이 계양산 정상이 아니라 동쪽에 치우쳐 축조한 것을 볼 때 바닷가 방향 보다는 한강 하류 일대를 감시하고 통제하는 것이 주목적이었던 것으로 짐작된다. 성을 쌓은 주체가 누구이던지 한강 하류 일대를 두고 각축을 벌이던 6~7세 무렵 계양산성은 비슷한 시기에 사용된 것으로 추정되는 문학산성, 김포 동성산성, 수안산성, 고양 행주산성, 시흥 호암산성 등과 함께 주요 군사 기지로 활용되었던 것으로 여겨진다.

인천 서해안 지역은 한강 하류와 서해를 연결하는 요지였다. 한강 유역은 한반도의 중심이자 바다와 내륙을 잇는 지역으로 삼국 모두에게 중요했던 곳이다. 인천의 산성은 백제와 고구려, 신라의 한강 하류에 대한 영역 쟁탈 과정을 담고 있는 자료이며 통일이후 이 일대의 사회 모습을 이해할 수 있는 중요한 유적이 된다.

2. 고려의 수도, 강화

1) 강화는 임시 피난처가 아니었다

근래 강화도는 수도권에서 가까운 거리에서 도시를 떠나 자연을 느낄 수 있는 곳으로 각광을 받고 있다. 시류에 맞춰 섬에서 전망 좋은 곳에는 저마다 겉모습을 한껏 치장한 펜션이 들어서 있다. 이곳을 찾는 사람들에게 강화도 하면 떠오르는 이미지를 고르라고 한다면 아마 인삼, 장어, 대하와 같은 특산물을 생각하는 경우도 있겠고, 청동기시대 고인돌이나 초지진과 광성보로 대표되는 역사적 시련의 현장을 떠 올리는 사람도 있을 것이다. 그런데 강화가 서울, 공주, 부여, 경주와 같이 한 나라의 도읍이 있었던 고도(古都)라 말하는 이는 그리 많지 않을 듯하다. 고려가 13세기 몽골군을 피해 39년간 이곳으로 도읍을 옮겼다는 사실은 잘 알려져 있지만 전쟁을 피해 잠시 머물다 간 피난처로 알고 있는 경우가 많기 때문이다. 그러나 강화도는 고려의 정식 도읍지였다.

고려가 강화로 수도를 옮긴 것은 세계 제국으로 성장한 몽골의 위협 때문이었다. 13세기 칭기즈칸이 건설한 몽골제국은 백여 년 간 동아시아의 강자로 군림했던 여진이 세운 금(金)을 파상적으로 압박하였다. 더 나아가 남아시아와 유럽에까지 세력이 미치면서 '팍스 몽골리카(Pax Mongolica)'가 탄생하였다. 고려도 당시 몽골의 위세에서 자유로울 수 없었다. 고려는 1218년(고종 3) 몽골에 쫓겨 고려 영토로 들어온 거란족을 토벌 하면서 대제국 몽골과 처음 마주하였다. 고려와 몽골은 강동성에 웅거해 있던 거란의 잔족을 연합하여 토벌한 후 형제의 맹약을 맺었다. 그러나 고려에 큰 은혜를 베풀었다고 인식한 몽골이 지속적으로 과도한 공물을 요구하면서 양국의 관계는 삐걱거리기 시작했다. 1225년(고종 10) 몽골 사신 저고여가 고려 국경 근처에서 피살된 것을 계기로 여몽(麗蒙)관계는 급속히 악화되면서 파국으로 치달았다. 1231년(고종 18) 8월 몽골이 고려를 침입하면서 오랜 전쟁이 시작되었다. 여몽전쟁은 이후 1259년까지 총 6차에 걸쳐 전개된다.[46] 1차 침입 당시 수도 개경이 포위되자 고려는 몽골에게 강화를 청하게 된다. 몽골군은 철군하였으나 이후 내정 간섭과 과도한

46) 윤용혁, 『고려대몽항쟁사연구』, 일지사, 1991.

경제적 요구를 지속하였고 이에 고려는 1232년(고종 19) 6월 강화로 천도를 단행하였다. 천도는 논의를 시작한지 불과 6개월 만에 급박하게 이루어졌다.

강화를 천도지로 선택한 이유는 여러 가지가 있지만 이 섬은 최고 10여m에 달하는 조수간만 차와 빠른 조류, 겨울철 유빙, 넓은 갯벌 등으로 외부에서 접근이 쉽지 않다는 점이 고려되었다. 또, 개경과 가까운 곳에 있어 기존의 바닷길을 통해 세곡을 운반하던 조운 체계를 그대로 이용할 수 있다는 장점이 있었다. 오랫동안 항전하기 위해서는 외부로부터 물자가 공급되어야 하는데 새로운 루트를 개척하지 않아도 되었던 것이다. 게다가 섬에는 넓은 갯벌이 발달해 제방을 쌓아 농경지를 확보하면 장기간 도읍을 유지할 수 있다는 점도 강화를 천도지로 결정한 배경 가운데 하나였다.[47] 다만 천도가 이루어지게 된 배경에 대해서는 '순수한 국난극복을 위한 자주성의 발로' 라고 보는 견해와 '무신정권의 정권유지 차원' 이라고 보는 시각이 상충되고 있다. 그러나 이러한 평가와 관계없이 결과적으로 강화 천도를 통해 고려가 13세기 동아시아에서 몽골의 압박으로 부터 유일하게 왕조를 보존할 수 있었다는 점에서 역사적으로 의미가 큰 사건인 것만은 분명하다.

고려의 도읍지가 되면서 일개 지방 현(縣)에 불과하던 강화는 강화도성을 뜻하는 강도(江都)로 불리기 시작하였다.[48] 오늘날 강화읍 일원에 자리 잡은 강도의 건설은 급속히 진행되었다. 강화로 공식적인 천도가 이루어지기 전부터 군대를 동원해 궁궐을 조성하기 시작

47) 이희인, 『고려 강화도성』, 혜안, 2016, 66~67쪽.

48) 『高麗史』 권56, 志10 地理 1.

강도가 자리잡은 오늘날 강화읍(정학수)

했다. 천도 이후에는 성곽을 건설했고 관아와 거주지도 속속 들어섰다. 천도는 급하게 이루어졌지만 강도는 무계획적으로 건설되지 않았다. 강도는 "비록 천도한 초창기이나 구정(毬庭)·궁전(宮殿)·사사(寺社)의 이름이 모두 송도(松都:개경)에 따랐고 팔관(八關)·연등(燃燈)·행향(行香)·도장(道場)이 모두 옛 방식 그대로였다."라는 『高麗史』의 기록처럼 개경을 모방해 만들어졌다.[49] 또 하나의 개경이 강화에 자리 잡았던 것이다.

한편 강도의 지형은 개경과 비슷하다. 강도의 중심지였던 지금의 강화읍 일대를 천도지로 선정한 이유 가운데 하나로 개경의 지형과 유사성을 들고 있을 만큼 강화는 개경의 그것과 닮아 있다. 이러한 지형 조건은 강도가 개경을 본 떠 건설될 수 있는 배경이 되었다.

그런데 문제는 오늘날 강화에서 개경을 대체한 고려의 도읍의 면모를 살필 수 있는 자취가 잘 보이지 않는다는 것이다. 궁궐과 관청,

---

49) 『高麗史』 권23, 世家23 高宗 21년 2월.

태묘, 사원 등 도성의 주요 시설이 어디에 있었는지 조차 분명치 않다. 강화가 임시 피난처라는 인식이 널리 퍼져있는 것도 이 때문이다.[50] 강화도는 2000년대 들어서야 지표조사와 같은 기본적인 조사가 이루어지기 시작했고 강화 도성에 관한 고고학적 조사도 이때부터 발을 떼기 시작되었다. 최근 강도가 자리했던 강화읍 일대에서 발굴조사가 이루어지면서 궁궐터 위치에 대한 새로운 검토가 이루어지고 있다. 강도에 관한 기록이 매우 소략하기 때문에 문헌으로 강도의 실체를 파악하기는 어렵다. 앞으로 강도를 복원하기 위해서는 고고학적 증거를 확보하는 것이 무엇보다 중요하다.

2) '고려궁지'에는 고려 궁궐이 없다

강도는 1270년 고려 정부가 개경으로 돌아가면서 40여 년 간 도읍으로서 역할을 다했다. 환도 이후 강도는 급속히 쇠락했고, 조선시대에는 강화가 왕실의 보장처로 자리 잡게 되면서 오늘날 고려 도읍의 흔적을 찾는 것은 쉽지 않은 일이 되었다. 특히 도성의 중심인 궁궐의 위치는 여전히 미궁에 빠져 있다.

근래까지 강도 궁궐터는 당연히 '고려궁지'였다. '고려궁지'는 1963년 사적 제133호로 지정되면서 공식적인 강도의 궁궐터로 인정받아 왔다. 그러나 '고려궁지'에 대한 여러 차례의 조사에서 당시의 유구·유물이 발견되지 않아 이곳이 과연 강도의 궁궐 자리인가에 대한 합리적인 의심이 일고 있다. '고려궁지' 발굴조사는 1995년부터

---

50) 윤용혁, 「고려 도성으로서의 강도의 제문제」, 『한국사연구』 40, 한국사연구회, 2010, 77쪽.

고려궁지와 외규장각

2001년까지 4회에 걸쳐 이루어졌다.[51] 당시 조사의 목적은 고려 궁궐보다는 조선 정조대 이곳에 건설한 외규장각을 찾는 것이었고 실제로 당시의 흔적이 되었다. 사실 '고려궁지'는 조선시대에 행궁과 강화유수부가 들어 서 있던 곳이기 때문에 경내에서 조선의 흔적이

51) 한림대학교박물관, 『강화 조선궁전지 발굴조사 보고서』, 2003.

확인되는 것은 이상할 것이 없었다. 그러나 고려의 자취가 확인되지 않는 점은 고려 궁궐터에 대한 재탐색이 필요하다는 인식을 심어 주는 계기가 되었다. 지난 2008년부터 3차에 걸쳐 '고려궁지'에서 고려 궁궐의 자취를 찾기 위한 조사가 진행되었지만 고려시대 유구는 확인되지 않았다.[52] 고려가 없는 '고려궁지'가 된 셈이다. 궁궐은 도읍의 상징이면서 도성의 구조를 결정짓는 공간이다. 때문에 강도를 제대로 이해하기 위해서는 궁궐 위치가 분명히 밝혀져야 하지만 아직 명확한 자료가 없어 답답한 모양새다.

문헌에는 강도 궁궐이 강화 송악리에 있다고 전한다. 송악리가 어디인지 알 수 있는 자료는 없지만 강화 송악산(松岳山) 주변으로 보는 게 자연스럽다. 여기서 송악산은 현재의 강화 북산(北山)이다. 북산이라는 이름은 비교적 근래에 사용되기 시작한 것이며 조선시대에는 이 산을 송악산이라 불렀다. 아마도 개경의 송악산을 본 따 붙인 이름일 것이다. 송악리는 강화 북산 일대에 있었을 것이며 특히 산 남쪽 지역이 여기에 해당될 것으로 생각된다. 개경 궁궐도 송악산 남쪽 자락에 자리한다. 이를 감안하면 강도의 궁궐도 북산의 남사면에 있었을 개연성이 있다. 조금 더 구체적으로 오늘날 강화읍의 중심지인 관청리 일대에 자리했을 것으로 생각된다. 물론 '고려궁지'도 관청리에 있지만 이곳에서는 궁궐의 흔적이 발견되지 않았기 때문에 주변 어딘가에 궁궐이 있었을 것으로 생각된다.

한편 문헌마다 조금씩 차이가 있지만 대개 송악리에 있는 강도의

---

52) 겨레문화유산연구원, 『강화 조선궁전지Ⅱ』, 2011.
________________, 『강화 고려궁지 6차 발굴(시굴)조사 약보고서』, 2012.
________________, 『강화 고려궁지 7차 발굴(시굴)조사 약보고서』, 2015.

궁궐이 강화부 동쪽 10리에 있었던 것으로 전하는 것이 마음에 걸린다. 조선시대 강화부 치소는 관청리에 있었기 때문에 기록으로만 보면 강도의 궁궐은 강화부에서 동쪽으로 10리, 즉 갑곶에 자리하게 된다. 갑곶은 예부터 강화와 내륙을 연결하는 요충지로 오늘날에도 강화대교가 이곳에서 출발한다. 몽골군을 피해 섬으로 피신한 상황에서 섬 전체에서 내륙으로부터 접근이 가장 쉬운 길목에 궁궐을 건설하는 것은 자연스럽지 않다. 그래서 강도 궁궐이 강화 도호부 동쪽 10리에 있다는 기록은 이 기사가 작성될 당시 강화의 치소가 관청리가 아니라 실제로는 이보다 서쪽에 있었고, 그곳을 기준으로 보면 궁궐터가 '강화부 동쪽 10리'에 있게 되는 것으로 이해하는 것이 합리적이다.[53] 여러 정황으로 보아 강화의 읍치는 강화읍 일대에 있다가 이곳에 도읍이 옮겨 오면서 서쪽으로 이동해 고려산 남쪽 자락인 고천리 일대에 자리했던 것으로 여겨지고 있다. 이와 관련하여 18세기 『여지도서』에 고천리 일대를 "고려산 남쪽에 고부(古阜)라는 지명이 있는데 예전에는 현이었다고 한다"라 하고 또, "예전에 고읍(古邑)이라 불렀다" 전한다. 도읍이 다시 개경으로 옮겨진 후에도 읍치는 바로 본래의 자리로 이동하지 않고 있다가 15세기 이후 어느 시점에 다시 돌아온 것으로 파악된다.[54]

---

53) 윤용혁, 「고려시대 강도의 개발과 도시정비」, 『역사와 역사교육』 7, 2002, 15~17쪽.
54) 이희인, 앞의 책, 81쪽.

〈표 13〉 강도 궁궐 위치 관련 기사

문헌명	내용
『高麗史』	·강화 도호부 동쪽 10리 송악리에 고궁터가 있다.
『世宗實錄』 地理志	·강화 도호부 동쪽 10리 송악리에 고궁터가 있다.
『新增東國輿地勝覽』	·고궁터가 송악리에 있다. 부에서 거리가 동쪽으로 10리다.
『江都志』	·造山坪宮闕 고려 고종 임진년에 입도하여 갑오년에 지었다.
『餘地圖書』 江都府志	·고궁성 : 송악 동쪽에 있다. ·麗宮故址 : 관아의 동남쪽 정자산 밖. 지금은 밭이 되었으나 건물터와 기와편이 많다.

최근 몇 년간 관청리 일원에서 도로 개설과 건물 신축 등을 하면서 강도시기 건축물의 흔적이 새로이 확인되었다. 지금까지 관청리 일대에서 강도 궁궐터의 위치와 관련되어 자료가 되는 유적은 관청리 405번지 유적, 향교골 유적(강화여고 기숙사 부지), 관청리 657번지 그리고 관청리 163번지(강화군청 별관부지)와 관청리 145번지(강화군청 노외주차장부지)가 있다.

관청리 405번지 유적 전경 및 출토 소뼈(한강문화재연구원)

■ 관청리 405번지 유적

용흥궁 주차장 부지에서 조사된 유적이다. 고려궁지 남쪽에 있으며 동쪽으로 강화 성공회성당이 자리한 구릉이 위치한다. 이곳은 고려 궁궐의 구정(毬庭)터로 지목되었던 곳이나 발굴에서는 조선시대 건물지와 배수로, 석렬 등이 확인되었을 뿐 강도시기와 관련된 유구는 발견되지 않았다. 다만 매병, 향완 등 13세기에 제작된 고급 청자가 다량 출토되었는데 인근 구릉에서 쓸려 들어 온 것으로 파악하였다.[55] 한편 이 곳에는 물을 오랫동안 담아두었던 흔적과 함께 2,000여점에 달하는 소뼈가 출토되어 주목된다.

■ 향교골유적

강화여고 기숙사부지에서는 3기의 건물지가 확인되었다. 훼손이 심해 정확한 구조를 확인하기는 어렵지만 건물의 전, 후면에 퇴칸을 두거나 회랑으로 둘러싸인 형태로 파악된다.[56] 이곳에서는 13세기 잔과 화형접시 등 고급 청자류와 소형 금동삼존불상이 출토되었다.

■ 관청리 657번지 유적

고려궁지에서 남서쪽으로 180m 떨어진 지점에 위치한다. 관청리 도시계획도로를 개설하는 과정에서 발견된 유적으로 고려~조선시대 건물지 5기가 확인되었다. 이 가운데 3기가 고려시대 건물지다. 1호 건물지는 장축이 동서 방향이며 정면 7칸, 측면 1칸의 규모다. 정면 기둥 간 거리가 265~300cm이며 측면은 325cm의 대형 건축물이다.

---

55) 한강문화재연구원, 『강화 관청리 유적』, 2009.

56) 서경문화재연구원, 『강화 관청리 향교골 유적』, 2012.

향교골유적 2호 건물지 및 출토 삼존불(서경문화재연구원)

2호 건축물은 1호 건물지 남편에서 일부가 확인되었는데 1호 건물과 계단으로 연결되어 있다. 1호 건축물 북쪽에도 3호 건물이 일부 확인된다. 전체적인 구조로 보아 3개의 건물이 회랑을 중심으로 연결되어 있는 것으로 파악된다.[57)]

■ 관청리 163번지 유적

강화군청 서쪽에 별관 건물을 건설하면서 확인된 유적이다. 고

57) 한국문화유산연구원, 『강화 성광교회~동문간 도시계획도로 개설공사구간내 문화유적 발굴조사보고서』, 2011.

관청리 657번지유적 및 북쪽 건물유구
(한국문화유산연구원, 한성문화재연구원)

려~근대에 이르는 3개의 문화층이 확인되었다. 고려시대 유구로는 건물지 2기와 석축이 있다. 1호 건물지는 정면 6칸에 측면 4칸이며 건물 앞쪽에 기단 일부가 확인되었다. 2호 건물지는 기단석렬 일부만 확인되었고 조사 구역 바깥으로 연결된다.[58)]

■ 관청리 145번지 유적

강화군청 동편에 노외주차장을 건설하면서 조사된 유적이다. 견자

58) 한국문화유산연구원, 『강화 관청리 163번지 유적』, 2015.

관청리 163번지유적 및 출토유물(한국문화유산연구원)

산 서쪽 하단부에 자리한 유적에서는 기단과 축대, 배수로가 각각 1개소씩 확인되었고 보도(步道)시설도 조사되었다. 기단과 축대는 모두 기반암을 다듬은 뒤 그 위에 치석한 장대석을 올렸다. 축대 전면에는 배수로, 보도 등이 확인되었다. 고려시대 제작된 귀목문 암수막새와 명문기와 등이 출토되었다.[59]

지금까지 관청리 일대에서 확인된 유적은 모두 도로나 건물 신축 과정에서 발굴된 것이다. 그래서 일부 제한된 범위만 조사가 이루어

59) 계림문화재연구원, 『강화읍 관청리 145번지 유적』, 2014.

관청리 145번지유적(계림문화재연구원)

질 수밖에 없어 전체적인 주변 양상을 파악하는데 어려움이 있다. 다만 출토 유물의 질과 유구의 양상으로 보아 대부분 위계가 높은 유적으로 파악되기 때문에 궁궐의 위치 문제해결에 단서를 제공할 수 있다. 이 가운데 가장 주목되는 것은 관청리 657번지 유적이다. 정면 7칸에 이르는 대형 회랑식 건축물과 이를 중심으로 남북으로 건물이 연결되는 형태는 개경 궁궐에서도 확인되고 있어 지금까지 관청리 일대에서 발굴된 유적 가운데 가장 권위가 높은 것으로 평가된다. 개경 궁궐은 3개의 건축군으로 구성되는데 이 중 서부 건축군에 대한 발굴조사가 이루어졌다.[60] 조사결과 건물군은 북쪽에 중심 전각을 배치하고 가운데 뜰[中庭]을 중심으로 삼면을 '회(回)' 자형으로 회랑이 둘러싼 형태로 밝혀졌다.

조사 면적이 넓지 않아 단정할 수는 없지만 정면 7칸의 회랑식 건축물은 일반적인 건축에서는 잘 적용되지 않는다는 점 그리고 개경 궁궐에서도 비슷한 구조가 확인되는 것을 고려하면 관청리 657번지에서 발견된 건물터는 궁궐의 흔적일 가능성이 높다고 여겨진다.[61] 이와 관련해 최근 흥미로운 사실이 밝혀졌다. 2017년 여름, 이 유적과 북쪽으로 맞닿아 있는 지점에서 발굴조사가 이루어졌다.[62] 조사결과 이곳에서도 회랑 건물지가 확인되었는데 건물의 축선이 657번지의 회랑 건축물과 일치하는 것이 확인된 것이다. 이로서 관청리 657번지 일대에 회랑으로 이루어진 권위 있는 건축물들이 분포할 가능성이 높아졌다.

이와 관련해 강도 궁궐과 관련한 최근 연구가 주목된다. 이에 따르면 관청리 405번지, 즉 용흥궁 주차장 부지는 오랫동안 물이 차 있었던 흔적과 함께 다수의 소뼈와 청자류가 외부에서 쓸려 들어왔던 것으로 보아 조선시대 이전에 연못이었다. 그런데 이 연못은 고려 개경 궁궐의 동쪽에 있었던 동지(東池)와 같다고 본다.[63] 개경의 동지는 궁궐 중심 건축군에서 동쪽으로 130m 떨어져 있는데, 일부는 자연

60) 국립문화재연구소, 『개성 고려궁성』, 2012.
61) 이희인, 앞의 책, 89쪽.
62) 한성문화재연구원, 『강화 관청리 도시계획도로 개설공사 사업부지내 문화재 발굴조사 자문회의 자료집』, 2017.
63) 이상준, 「고려 강도 궁궐의 위치와 범위 검토」, 『문화재』 47, 국립문화재연구소, 2014, 120~122쪽.

지형을 그대로 이용하고 일부는 인공으로 호안(湖岸)을 쌓았다. 만일 관청리 405번지 일대가 강도시기에 개경의 동지와 같은 연못이 있었다면 강도의 궁궐은 용흥궁 주차장 서쪽 어딘가에 있을 가능성이 높다. 그렇게 되면 앞에서 본 관청리 657번지 일대에서 발굴된 건물터가 궁궐의 흔적일 가능성이 더욱 높아진다.

한편 향교골유적과 강화군청 일대에서 확인된 유적도 유구·유물의 양상으로 보아 고급 건축물의 흔적으로 판단된다. 향교골유적은 금동불상이 출토된 것으로 보아 사원이나 제례 공간일 가능성이 있지만 구체적인 성격을 파악하기는 어렵다. 강화군청 주변에서 확인된 유적은 격식 있는 건물의 흔적임에는 분명해 보이지만 위치로 볼 때 궁궐과 관련 있는 흔적으로 보기는 어렵다고 여겨진다.

강도가 자리했던 강화읍 일대는 북산과 남산, 견자산이 사방을 둘러싼 분지에 자리한다. 분지는 북산 중턱에서 남서쪽으로 길게 돌출되어 뻗어 있는 작은 능선을 기준으로 나누어진다. 현재 강화 성공회 성당이 자리하고 있는 이 능선의 서쪽으로는 전체적으로 완만한 경사를 가진 구릉과 평탄지가 펼쳐져 있어 분지 안에 작은 분지를 이룬다. 능선의 동쪽 지역, 즉 강화군청 일대도 편평한 대지가 형성되어 있지만 능선 서쪽에 비해 상대적으로 공간이 작다. 강화군청 주변 유적은 관청리 657번지 일대 유적과 지형적으로 단절되어 있고 거리도 상당히 떨어져 있어 궁궐의 범위에 포함되지 않을 가능성이 높아 보인다. 오히려 견자산 일대에 있었던 최우의 저택이나 관청, 사원일 가능성이 높은 것으로 평가된다.[64)]

---

64) 이희인, 앞의 책, 89~90쪽.
이상준, 앞의 글, 119쪽.

지금까지의 자료로 보면 강도 궁궐은 '고려궁지'가 아니라 이곳에서 서남쪽, 궁골 일대에 자리 잡았을 가능성이 높다고 생각된다. 궁골이라는 지명은 강도의 수진궁이 있었다는 데서 유래하였다고 하지만[65] 실제로 그런 것인지는 알 수 없다. 어쨌든 궁골 일대는 평지에 가까운 얕은 구릉으로 이루어져 있다. 개경 궁궐도 송악산 아래 낮은 구릉에 자리 잡았고 자연 지형을 따라 흙을 높이 쌓아 축대를 설치한 뒤 전각을 차례로 배치하였다. 이를 강화에 적용하면 완만한 구릉 지대인 궁골 일대가 지형적인 면에서도 '고려궁지'보다 궁궐의 입지에 더 가깝다. 한편 궁골 일대는 지금은 흔적이 없지만 일제강점기 지적자료를 통해 동쪽과 서쪽으로 작은 하천이 흘렀고, 이 하천은 남으로 흘러 강화읍을 동서로 가로지르는 동락천(東洛川)과 합수되었던 것으로 파악되었다.[66] 이는 두 개의 하천이 궁성을 끼고 흐르다가 도읍을 서북-동남 방향으로 가로지르는 사천(沙川)과 합류되는 개경의 모습과 매우 유사해 주목된다.

강화읍 일대에서 확인된 고고 유적의 양상과 이 일대의 지형으로 볼 때 강도의 궁궐은 '고려궁지' 서쪽과 남서쪽 일대에 자리했을 가능성이 매우 높아지고 있다. 다만 이를 확증하기에는 아직 이르다. 18세기 『여지도서』에는 "옛 고려 궁궐터가 견자산 밖이며 이곳에는 옛 건물의 초석이 완연하다"라 전한다. 후대의 자료이기는 하지만 고려 궁궐터에 대한 당대의 인식을 보여준다는 점에서 이를 그대로 무시하기는 어렵다. 또, 1245년(고종 32) 견자산 일대의 화재로 연경궁과 법왕사가 함께 불탔다는 『고려사』의 기록에서 연경궁은 별궁이 아니

65) 인천광역시, 『인천의 지명유래』, 1998.
66) 이상준, 앞의 글, 114쪽.

라 본궁의 오기이며 그에 따라 강도의 궁궐은 견자산 일대에 존재하였다는 반론도 여전히 제기된다.[67] 강도 궁궐의 위치와 범위를 밝히는 작업은 이제 시작이다. 도시화가 오래 전부터 진행된 강화읍 일대에서 가까운 미래에 궁궐터를 포함해 강도시기의 도시 구조를 명확히 밝히기는 쉽지 않다. 여러 가지 가능성을 열어 두고 장기적인 계획 속에 보다 진지한 검토가 필요하다.

3) 흙으로 쌓은 거대한 도성

도읍은 황제 또는 국왕으로 대표되는 한 나라의 최고 정치권력이 있는 곳이다. 궁궐을 중심으로 관아, 태묘, 사원, 시장 등 다양한 공간이 배치된다. 도읍을 상징하는 시설은 여러 가지가 있지만 성곽도 그 가운데 하나다. 엄밀한 의미에서 성곽에서 성(城)은 궁궐을 에워싼 궁성을 의미하며 곽(郭)은 도읍 외곽을 둘러싼 성벽을 뜻한다.[68] 한편 도읍을 에워싼 도성(都城)은 그 자체로 수도를 의미하기도 한다. 강도에도 성곽이 건설되었다.

『고려사』에 의하면 강도에는 외성과 중성이 건설되었고 내성도 존재했다. 이 가운데 어느 성에 해당되는지는 분명치 않지만 강도의 도성이 지금도 남아 있다. 강도에 건설되었던 성곽 가운데 유일하게 남아있는 성이기도 하다. 오늘날 강화에 고려의 도성이 남아있다는 사실을 아는 사람은 생각보다 많지 않다. 흔히들 한 나라의 도성이라

---

67) 김창현, 「고려시대 강화도읍 궁궐」, 『고려 강도의 공간구조와 고고유적』, 인천시립박물관·강화 고려역사재단 공동학술회의 자료집, 2016, 125쪽.

68) 박양진, 「중국 초기 도시의 고고학적 일고찰」, 『지방사와 지방문화』 6-1, 역사문화학회, 2003, 25쪽.

강도 도성의 위치

하면 서울의 한양도성과 같이 관리가 잘 되어 있는 성벽을 떠올리지만 강도 도성의 모습은 이와는 거리가 있다. 흙으로 쌓은 토성인데다가 오랜 세월 방치된 탓에 곳곳이 무너지거나 집과 농지를 만들면서 훼손된 구간도 많다. 얼핏 보면 산에서 흔히 볼 수 있는 작은 둔덕과 비슷해 보통 사람들이 성벽이라고 인식하기란 쉽지 않다. 현재 강도 도성은 '고려중성'이라는 이름으로 강화군 향토유적 제2호로 지정되어 있지만 도성의 위상에 걸 맞는 관리는 이루어지지 않고 않다. 강도를 임시 피난처로 바라보는 우리의 인식과 무관하지 않다.

비록 가치에 걸 맞는 대접은 받고 있지 못하지만 적어도 규모 면에서 강도 도성은 초라하지 않다. 판축으로 쌓은 토루 위에 흙을 덮은 방식으로 쌓은 토성이 길이는 약 11km다. 성벽이 확인되지 않는 동쪽 해안구간을 성의 범위에 포함시키면 강도 도성의 길이는 약

16~17km가 된다. 둘레가 약 18km인 조선의 한양도성과 비슷한 규모다.

도성을 들여다보기에 앞서 강도에 건설된 것으로 전하는 외성과 중성, 내성에 대해 살펴보자. 문헌에 전하는 각 성의 둘레는 외성이 37,076척, 중성은 2,960칸(間), 내성은 3,877척이다. 외성과 내성의 규모에서 1척을 영조척(營造尺), 즉 약 32cm로 계산해 환산하면 각각 11.3km와 1.2km 정도가 된다. 중성의 둘레는 길이를 표시하는 도량형 칸(間)은 시대별 그리고 유적별로 다양하게 적용되기 때문에 논란이 있는데, 1칸 10척에 영조척(32cm)를 적용해 약 9.4km라고도 하고[69] 1칸 10척에 주척(20.6cm)을 적용해 5~6km 내외로 파악하기도 한다.[70] 한편 문헌에 외성과 중성은 토성이라 전한다. 외성은 천도 직후인 1233~1237년경, 중성은 1250년(고종 37)에 건설되었다. 내성은 축조 기록은 없고 몽골과의 화의가 진행되던 1259년(고종 46)에 파괴되었다는 사실만 전한다.[71]

문제는 외성, 중성, 내성의 위치와 실체가 분명하지 않는다는 것이다. 지금까지 강도의 성곽 체계는 섬 동쪽 해안가에 외성이 있었고 도읍을 중성이 에워싸는 모습으로 알려져 있었다. 조선시대에 섬 동쪽 바닷가에 내륙으로 부터 침입을 방어를 위해 성벽을 쌓았던 것처럼 천도기 강화 해안가에 성을 쌓았다는 것이다. 이러한 관점에서 지금 남아있는 강도 도성은 1250년 건설된 중성으로 인식되었다.

---

69) 김창현, 「고려 개경과 강도의 도성 비교 고찰」, 『한국사연구』 127, 한국사연구회, 2004, 152~159쪽.

70) 이희인, 앞의 책, 154쪽.

71) 『高麗史』 권24, 世家 24, 고종 46년 6월 11일.

반면 해안 외성의 존재를 부정하는 견해도 있다. 강도의 외성은 도성을 의미하고, 도성 안쪽에 중성이 있었다는 것이다. 강도 시기는 조선시대와 달리 해안선의 굴곡이 심했기 때문에 이곳에 성을 쌓기 위해서는 대규모 간척이 필요했고, 내륙에서 섬으로 접근할 수 있는 통로가 많지 않았기 때문에 해안 방어를 위한 대규모 성을 쌓을 필요가 없었다고 파악한다.[72] 이에 따르면 강도에는 외성(도성)-중성-궁성이 있었던 것이 되며, 이것은 나성-황성-궁성으로 이루어진 개경에서의 성곽 건설 경험이 강도에 반영된 결과로 이해한다. 다만 중성과 궁성의 위치는 지금으로서는 알 수 없다고 본다. 한편 문헌에 축성 기록이 없이 파괴된 기록만 있는 내성은 실제로 건설된 성곽이 아니라 중성 혹은 궁성을 가리키는 이름으로 이해되고 있다.

천도기 해안가를 따라 성이 있었다고 볼 수 있는 문헌 자료가 있다. 당대의 강화의 모습을 담은 시문이 대표적이다. 강도시기 이규보는 "해안에 새로 성을 쌓았는데 그 장관이 구경할 만하다"라고 하였고[73] 최자도 그의 시에서 "공이 새로운 도읍에 강을 따라 성첩을 둘러쌓았다[沿江環堞]"라거나, "안은 자주 빛 성을 둘러쌓고, 밖으로는 단장한 성가퀴를 둘렀다[於是乎內繚以紫壘 外包以粉堞]"[74]고 묘사하였다. 조선시대에도 "고려 때에는 부중(府中 ; 강화부)에 이미 내성이 있는데다가 또 섬을 둘러 장성(長城)이 있었다."라고 하고[75] 17세기 말 『강도지』에 외성은 "포구에 있는 긴 제방[浦邊長提]"이라 전한다.

---

72) 이희인, 앞의 책.

73) 『東國李相國集』 권2.

74) 『三都賦』 『補閑集』 中卷.

75) 『肅宗實錄』 권11, 숙종 7년 5월 21일 계유.

그러나 지금까지 이에 대한 고고학적 근거는 확인되지 않았고 오랫동안 간척으로 지형이 변화된 강화의 지리적 특성을 고려하면 강도 시기 해안가에 외성이 있었다고 보기 어려운 점이 많다. 고려시대 강도에 건설되었던 외성과 중성의 위치와 범위에 관해서 지금까지의 자료로는 더 이상 진전된 이해가 어렵다. 이를 위해서는 보다 구체적인 고고학적 증거가 확보되어야 한다. 이는 단시일 내에 해결하기 어려운 과제이며 향후 체계적인 조사와 연구를 통해 실마리를 찾아야 한다.

강도 도성은 오늘날 강화읍 일대를 불규칙한 방형의 형태로 에워싸고 있다. 남아있는 성벽의 길이는 약 11.3km다.[76] 상태가 좋은 구간을 기준으로 성벽의 높이는 2~3m, 너비 10~15m 정도다. 천도 당시 건설했던 성곽 가운데 도성이 남아있을 수 있었던 것은 성벽이 읍치 외곽에 있어 훼손을 피할 수 있었고 개경 환도 이후에는 전략적으로 가치가 없었기 때문이었다.[77] 조선시대 옛 지도에도 '토성'이라는 간략한 표시만 되어 있어 오래 전부터 도성의 위상을 잃어 버렸음을 알 수 있다.

도성 성벽은 강화읍 주변 능선을 따라 이어진다. 강도가 자리했던 오늘날 강화읍 일대는 북쪽에 북산, 서쪽에는 고려산 줄기가 솟아 있고 남쪽으로는 남산이 자리한 분지 지형이다. 다만 동쪽으로는 넓은 간척 평야가 펼쳐져 있는데 그 초입에 견자산이 자리하면서 분지 안에 작은 분지가 있는 형태다. 성벽은 일부 구간을 제외하고 비교적 상태가 양호하다. 강화산성 북벽과 겹치는 약 1.3km 구간과 강화읍

76) 한울문화재연구원, 『강화 비지정 문화재 학술조사 보고서』, 2010.
77) 윤용혁, 『삼별초』, 혜안, 2014, 98쪽.

강도 도성의 현재 모습

서쪽 국화저수지 구간에서 성벽이 확인되지 않는다. 토성의 동북쪽과 남동쪽 끝은 현재 해안가에서 약 200여 미터 떨어진 지점에서 성벽이 단절되고 섬 동쪽 해안 구간에서 성벽의 흔적은 확인되지 않는다. 동쪽에 성벽이 없이 개방되어 있는 독특한 형태인 것이다.

한편 도읍 주변의 능선을 따라 이어지는 강도 도성의 모습은 개경의 도성인 나성의 그것과 비슷하다. 둘레 23km로 알려진 개경 나성은 송악산을 비롯한 개경 주변 산지의 능선을 따라 축조되었다.[78] 개경은 북쪽의 송악산을 중심으로 서쪽에 오공산, 남쪽에는 용수산, 동쪽에는 덕암봉과 부흥산이 둘러싼 분지에 자리한다. 이 안에는 다시 자남산과 오공산, 용수산을 경계를 하는 또 하나의 작은 분지가 형성되어 있다. 송악산과 오공산에서 발원한 물줄기가 합쳐진 사천이 도읍을 서북–동남방향으로 가로 지른다.[79] 개경과 강도의 지형을 비교해보면 강도의 북산은 개경의 송악산, 남산과 견자산은 각각 용수산과 자남산에 상응한다. 지금은 복개 되어 원형을 잃었지만 고려산 일대에서 발원해 동쪽으로 흐르는 동락천도 개경의 사천과 흡사하다.

도성의 성벽은 비교적 온전하게 남아있는 편이지만 문지나 여타의 시설물은 아직 확인되지 않았다. 지금까지 보아왔던 것처럼 이 성이 중성이라고 한다면 도성에는 대·소문이 17개가 있게 된다.[80] 일제강점기에 간행된 『속수증보강도지』에는 도성을 중성으로 파악하고 중성의 문 이름 8개를 나열하였다. 동쪽부터 시계방향으로 선인문(동문), 장패문(동남문), 태안문(남문), 광덕문(서남문), 선기문(서문), 선의문(서북문), 북창문(북문), 창희문(북동문)이라 하였다. 그러나 각 성문의 이름은 『고려사』와 『고려도경』에 나오는 개경 나성의 문 이름을 혼용한 것이며 실제 도성의 성문으로 볼 수 있는 근거는 없다.

---

78) 전룡철, 「고려의 수도 개성성에 대한 연구(1)」, 『력사과학』 2호, 1980.
_____, 「고려의 수도 개성성에 대한 연구(2)」, 『력사과학』 3호, 1980.

79) 한국역사연구회, 『고려의 황도 개경』, 창작과 비평사, 2002.

80) 『高麗史』 권82, 志36 兵 2 城堡.

최근 도성 성벽은 도로와 주택 건설 등의 이유로 지금까지 4개 지점에서 조사가 이루어졌다.[81] 도성의 구조는 구간 마다 조금씩 양상은 다르지만 성벽을 쌓기 위해 우선 대지를 마련한 뒤 석재를 이용해 안팎으로 석렬을 설치하였다. 이후 석렬을 기초로 목재를 이용해 구조물, 즉 일종의 거푸집을 설치한 뒤 그 안쪽에 판축으로 흙을 쌓아 올렸다. 판축(版築)은 성벽이나 건물의 기단을 조성해 내부에 일정한 두께로 사질토와 점질토를 교대로 쌓으면서 도구로 다져 올리는 기법이다. 판축은 자칫 쉽게 무너질 수 있는 흙의 특성을 극복하고 견고함을 확보할 수 있는 방법으로 백제 풍납토성과 몽촌토성과 같은 고대의 대규모 토성도 이러한 방식으로 축조되었다. 다만 삼국시대 말부터는 토성에 기단석렬을 설치하고 이를 기초로 판축 구조물을 쌓는 방식으로 변화하게 된다.[82] 통일신라~고려시대의 토성은 대개 이러한 방법으로 건설되었다.

강도 도성의 판축은 약 3~4m 단위로 이루어졌다. 판축으로 쌓은 토루의 단면과 측면에서 판축 구조물인 나무 판재의 흔적이 확인되었다. 한편 석렬 바깥 바닥에는 깨진 기와를 깔고 그 위를 다시 흙을

---

81) 인하대학교박물관, 『강화 중성유적』, 2011.
중원문화재연구원, 『강화 옥림리 유적』, 2012.
한국문화재보호재단, 『강화 신정리 233-12번지 발굴조사 전문가검토회의 자료집』, 2016.
한국고고인류연구소, 『강화 남산리 69-6 강화중성 훼손구간 내 발굴(시굴)조사 학술자문회의 자료집』, 2016.

82) 김용민, 「부소산성의 성벽축조기법 및 변천에 대한 고찰」, 『한국상고사학보』 26, 한국상고사학회, 1997.
나동욱, 「경남지역의 토성 연구-기단석축형 판축토성을 중심으로」, 『박물관연구논집』 5, 부산박물관, 1996.
백종오, 「부소산성의 축성기법과 특징」, 『부소산성』, 부여군, 2006.

강도 도성의 구조(옥림리 구간)

덮어 외형을 완성했다. 기단석렬 바깥에 폐기와를 쌓은 와적(瓦積)은 성벽에 스며든 빗물의 배수를 통해 성벽 하단부가 붕괴되는 것을 방지하기 위해 설치한 것이다.[83] 와적에서는 다양한 문양의 기와가 출토되는데 이르게는 통일신라부터 13세기에 이르기까지 다양한 시대의 기와가 확인된다. 와적에 사용된 기와는 토성 건설 당시 제작된

83) 김호준, 「경기도 평택지역의 토성 축조방식 연구」, 『문화사학』 27, 2007, 743~744쪽.

것이 아니라 주변에서 구할 수 있는 기와를 인위적으로 파쇄 후 사용한 것이기 때문에 출토 기와의 시기 차이가 있을 수 있다.

강도 도성의 구조에서 특이한 것은 영정주 초석이 기단 석렬 바깥에 돌출되어 있다는 점이다. 동일한 방식으로 쌓은 다른 토성에서 영정주는 기단 석렬 위에 설치되는 것이 일반적이다. 여기서 주목되는 점은 이러한 구조가 제주도 항파두성에서도 확인된다는 것이다.[84] 항파두성은 둘레 약 3.8km의 토성으로 1270년 강도를 떠난 삼별초가 진도를 거쳐 제주도에 들어가 쌓은 성이다. 강도 도성과 항파두성의 구조적 유사성은 도성의 축조 기술이 제주도까지 연결되는 것을 의미한다.

한편 강화 도성을 개경 나성과 비교할 수 있는 자료가 없어 지금으로서는 기술적 연관성을 확인할 길은 없다. 둘레 23km의 개경 나성은[85] 대문 4개와 중문 8개, 소문 13개 등 총 25개의 문이 있다고 전한다. 나성은 고려 성종~현종 연간의 거란 침략 이후 도성 방어를 위해 10여 년간 건설 끝에 1029년(현종 21)에 완성되었는데[86] 현재 토성이라는 것만 알 수 있을 뿐 자세한 내용을 알 수 없다. 다만 성벽의 기본적인 구조는 큰 차이가 없을 것으로 추정된다.

앞서 말했듯이 강도 도성의 동쪽 해안 구간에는 성벽이 확인되지 않는다. 도성은 도읍의 상징이기도 하지만 기본적으로 외부의 침입으로부터 방어를 목적으로 하는 성곽이다. 따라서 바다라는 천혜의 장애물이 있기는 하지만 해안을 무방비로 남겨둘 수는 없다. 특히 도

84) 제주고고학연구소, 『제주 항파두리 항몽유적 토성 발굴조사 간략보고서』, 2012.
85) 전룡철, 앞의 글.
86) 『高麗史』 권56, 志10 地理 1 王京開城府.

성 동쪽은 내륙과 강화를 잇는 가장 중요한 길목인 갑곶이 있다. 갑곶은 전략적 요충지여서 몽골군을 피해 천도한 고려의 입장에서는 매우 중요한 방어선일 수밖에 없었다. 지금으로서는 이 구간에 방어선을 어떻게 구축했는지 알 수 없다. 천도기에 이 구간의 해안선은 지금보다 굴곡이 심했고 도성 안쪽까지 깊숙하게 바닷물이 들어오던 곳이었기 때문에 해안을 따라 성벽을 쌓지는 않았을 것으로 보인다. 다만 1235년(고종 22) 강화에서 "강을 따라 제방을 추가로 쌓았다"라는『고려사』기록을 참고하면 도성 동쪽 구간의 방비를 위해서는 해안가에 제방을 설치했을 가능성이 높다. 제방은 간척을 위한 시설이기는 하지만 복합한 해안선을 연결할 수 있는 교통로이자 군사용 성곽으로서도 역할을 수행할 수 있다.[87] 또, 장도 청해진에서 확인된 것처럼 해안 일부 구간에는 방어용 목책을 설치했을 수 있다.

현재 도성 성벽의 길이는 약 11.3km다. 제방과 목책 등으로 방어선을 구축했을 해안 구간을 성의 범위에 포함하면 도성의 전체 둘레는 약 16km에 달한다. 강도 도성의 규모는 개경의 나성(23km)보다는 작지만 고려시대 3경 가운데 하나인 서경(평양)의 외성(약 16km)과[88]비슷하다. 조선의 한양도성 보다 조금 작은 규모이기도 하다. 이는 우리가 강도를 전쟁을 피해 임시로 옮긴 피난처로만 치부할 수 없는 이유이기도 하다.

40여 년이란 짧은 기간이지만 강도는 고려의 정식 도읍이었다. 그런 점에서 강도 도성의 보존은 매우 중요하다. 그러나 이 성은 도로

---

87) 배성수,「강화외성과 돈대의 축조」,『강화외성 지표조사보고서』, 한국문화재보호재단, 2006, 375쪽.

88) 김창현,「고려 서경의 성곽과 궁궐」,『역사와 현실』41, 한국역사연구회, 2001, 184쪽.

개설이나 주택 건축 등으로 조금씩 파괴되고 있다. 실질적인 보존을 위해서는 사적 등 지정문화재가 되어야 하지만 여러 가지 이유로 그러지 못하고 있다. 시간이 갈수록 강도의 모습을 되찾는 일은 조금씩 더 어려워 질 것이다. 더 늦기 전에 강도 도성의 가치를 인식하고 알리는 것이 필요하다.[89]

4) 강화에 왕릉 있다

한 나라의 최고 정치 권력자의 무덤은 능(陵)이라 한다. 왕릉은 도읍 주변에 일정한 거리를 두고 분포하며 도성을 구성하는 중요한 요소 가운데 하나다. 개경을 공식적으로 대체한 강도는 한 세대가 넘는 40여 년 간 운영되었기 때문에 자연스럽게 왕릉은 물론 귀족과 일반민의 무덤도 곳곳에 조성되었다. 천도 이후 개경과 여타의 내륙지역에서 많은 주민들이 강화로 들어오면서 인구가 급증했던 만큼 강화도에는 남한의 다른 지역에 비해 고려시대 무덤이 많이 확인된다.

강화는 우왕과 창왕, 공양왕 등 묻힌 곳을 정확히 알 수 없는 경우를 제외하고 개경 주변에만 있는 고려 왕릉을 남한에서 직접 볼 수 있는 유일한 곳이다. 천도 기간 동안 사망한 왕은 고종뿐이지만 폐위되었던 희종과 희종 비(妃) 그리고 강종의 비도 이 시기에 세상을 떠났다. 그래서 강화에는 고종의 홍릉을 비롯해 희종의 석릉, 원덕태후 곤릉, 순경태후 가릉 등 4기의 왕릉이 있다. 이외에도 묻힌 이를 알 수 없지만 왕릉과 규모와 구조가 같은 석실분도 3기가 확인된다. 인

---

89) 이희인, 「고려 강도 시기 성곽 연구의 현황과 과제」, 『고려 강도의 공간구조와 고고유적』, 인천시립박물관·강화고려역사재단 공동학술회의 자료집, 2016, 164쪽.

산리석실분과 능내리석실분, 연리 석실분이 그것인데 아마도 천도기 강화에서 사망한 왕실 인물의 능인 것은 틀림없어 보인다.

『고려사』에는 강화 왕릉을 포함해 59기의 왕릉 능호(陵號)가 전해진다.[90] 여기에는 현재까지 남아있는 능도 있지만 위치를 잃어버린 것이 많다. 일제강점기 조사 자료에 의하면 개성 주위에 있는 왕릉 60여기 가운데 이름을 잃어버린 경우가 절반이 넘는다.[91] 이 가운데 목종, 정종, 헌종, 강종, 충혜왕 등 소재를 알 수 없는 왕릉도 상당수다. 이름을 알 수 없는 능들은 칠릉군 1릉, 2릉, 소릉군 1릉 과 같이 번호가 이름을 대신한다. 이처럼 왕릉의 관리가 부실하게 된 것은 무신 정권 이후 왕권이 약화되면서 부터다. 여몽전쟁과 원 간섭기를 거치면서 이러한 사정은 더욱 악화되었는데 고려를 열었던 태조 왕건의 현릉(顯陵)도 예외가 아니었다.

조선 초 문신 성임(成任)의 시에는 현릉의 모습이 다음과 같이 묘사되어 있다.[92]

> "… 우연히 현릉리(顯陵里)에 들어가니, 산길이 높았다 낮았다 하네. 여조(麗祖)의 옛 능침, 돌 위에 큰 글자가 쓰여 있네. 상설(象設)은 반쯤 매몰되었고, 거친 풀은 어찌 이다지 우거졌는고. 밤이면 여우와 너구리가 모여들고 낮에는 까막까치 지저귀고 있네.…"

망해버린 왕조의 왕릉 모습을 단적으로 보여주는 표현이라 할 것

---

90)『高麗史』兵志, 圍宿軍.

91) 今西龍, 「高麗諸陵墓調査報告書」, 『大正五年度古蹟調査報告』, 1916.

92)『新增東國輿地勝覽』開京府.

이다. 조선 세종과 현종 연간에 옛 왕조의 왕릉 실태를 조사하고 수축하였으나 많은 왕릉이 이미 실릉(失陵)한 상태였다. 순조와 고종 연간에도 왕릉을 보수하고 표지석을 세웠는데 이 과정에서 능주(陵主)가 잘못 비정되는 경우도 있었다.[93] 게다가 고려 왕릉은 고려~조선시대에 도굴로 파헤쳐 졌고, 여러 차례 수리가 이루어지면서 본래의 모습을 많이 잃어 버렸다.

현재 개성 주변에는 약 60여기의 고려 왕릉이 있다. 옛 개경을 기준으로 도성 서쪽에 있는 만수산 일대에 가장 많은 능이 분포한다. 태조 현릉과 공민왕 정릉을 비롯해 23기의 능이 여기에 있다. 도성 동쪽에는 혜종 순릉과 명종 지릉 등 14기가 자리하며 북쪽과 남쪽에는 각각 10여기가 있다. 개성 서쪽에 있는 왕릉 가운데 태조 현릉과 공민왕 현릉, 충목왕 명릉, 7릉떼 왕릉 군이 지난 2013년 '개성역사유적지구'로 유네스코 세계유산에 등재된 12개 유적 군에 포함된다.

고려 왕릉은 통일신라시대의 능제(陵制)를 계승 및 발전시킨 형태다.[94] 외형적인 면에서는 전 시대에 중국의 영향을 받아 유행한 12지신을 새긴 호석과 돌짐승, 석인상을 이어 받았다. 반면 능의 내부는 이전 시기와 다른 구조를 갖추면서 고려만의 독특한 능제를 완성했다. 또, 이전에는 왕의 능 이름이 없었던 것과 달리 고려시대에는 중국처럼 왕의 사후에 묘호와 함께 능호가 붙여지기 시작하는 등 제도 면에서도 변화가 일어났다. 고려의 능제는 공민왕 현릉에서 완성되었고 조선시대 왕릉의 원형이 되면서 한반도 능제사의 기점이 된다.

---

93) 이상준, 「고려왕릉의 구조 및 능주 검토」, 『문화재』 45-2, 국립문화재연구소, 2012, 7쪽.

94) 이상준, 위의 글, 2012, 5쪽.

능마다 조금씩 차이가 있지만 고려 왕릉은 보통 풍수지리에 따라 산 중턱 경사면에 터를 잡았다. 맞은편으로 안산(案山)이 바라다 보이고 좌우로 산줄기가 능을 감싸면서 그 사이로 물이 흐르는 지형을 선호하였다. 이러한 고려왕릉의 입지는 평지 또는 낮은 구릉에 자리 잡았던 통일신라시대 왕릉이나 얕은 능선 끝자락에 조성된 조선 왕릉과는 확연한 차이가 있다.

왕릉의 능역은 경사면을 따라 3~4개의 단이 조성되었다. 가장 높은 1단에는 시신을 안치하는 석실을 설치한다. 석실 위로 둥근 봉분을 쌓고 봉분 주위로 12지신이 새겨진 호석을 두른다. 봉분의 크기는 조금씩 차이가 있지만 지름이 10여m 내외다. 공민왕릉에는 봉분 바깥으로 난간석을 설치하였다. 한편 봉분의 뒷면과 측면에는 'ㄇ'형 곡장(曲墻)이 설치되기도 한다. 2단과 3단에는 석인상과 장명등을 설치하고, 능역 아래에는 제례를 위한 건물을 배치하였다.

고려 왕릉 가운데 지금까지 발굴이 이루어진 것은 모두 23기다. 일제강점기 명종의 지릉과 칠릉군 7릉을 발굴한 이래로 최근까지 많은 왕릉이 조사되었다. 그러나 북한의 조사 자료는 도면이나 사진 자료가 좋지 않아 자세한 내용을 파악하는데 어려움이 있다. 지금까지 발굴 결과 고려 왕릉의 내부는 석실 구조로 밝혀졌다. 석실은 남북 길이보다 동서 너비가 좁은 장방형 형태다. 벽체는 넓은 판석 여러 매를 세워 연결하기도 하고 다듬은 장대석을 층층이 쌓아 올리거나 혹은 깬 돌을 이용해 쌓기도 한다. 천정은 편평한 형태로 여러 개의 판상형 석재를 연결해 만들었다. 석실 크기는 능마다 차이가 있지만 대략 동서 2.5~3m, 남북 3~3.5m, 높이 2m 내외다. 이러한 고려 왕릉의 석실은 통일신라시대 왕릉의 횡혈식석실과는 구조적으로 차이

강화 고려왕릉(상: 석릉, 하: 홍릉)

가 있다. 지붕의 형태는 고려 왕릉은 평천장인데 반해 통일신라 왕릉은 아치 형태다. 또, 횡혈식석실은 입구에 석실로 들어가는 기다란 연도가 있는 반면 고려 왕릉 석실은 출입구가 남쪽 벽체에 기둥돌과 문지방석을 두고 그 사이를 판석 1매로 마감하는 방식이다. 왕조 교체와 함께 석실의 구조가 변화된 것이다. 한편 석실의 내부에는 관을 안치하기 위한 관대가 설치되고 그 옆으로 부장품을 놓는 부장대가 배치되기도 한다. 석실 바닥은 흙바닥을 그대로 두기도 하지만 전돌 또는 박석을 설치하는 경우가 많다. 석실의 천정과 벽면에는 회를 바르고 그 위에 벽화를 그렸다. 천정에는 별자리를, 벽면에는 사신도나 소나무, 대나무 등의 식물을 그려 넣는다.

강화도 고려 왕릉은 진강산 일대에 주로 분포한다. 4기의 왕릉과 석실분 2기 가운데 고종 홍릉을 제외한 나머지가 진강산 자락에 자리한다. 왕릉뿐만 아니라 강도시기 무인 정권의 수장인 최항과 김취려, 유경현 등 고위 관료도 이곳에 묻혔다. 진강산은 조선시대에도 많은 분묘가 집중되어 있어 오랫동안 강화도에서 매장지로 즐겨 사용했던 곳이다.[95] 고종의 홍릉은 강도 서쪽의 고려산 자락에 자리한다. 홍릉만 따로 떨어져 있는 까닭은 고종을 다른 왕실의 인물과 구별하기 위해서라 여겨지고 있다. 강도 왕릉에 묻힌 왕실의 인물 가운데 희종은 폐위된 왕이었고 다른 이들도 선대왕의 왕비나 태자비였다. 이들은 천도기 현직 국왕이었던 고종과 다른 위계를 가지고 있기 때문에 이를 구분하기 위해 매장지를 달리 선택했다는 것이다.

강화에 있는 고려 왕릉 4기 가운데 홍릉을 제외한 나머지 3기가 모두 발굴되었고 석실분 중에는 능내리석실분이 조사가 이루어졌다.[96] 조사 결과 강화 왕릉은 70년대 학술조사 없이 복원이 이루어지면서 일부 원형을 잃어 버렸지만 전체적인 형태와 구조는 개경의

95) 이희인, 앞의 책, 208쪽.

96) 국립문화재연구소, 『강화 석릉』, 2001.

____________, 『강화 고려왕릉』, 2007.

능내리석실분　곤릉 석실

곤릉 12각 호석　가릉 8각 호석

강화 고려왕릉의 구조

왕릉과 같은 것으로 확인되었다. 강화 왕릉 석실은 장방형이며 천정은 평천정이다. 벽체는 석릉과 곤릉은 깬 돌을 이용해 쌓았고 가릉과 능내리 석실분은 장대석으로 축조했다. 관대는 발굴된 왕릉 모두 기다란 돌(石柱)을 사방에 테두리를 두르고 내부에 흙을 채우거나 전돌을 놓았다. 벽화는 뚜렷하게 확인되지 않았다. 가릉 석실 벽면에 회칠을 한 흔적과 그 위에 붉은색 물감의 흔적이 확인되기는 하였으나 그림은 발견되지 않았다. 곤릉에서는 능역 하단에서 제례 공간이 조사되었다. 강화 왕릉은 모두 여러 차례 도굴 당한 것으로 확인되었다. 그럼에도 불구하고 질 좋은 자기와 구슬, 석간, 금동제 봉황문

장식 등 수준 높은 유물이 출토되어 강도의 위상을 보여준다.

강화 왕릉의 전반적인 구조는 앞에서 말했듯이 개경 왕릉과 차이가 없다. 다만 강화에서만 보이는 특징도 확인되는데 8각 지대석과 지상식 석실이 그것이다. 고려 왕릉의 봉분 하단에 설치된 지대석은 12각이 일반적인데 석릉과 가릉에서는 8각 구조가 확인되었다. 반면 곤릉과 능내리 석실분은 12각이다. 개경 왕릉에서는 아직 이런 사례가 확인된 바 없어 단정할 수는 없지만 고종의 매장지를 선택하는데 고려되었던 것처럼 능주의 위계 차이와 관련이 있는 것으로 여겨지고 있다.[97] 석릉에 묻힌 희종은 무인 정권의 수장이었던 최충헌을 제거하려다 실패하고 폐위된 인물이다. 그는 강화와 교동, 자연도(영종도) 유배를 거쳐 1237년 영종도에서 세상을 떠났다. 사망 당시 신분은 국왕이 아니라 유배중인 폐왕(廢王)이었던 것이다. 석릉과 더불어 8각 호석이 설치된 가릉의 주인공은 원종의 비 순경태후(順敬太后)다. 순경태후는 후대에 추증된 것으로 사망 당시에는 태자비의 신분으로 훗날의 충렬왕을 낳은 직후였다. 가릉에 묻힐 당시는 왕비가 아니었던 것이다. 반면 12각 지대석이 설치된 곤릉의 주인은 강종의 제2비인 원덕태후(元德太后)다. 1239년 사망한 원덕태후는 고종의 어머니로 희종과 순경태후와는 차별적인 지위를 지닌 인물이다. 따라서 능의 형식도 고려 왕릉의 전형을 따랐다는 것이다. 다만 고려시대에 왕실 인물의 위계에 따라 능의 입지와 규모, 구조에 차이가 있었는지 확증할 수 있는 자료가 아직 없어 앞으로 검토가 필요한 부분이기도 하다.[98]

---

97) 국립문화재연구소, 앞의 책, 2007.
98) 이희인, 앞의 책, 201쪽.

가릉 지상식 석실(위)과 곤릉 건물지(아래)

한편 지상식 석실 가릉에서만 확인되는 구조다. 고려 왕릉의 석실은 보통 지하 또는 반 지하에 위치하지만 가릉은 지상에 석실을 만들고 주변에 석실을 보호하기 위해 깬 돌을 쌓아 올렸다. 석실 위로 지대석을 놓고 봉분을 올렸다. 가릉은 발굴 후 복원되었는데 봉분 위에 또 하나의 작은 봉분이 얹혀 있는 어색한 모습이다. 지상에 석실을 설치한 이유는 이와 비슷한 사례가 없어 분명하게 알 수는 없지만 능

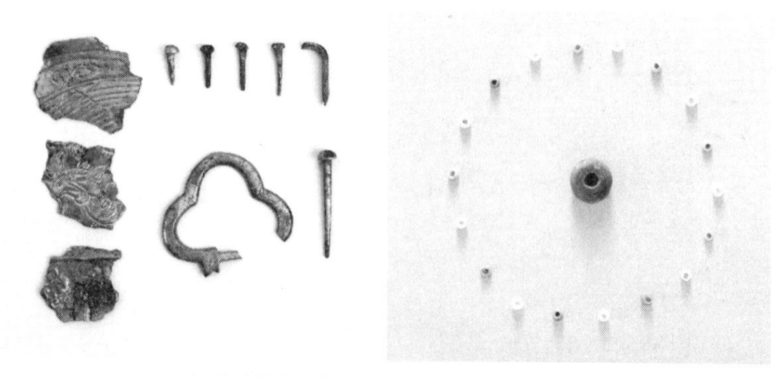

능내리석실분 출토 유물(국립문화재연구소)

이 입지한 지형적 특성 때문인 것으로 생각된다. 일반적으로 고려 왕릉은 산자락 중턱에 자리하고 능역의 가장 높은 곳에 석실을 설치하여 자연스럽게 왕릉의 위엄을 갖추게 된다. 그러나 가릉이 있는 곳은 경사가 평지에 가까울 정도로 매우 완만해 이러한 효과를 내기 어렵다. 그래서 지형적 약점을 보완하기 위해 석실을 지상에 설치해 인위적인 언덕[岡]을 형성하고 그 위에 봉분을 조성한 것이 아닌가 한다.[99] 둥근 언덕 위에 봉분을 쌓은 조선 왕릉이나 사대부의 무덤을 생각하면 될 듯하다. 그런데 가릉의 지상식 석실 구조는 독특한 것이어서 지형 조건과 더불어 여기에 묻힌 피장자의 신분과 관련이 있을 수도 있다. 이와 관련하여 강화 석실분의 주인을 밝히려는 최근의 시도가 주목된다.

가릉 뒤편에 있는 능내리석실분은 석실에서 출토된 인골의 DNA 분석으로 여성의 무덤인 것으로 밝혀졌다. 원덕태후와 순경태후 이외

99) 이희인, 「경기지역 고려고분의 구조와 특징」, 『고고학』 6-1, 서울경기고고학회, 2007, 62쪽.

에 강도시기를 전후해 사망한 왕실의 여성은 희종의 비 성평왕후와 고종의 비 안혜태후 뿐이다. 두 왕비는 각각 1245년(고종 34)과 1232년(고종 19)에 사망했다.[100] 성평왕후의 능호는 소릉(紹陵)이라 전하지만 능 위치는 알려져 있지 않고 안혜태후는 능호와 능의 위치 모두 전해지지 않는다. 발굴 결과 능내리석실분은 가릉에 비해 구조가 더 정연하고 축조 시기도 앞서는 것으로 파악되었다. 봉황문과 당초문을 두드려 만든 은제도금장식등 출토 유물로 볼 때 석실분에 묻힌 이는 가릉에 묻힌 이보다 더 높은 신분이었을 것으로 여겨진다. 그래서 능내리석실분은 순경태후 보다 먼저 사망한 안혜태후의 능일 것으로 추정되었다.[101] 그런데 최근 능내리석실분은 순경태후의 능이며 가릉은 희종 비 성평왕후의 능이라는 견해가 제기되었다.[102] 『고려사』에 안혜태후는 1232년 6월 초하루에 사망하고 같은 달 장사지낸 것으로 전하는데 강화 천도는 7월에 이루어졌기 때문에 안혜태후의 능은 개경에 만들었을 가능성이 높다는 것이다. 한편 순경태후는 세상을 떠날 당시 신분은 태자비였지만 장례 기간이 70여일에 이를 만큼 많은 공력을 들였고 고종 입장에서 세손을 생산한 며느리에 대한 애정이 깊었을 것으로 생각된다. 따라서 가릉과 능내리석실분의 선후 관계와 능의 축조 수준, 능주의 위계 등을 감안하면 순경태후의 무덤은 가릉이 아니라 능내리석실분이며, 가릉은 사실 성평왕후의 소릉일 가능성이 높다는 것이다. 이렇게 보면 석릉과 가릉에서만 확인되는 8각 호

---

100) 『高麗史』 권88, 列傳, 后妃.

101) 국립문화재연구소, 앞의 책, 2007.

102) 이상준, 「강화 고려왕릉의 구조와 성격」, 『고려 강도의 공간구조와 고고유적』, 인천시립 박물관·강화고려역사재단 공동학술회의, 2016, 186~189쪽.

능내리석실분 석실

석의 의미도 희종과 성평왕후와 관련지을 수 있게 되어 새로운 능주 비정은 설득력이 있다고 생각된다.

한편 인산리석실분과 연리석실분은 1232년(고종 19) 개경에서 옮겨진 세조와 태조의 관[梓宮]을 강화에 처음 모시던 장소였을 가능성도 제기되었다.[103] 인산리석실분은 발굴은 되지 않았지만 석실이 일부 노출되어 있어 내부 구조가 확인된다. 석실의 규모는 길이 3.4m, 너비 1.9m 가량이며 깬 돌로 벽체를 쌓았다. 능내리 석실분보다 약간 크며 석릉과 비슷한 크기다. 석실 전면에는 3단의 계단식 구조가 설치되는 등 전체적인 양식이 고려 왕릉의 전형을 따르고 있다. 연리석실분은 민묘 부근에 개석 일부와 그 아래쪽으로 작은 공간만 노출

103) 이상준, 앞의 글, 2016, 190~191쪽.

되어 있어 석실 구조를 자세히 볼 수 없지만, 내부가 큰 방으로 이루어져 있는 것으로 파악된다. 주민들 사이에 이 석실분이 고려 '가왕릉(假王陵)'이라고 불린다는 주민들의 전언이나 지상에 노출된 개석의 형태와 규모를 볼 때 대형 석실분으로 추정된다.[104] 앞으로 두 석실분에 대한 조사가 기대된다.

이외에도 강화 왕릉의 특징으로 볼 수 있는 것으로 규모가 작다는 점도 있다. 강화 고령 왕릉은 개성 왕릉에 비해 봉분의 규모가 절반 정도에 불과하고 석실의 면적도 3/5 정도다.[105] 구조는 같지만 규모가 다른 것이다. 그래서 일반 사람들은 거대한 왕릉의 모습을 기대하고 왔다가 실제 현장을 방문한 뒤 실망하는 경우가 많다. 그러나 그럴 필요는 없어 보인다. 왕릉이라기에는 초라할 정도로 작은 봉분과 석실은 강도가 겪은 시대적 경험의 산물이기 때문이다. 강화 왕릉만 담고 있는 역사적 가치인 것이다.

강도에는 궁궐, 성곽, 왕릉과 함께 도성의 주요 구성 요소인 사찰도 들어섰다. 천도 이후 개경에 있던 사찰들이 강도로 옮겨 왔다. 아직 유적이 확인되지는 않았지만 태조 왕건의 초상화를 모신 봉은사와 팔관회를 주관하였던 법왕사 등 개경의 주요 사찰들이 강도에도 있었던 것이 기록을 통해서 확인된다.

한편 본래 개경에 있던 절은 아니지만 1246년 최우의 원찰로 창건된 선원사는 현재 사적으로 지정된 면적만 1만㎡가 넘는 대규모 사찰이다. 선원사는 여러 해 동안 발굴에도 불구하고 이곳이 선원사라는 결정적인 증거가 없어 성격에 대한 논란이 이어지고 있기는 하다. 하

104) 인천시립박물관, 『강화 고려고분 지표조사보고서』, 2003.
105) 이희인, 앞의 책, 198~199쪽.

지만 강도시기에 이러한 대규모 사찰이 운영되었다는 것 자체가 강도는 잠시 머물다 떠 날 피난처 이상의 규모와 체계를 갖춘 도시였음을 보여주는 또 하나의 예라 할 수 있다.

강도는 전쟁을 피해 급하게 건설되기는 했지만 또 다른 개경으로 설계되었고 고려 사람들도 황제의 도읍으로 인식하였다. 그러한 의미에서 강화는 일국의 도읍이 자리했던 고도 가운데 하나임이 분명하다. 그렇지만 강화도는 우리에게 제대로 된 대접을 받지 못하고 있다. 이렇게 된 것은 강화에 도읍이 자리한 기간이 짧았기 때문일 수도 있지만 그 배경에는 강도를 공식적인 도읍이 아니라 임시 피난처로 바라보는 선입견이 있기 때문은 아닌가 한다. 이것은 백제 700여 년 역사에서 60여 년 간 도읍이 자리했지만 백제의 고도로 인식되고 있는 공주의 예를 보면 알 수 있다.

아울러 한 고려시대 전문가의 지적처럼 강화도가 역사도시로서 정체성을 갖지 못하는 것은 선사시대부터 개항기까지 다양한 시대에 걸쳐 풍부한 역사적 자원이 있어 초점이 분산되기 때문이기도 하다. 그러면서 고려의 수도로서 면모를 살펴 볼 수 있는 유적이 많지 않은 점은 강화도가 고도라는 사실을 잘 느끼지 못하게 된 중요한 이유 가운데 하나일 것이다. 강도의 모습을 복원하기 위해서는 상당한 시간과 노력이 필요하다. 결국 강화를 고려의 도읍으로 만드는 것은 우리의 몫이다.

3. 열강과 마주해 온 섬

1) 하늘이 내린 요새

인천 소암마을 출신의 조선시대 문신 이형상은 자신이 지은 17세기말 『강도지』에서 강화도를 이렇게 묘사하였다.

> "섬을 둘러 모두 바다다. 서쪽과 남쪽은 넓고 물가가 없으며 오직 동쪽과 북쪽의 두 나루 사이가 그다지 넓지 않지만 물살이 세고 암초가 있기 때문에 조수를 살피고 건너야 한다. 그러므로 오랑캐를 방어하기에 적합하다"

『강도지』는 강화도 국방의 필요성을 숙종에게 올리기 위해 찬술한 책이다. 그만큼 이 섬이 당시 조선의 관방에서 가지는 의미는 남달랐다. 강도지의 글귀처럼 강화도는 한강 하구에 자리 잡고 동시에 하늘이 내린 요새로 불릴 만큼 독특한 지리적 조건을 갖추고 있는 탓에 조선시대 이전부터 외부의 침입으로 부터 나라를 방비하는데 중요했다.

본래 강화도는 배를 댈 곳이 없었던 섬이었다. 오늘날 하나의 섬이 되었지만 본래 마니산 일대는 고가도(古家島)라 불리는 별개의 섬이었고, 별립산과 봉천산 일대도 거의 섬의 형태에 가까워 크게 2~3개의 섬으로 이루어져 있었다. 불뚝 솟은 산지 사이로 바닷물이 깊숙하게 들어왔고 해안선의 굴곡이 심했다. 섬 주변으로는 지금보다 더 넓은 갯벌이 펼쳐져 있어 접근이 쉽지 않았다. 강화도의 갯벌은 썰물 때 한강과 임진강, 예성강에서 밀물 때는 바다에서 조류를 따라 퇴적물이 섬 주변에 쌓이면서 이루어진 것이다. 여기에 빠른 물살과 최대 10m에 달하는 큰 조수간만 차 그리고 겨울철에는 강에서 떠내려 오는 얼음 덩어리가 더해지면서 눈앞에 빤히 바라다 보일 정도로 가까이 있지만 육지에서 섬으로 들고 나는 것이 수월치 않았다. 조선의 대표적 지리지인 『택리지』에는 강화도를 "강화부의 북쪽으로는 승천포, 동쪽은 갑곶에만 배로 건널 수 있고 그 외는 모두 수렁이다"라 하였다. 질퍽한 갯벌과 급한 조류와 암초, 겨울철 유빙으로 승천포와 갑곶 등 일부 제한된 지점을 통해서만 출입이 가능한 천혜의 요새였던 것이다. 고려의 도읍이 이 섬에 자리했던 것도 이 때문이었다.

13세기 고려는 몽골과의 전쟁이 시작되면서 강화도로 천도를 했고 이곳을 강도(江都)로 불렀다. 개경을 떠난 것에 대한 역사적 평가는 접어두고 강화도가 천도지로 결정된 중요한 이유 중 하나는 섬 주위가 자연 방어선으로 둘러싸여 방비에 유리하다는 점이었다. 육지는 몽골군에 의해 여러 차례 유린되었지만 고려는 강화에서 오랜 기간 동안 전쟁을 수행할 수 있었다. 천도 이후 강화에는 개경에서 옮겨온 왕실과 관리, 군인 등을 비롯해 많은 사람들이 모여 살게 되었다. 사람이 많아진 만큼 식량이 필요하게 되면서 토지를 개간하거나 바닷가를 간척해 농경지를 만들었다. 당시의 모습은 1256년(고종 43) 제포(梯浦)와 와포(瓦浦) 등을 간척해 둔전으로 삼았다는 『고려사』의 기록으로 전한다. 개경으로 다시 돌아간 이후에도 크고 작은 규모의 간척이 조금씩 이루어지면서 강화도의 지형은 본래의 모습에서 조금씩 변화해 갔다. 지속적인 간척은 강화도의 해안 지형을 점차 단순화 시키면서 예전에는 갯벌로 인해 접근이 불가능했던 지역이 점차 줄어들었고, 조선 전기에는 승천포와 갑곶 이외에도 인화, 정포, 광성 등에도 배를 댈 수 있게 되었다.

개경으로 돌아간 이후 천험(天險)의 금성탕지(金城湯池)인 강화도의 중요성은 큰 전란이 없었던 탓에 왕조가 바뀌고 임진왜란이 일어나기 전 까지 잊혀졌다. 조선은 임진왜란을 겪으면서 유사시 왕실이 피난할 수 있는 보장처(保藏處)의 필요성을 느끼게 되었는데 그 과정에서 강화도의 가치가 다시금 부각되었다.[106] 특히 정묘호란 당시 인조가 3개월간 이 섬에 피난하면서 위기를 모면한 것을 계기로 강화도는 남한산성과 함께 왕실의 보장처가 되었다. 그러나 병자호란 때 인조는 강화도에 들어오지 못한 채 세자빈과 봉림대군이 들어와 항전했지만 청군이 갑곶나루에 도강을 시작한 지 하루도 안 돼 강화부가 함락되는 수모를 겪었다. 군비의 열세와 청군의 치밀한 전략과 전술 탓도 있었지만 지형 조건에 대한 맹신과 나태함이 불러온 결과이기도 하다.

조선 정부는 강화도가 쉽게 함락된 데 큰 충격을 받았다. 효종은 병자호란 당시 대군의 신분으로 강화가 함락되는 과정을 목격하면서 강화도의 방비를 강화하는데 적극적인 노력을 기울였다. 병자호란 당시 적병의 상륙을 막지 못한 것을 교훈 삼아 먼저 효종~숙종 연간에 단계적으로 여러 개의 진·보를 다른 지방으로 부터 옮겨오거나 새롭게 설치하면서 강화도 연안을 둘러쌌다. 한편으로 군사를 운영할 수 있는 식량 확보를 위한 농경지를 마련하기 위해 간척을 집중적으로 실시했다. 간척 사업은 효종~현종 대에 주로 진행되었는데 강화도 북쪽과 동쪽 해안을 시작으로 18세기 초 선두포언의 축조로 마

---

106) 보장처란 유사시 왕실의 안위를 지키기 위한 피난처의 개념이다.

니산 일대가 본섬과 이어지면서 사업의 대강이 마무리 되었다. 당시 간척은 농경지를 확보하기 위해 이루어졌지만 간척을 위해 쌓은 해안 제방은 복잡한 강화도의 해안선을 손쉽게 통행할 수 있는 교통로의 역할도 수행했다.[107)]

1679년(숙종 5) 간척으로 새롭게 형성된 해안선의 요충지에 돈대를 설치하였다. 돈대는 외적의 침입과 움직임을 탐지하고 상륙을 저지할 목적으로 쌓은 군사 시설이다. 1691년(숙종 17)에는 강화 동쪽 해안을 따라 외성을 축조하였다. 이미 해안 곳곳에 돈대를 쌓았지만 각 돈대 마다 간격이 넓어 적군의 상륙을 보다 효과적으로 막기 위해 그 사이를 성으로 연결한 것이다. 예전에는 갯벌과 바다 자체가 방어선이 되었지만 간척으로 인한 지형 변화에 따라 이전보다 내륙에서 강화로 접근할 수 있는 경로가 증가했고, 한번 함락당한 역사적 경험이 있었기 때문에 돈대와 외성의 설치는 자연스러운 것이었다.[108)]

1694년(숙종 20)에는 갑곶 건너편에 있는 문수산에 산성을 쌓고 1711년(숙종 37)에는 강화부성을 오늘날의 모습처럼 남산과 견자산까지 포함하는 규모로 확대하면서 문수산성, 외성과 돈대, 강화부성으로 이어지는 강화도 방어 체계의 뼈대가 마련되었다. 여기에 교동의 통어영(統禦營)을 중심으로 수군이 강화의 외곽을 방어하면서 보장처 강화의 방어 체계가 완성된다. 강화도의 전략적 의미는 1728년(영조 4) 이인좌의 난을 계기로 보장처에서 개경, 수원, 광주와 함께 도성 방어의 4개 거점 가운데 하나로 변화되었지만 조선의 관방에서 강화도가 가지는 전략적 중요성은 차이가 없었다.

---

107) 배성수, 앞의 글, 2006, 375쪽.
108) 이희인, 앞의 책, 70~73쪽.

이후 약 100여 년간 강화도의 방비 체계는 큰 변화가 없었지만 조선과 동아시아를 둘러싼 세계정세는 급격히 바뀌었다. 강화도는 19세기 말 양이(洋夷), 즉 서양 열강과 무력을 통한 만남에서 큰 타격을 입게 된다. 병인양요 때는 프랑스 군에 의해 강화부가 함락되고 신미양요에는 미군에 의해 초지진과 덕진진, 광성보가 파괴되었다. 비록 늦은 감은 있지만 두 차례의 양요를 겪은 후 조선 정부는 염하 해안가에 포대를 여러 곳 설치해 서해에서 한양으로 연결되는 뱃길에 대한 방비를 강화하고자 하였다.

강화도는 13세기 몽골, 17세기 청나라, 19세기 말 프랑스와 미국, 일본에 이르기 까지 수백 년간 세계의 열강의 파도와 마주했던 한반도의 방파제였다. 그런데 오늘날도 손을 뻗으면 닿을 정도로 북한과 지척에 자리한 탓에 해안 요충지 곳곳에 군부대가 자리하고 있는 모습은 우연치고는 꽤나 공교롭다.

2) 80일 만에 쌓은 돈대

돈대(墩臺)는 돌이나 흙으로 쌓은 소규모 군사 시설이다. 중국 명대 요동 지방의 성제(城制)로 알려져 있는데 기본적으로 외적의 침입을 미리 관찰하여 경보하기 위한 시설이지만 방어 기능도 포함된다. 성곽을 대체하는 방어 시설의 일종으로 현재 비무장지대에 배치된 GP(Gard Post)와 비슷한 개념이라 볼 수 있다. 우리나라에 돈대의 존재가 알려진 것은 조선 전기부터지만 1679년(숙종 5) 강화도에서 처음 축조되었다. 돈대는 규모가 작아 단독으로 배치되기 보다는 성을 쌓기 어려운 지역에 인접 돈대간 교차 사격을 할 수 있는 지점에 여

덕진돈대와 포대(강화군청)

러 개를 쌓아 방어의 효율을 높였다.109)

강화도에 돈대를 쌓은 이유는 보장처 강화의 방비를 강화하기 위한 것이었다. 병자호란 당시 강화부가 함락되는 쓰라린 경험을 겪은 조선 정부에게 해안 방비는 매우 중요한 과제였다. 적의 상륙으로부터 섬을 방어하기 위해 가장 먼저 취한 조치는 진(鎭)과 보(堡)를 해안가에 배치하는 것이었다. 오늘날 대대나 연대와 같은 일종의 단위부대 지휘부에 해당하는 진·보는 효종~숙종 때 단계적으로 인천과 교동, 안산 등에서 강화로 옮기거나 신설하면서 모두 12개가 배치되었다. 그러나 각 진과 보 사이의 거리가 멀어 효율적으로 해안 방어를 하는데 어려움이 있었다.

109) 배성수, 「숙종 초 강화도 돈대의 축조와 그 의의」, 『조선시대사학보』 27, 조선시대사학회, 2003, 158쪽.

용두돈대 (강화군청)

이를 보완하기 위해 돈대의 축조가 논의되기 시작했는데 1677년(숙종 3) 영의정 허적(許積)의 건의를 계기로 구체화 되었다. 숙종은 1678년 병조판서 김석주(金錫胄)를 강화로 파견하여 상황을 파악하도록 하였고 강화를 둘러 본 김석주는 일종의 출장 복명서인 「강도순심후계서(江都巡審後啓書)」와 「강도설돈처소별단(江都設敦處所別單)」을 숙종에게 바쳤다. 여기에는 돈대의 위치와 필요한 인력·물자가 자세하게 기록되어 있을 뿐만 아니라 문수산성의 축성 등 향후 강화도 방어 체계 구축에 대한 내용도 언급되어 있다. 숙종은 이를 바탕으로 절목(節目)을 반포하고 돈대 건설을 진행하였다. 돈대 축조에는 1679년(숙종 5) 3월 2일부터 5월 23까지 80일이 소요되었다. 돈대에 쓰이는 석재 채취가 1678년(숙종 4) 12월 1일부터 진행되었는데 이를 포함하면 돈대 건설에는 약 150일이 걸린 것이다. 인력은 처음에 함경도와 황해도, 강원도의 승군(僧軍) 8,000여명이 투입되었고 이후 중앙군인 어영군(御營軍) 4,200여명이 교대하여 총 14,000여명이 동원되었다.[110] 돈대 성벽을 쌓는 돌은 마니산과 별립산 등지에서 채석하였고,[111] 여장을 쌓는 얇은 돌[薄石]은 석모도에서 가져왔다.[112] 당초 계획된 돈대의 수는 49개소였으나 실제 건설 단계에서는 강화 남단의 불은평(佛恩坪)을 제외하고 48개가 축조되었다.

사실 강화도의 방비를 위해 처음부터 해안가를 따라 성을 쌓고자 하였으나[113] 당시 조선의 경제력으로는 감당하기 어려워 우선 돈대를 축조하기로 결정한 것이다. 돈대는 규모가 작아 상대적으로 적은 비용으로 만들 수 있고 방어의 효율을 높일 수 있었기 때문이다. 왜란과 호란을 겪으면서 피폐해진 당시 조선의 사회·경제적 상황에서 돈대는 기존의 성제를 보완할 수 있는 좋은 대안이었던 것이다. 1711년 (숙종 37) 강화부성을 남산과 견자산을 포함해 확장하는 것을 논의하는 과정에서도 성을 쌓는 대신 남산과 견자산에 돈대를 축조하는 의견이 제시된 것도 같은 맥락에서였다.[114] 강화도에 돈대를 쌓은 이후 남한산성과 파주 임진나루 부근 장산진, 수원 화성 일대 등 군사적 요충지에 차례로 돈대가 설치되었다. 강화도가 새로운 성제의 시험장이었던 셈이다.

강화도 돈대는 적의 움직임을 미리 관찰하고 상륙을 차단하는데 중점을 둔 것이다. 강화 남쪽과 서쪽에는 넓은 갯벌이 펼쳐져 있어

---

110) 배성수, 앞의 글, 2003, 142~162쪽 참조.

111) 『息庵遺稿』 江都設敦處所別單.

112) 『息庵遺稿』 墩臺畢築巡審後啓書.

113) 『承政院日記』 258책, 숙종 3년 1월 23일.

114) 『肅宗實錄』 권48 숙종 36년 6월 29일.

침입이 쉽지 않기 때문에 자연스럽게 48개 돈대 가운데 내륙과 마주한 강화 동쪽과 북쪽 해안에 절반 이상이 배치되었다. 1679년(숙종 5) 48개 돈대를 건설한 직후 강화 남서쪽에 검암돈대를 쌓았고 1718년(숙종 44)과 1726년(영조 2) 사이에 빙현, 철북, 초루, 작성 등 4개의 돈대를 차례로 강화 북쪽 해안에 새로 쌓았다.[115] 이때 축조한 돈대 4기는 적선이 강화도 북쪽 해안을 거쳐 한강 하류로 진입하는 것을 저지하기 위한 것으로 여겨진다.[116] 반면 1679년 축조된 48개 돈대 가운데 선두포 간척으로 기능을 잃은 양암, 갈곶돈대는 폐지되었다.[117] 한편 강화도에서 가장 마지막으로 축조된 돈대는 광성보의 용두돈대다. 전형적인 돈대의 형태를 따르지 않고 규모도 매우 작을 뿐더러 정확한 축조 시기도 알려져 있지 않은데, 양요를 거치는 과정에 건설된 것으로 추정된다.[118] 용두돈대까지 포함하면 강화도에 건설된 돈대는 모두 54개가 된다. 강화 돈대의 수가 53개라 한 경우도 있는데 이는 용두돈대를 제외하고 계산한 것이다. 한편 용두돈대처럼 돈대로서의 대접을 잘 받지 못하는 곳이 하나 더 있다. 초지돈대가 그것이다. 이곳은 사적 제255호 초지진으로 지정되어 있고 여기를 방문하는 사람도 대부분 초지진으로 알 고 있다. 그러나 초지진은 초지돈대를 관할했던 군사 지휘부로 현재 정확한 위치는 확인되지 않고 지금 남아있는 유적은 70년대 복원된 돈대다. 돈대를 돈대라 부르지 못하고 있는 셈이다. 역사적 정보를 잘못 전달하고 있는 것이기

---

115) 『輿地圖書』 江都府誌 墩臺.

116) 『肅宗實錄』 숙종 44년 4월 1일.

117) 『輿地圖書』 江都府誌 墩臺.

118) 배성수, 「강화 해양관방유적의 보수 경과와 보존 관리 방안」, 『강화해양관방유적의 세계유산적 가치와 보존방안』, 강화고려역사재단, 2016, 65~66쪽.

때문에 개선이 필요하다.

강화도 돈대의 기능은 척후와 상륙 차단이기 때문에 조망이 좋은 산 중턱이나 곶에 자리한다. 형태는 원형 또는 방형이 일반적이나 지형에 따라 반월형이나 타원형의 돈대도 존재한다. 내부는 상하 중층 구조로 아래층에는 화포를 넣을 수 있는 포좌(砲座)를 배치해 원거리 공격을 하고 위층에는 여장을 쌓아 조총이나 활과 같은 개인 병기로 근거리 사격을 할 수 있도록 하였다. 포좌는 모두 해안 방향을 향하고 있으며 지형에 따라 돈대마다 2~4개씩 설치되었다. 해안 반대쪽에는 출입을 위한 성문을 설치하고 돈대 내부에서 상층으로 올라가기 위한 계단을 두었다. 돈대의 규모는 둘레 80m에서 140m 내외이며 이 가운데 100m 내외의 크기가 가장 많다. 동검북돈대는 둘레 260m로 강화 돈대 가운데 가장 규모가 크다.[119] 돈대에는 병사들이 머물거나 무기를 보관하기 위한 5칸 규모의 돈사(墩舍)가 설치되었다. 신미양요 당시 초지돈대 사진에도 돈사 건물이 확인된다. 그러나 지금까지 발굴된 강화 돈대에 돈사가 확인된 예는 없다. 돈대의 관리와 운영은 각 진과 보 그리고 강화 진무영이 2~4개씩 나누어 맡았는데, 평상시 돈대 관리를 위해 각 돈대에는 1명씩 거주하고 장교와 병사가 교대로 지키게 하였다.[120]

54개 돈대 가운데 현재 멸실되거나 형태가 사라진 유적은 19개다.[121] 나머지 돈대도 성벽이 허물어지거나 보수와 복원을 거쳐 원형을 알 수 있는 경우는 많지 않다. 지금까지 계룡돈대를 비롯한 6개

---

119) 육군박물관, 앞의 책.
120) 『江都志』 墩煌.
121) 배성수, 앞의 글, 2016, 66쪽.

건평돈대 전경과 석축기단(인천시립박물관)

돈대가 시굴 또는 발굴조사가 이루어졌다. 이를 통해 돈대의 축조 방법과 구조가 확인되었는데 이 가운데 계룡돈대와 건평돈대는 전면 발굴로 전체적인 구조가 밝혀졌다.[122]

돈대 건설은 기초를 조성한 뒤 성벽을 쌓고 여장 등 상부 시설을 설치하는 순서로 이루어졌다. 특히 돈대는 고도가 높은 구릉 위나 산

122) 한울문화재연구원, 『강화국방유적 계룡돈대』, 2010.
인천시립박물관, 『건평돈대 발굴조사보고서』, 2017.

건평돈대 포좌와 계단(인천시립박물관)

지의 경사면에 위치하는 경우가 많기 때문에 붕괴의 위험이 많았다. 그래서 성을 쌓기 전에 기초를 견고하게 다져야 했다. 성벽 하중을 견디기 위해 경사면에는 돌을 이용해 여러 단의 석축을 쌓았다. 대표적인 예로 계룡돈대는 좁고 긴 형태의 구릉에 위치하는데 양쪽으로 좁고 가파른 경사지에 최대 4.7m 높이로 계단식 석축을 쌓아 상부를 장방형으로 조성한 뒤 성벽을 올렸다. 한편 구릉 정상부에 위치한 돈대는 지형적으로 성 바깥이 안쪽 보다 낮기 때문에 외벽이 자연히 높게 되는데, 돈대 바닥과 성벽 상단의 높이차를 극복하기 위해 돈대 안쪽에 일정 높이까지 흙을 쌓아 올렸다. 건평돈대는 산 중턱 경사면에 자리하는데 경사면에 아래 보축을 설치한 뒤 성벽을 쌓아 올리고, 돈대 내부 바닥과 성벽 사이의 높이를 맞추기 위해 크고 작은 석재를 쌓고 그 위에 흙을 깔아 돈대 내부가 최대한 수평을 유지하도록 했다. 발굴을 통해 확인되지는 않았지만 망월돈대나 장자평, 낙성돈대와 같이 갯벌에 위치한 경우는 펄 위에 석재를 쌓아 올려 기초를 다지고 그 위에 돈대를 쌓은 것으로 전한다.[123]

돈대 성벽은 협축 또는 편축식으로 쌓았다. 협축은 성벽 안팎을 일정한 높이까지 같이 쌓는 방식이며, 편축은 외벽을 견고하게 석축으로 하고 뒷면은 잡석을 채우고 이를 흙으로 덮는 형태다.[124] 성벽 축조 방식은 돈대 입지에 따라 다르다.

문헌에는 돈대 축조 이후 4년 뒤인 1683년(숙종 9) 돈사를 건설된 것으로 전하며[125] 옛 지도에도 돈사가 확인되지만, 지금까지 발굴된 돈대에서 뚜렷한 돈사의 흔적은 발견되지 않았다. 계룡돈대와 건평돈대에서 수혈 주거지가 확인되었고 이 중 계룡돈대 수혈이 돈사 역할을 했을 것으로 추정되기도 한다. 돈사 구조가 잘 발견되지 않는 것은 돈사가 있었더라도 건물 자체가 정연하게 지어진 것이 아니라 기초도 약식으로 마련된 탓에 후대에 쉽게 훼손된 것으로 볼 수 있다. 그렇지 않으면 돈사가 애초에 일부 돈대에만 조성되었을 가능성

123) 『息庵遺稿』 墩臺畢築巡審後啓書.

124) 손영식, 『한국의 성곽』, 주류성, 2009.

125) 『江都志』 燉煌.

계룡돈대 내 움집(한울문화재연구원)

도 있는데, 1683년(숙종 9) 돈사를 조성할 당시 35개의 돈대만 조성되고 나머지는 추가로 건설하겠다는 기록이 이와 관련이 있어 보인다.[126] 이렇게 보면 돈사가 설치되지 않은 돈대에는 움막을 지어 돈사로 활용하였을 가능성도 배제할 수 없다.

돈대는 1895년 경 기능을 잃어버린 것으로 생각된다. 이후 주변 민가에서 돈대의 성돌을 빼가기 시작하면서 성벽이 허물어졌고, 돈대 안쪽은 매서운 바닷바람을 피하기 좋아 경작지나 주거지로 사용되면서 훼손되거나 멸실되었다. 돈대는 이처럼 경작과 같은 후대의 훼손으로 멸실되다. 한편 강화 돈대의 여장은 벽돌이 아니라 인근 석

126) 배성수, 「발굴조사를 통해 본 건평돈대의 성격」, 『건평돈대 발굴조사보고서』, 인천시립박물관, 2017, 153쪽.

계룡돈대 각자성석

모도에서 가져온 얇은 박석을 회로 접착해 쌓아 올렸다. 미루지돈대에 당시 여장의 원형이 비교적 잘 남아 있다.

돈대는 기본적으로 성곽을 보조하는 시설이기 때문에 구조가 그리 정교하지 못하다. 14,000여명이 동원되었다고 하지만 80일 동안 48개의 돈대를 쌓을 수 있었던 것은 돈대가 최소의 비용으로 최대 효과를 내는 군사 시설이라는 점에서[127] 가능한 일이었다. 게다가 돈대의 입지가 구릉 부터 갯골에 이르기까지 다양해서 일정한 규범이 적용되기 보다는 각 지형에 맞는 방식으로 축조되면서 형태와 구조가 조금씩 다르다.

돈대에는 문헌에 전하는 당시 돈대 축조 사실을 잘 보여주는 흔적

---

127) 배성수, 앞의 글, 2003, 159쪽.

이 남아있다. 계룡돈대 성벽 하단 면석에는 '강희십팔년사월일경상도군위어영(康熙十八年四月日慶尙道軍威御營)'이라는 명문이 새겨져 있다. 돌로 만든 성곽에는 축성 시기와 공사 담당자의 이름과 벼슬, 담당 구간 등을 돌에 새긴 각자성석(刻字城石)이 종종 확인된다. 이는 맡은 구간에 대한 책임을 분명하게하기 위한 것으로 오늘날에는 축성에 대한 정보를 담고 있는 중요한 기록이 된다. 둘레 약 18km의 한양도성에는 300여개의 각자성석이 남아있다. 돈대도 예외가 아니다. 돈대 축조 년대를 표시한 강희(康熙)는 중국 청나라 강희제의 연호로, 강희 18년 4월은 1679년(숙종 5) 4월이다. 돈대를 쌓은 이들은 경상도 군위에서 올라온 어영군으로 명문의 내용은 문헌 기록과 일치한다. 그런데 돈대의 축조가 공식적으로 완료된 것은 5월이다. 따라서 승군이 돈대 성벽을 쌓았고 어영군이 추가로 투입되어 여장을 축조하는데 동원되었다는 기록을 감안하면 이 각자성석은 승군들에 의해 계룡돈대 축조가 거의 마무리 된 상태에서 어영군이 추가로 투입되면서 새긴 것으로 여겨진다.[128]

강화 북쪽 해안가에 자리한 초루돈대에도 각자성석이 확인되었다.[129] 초루돈대는 민통선 안에 있어 사람들이 접근이 쉽지 않아 명문의 존재가 알려지지 않다가 발굴 과정에서 확인되었다. 돈대 성문 서쪽 면석에 '강희59년사월일□□전별장최□형비장교련관장준영전사과금□□(康熙五十九年四月日□□前別將崔□螢婢將教鍊官張俊英前司果金□□)'라 새겨져 있다. 이에 따르면 초루돈대는 강희 59년, 즉 1720년(숙종 46) 4월에 강화부 소속 군사들이 쌓았다.

---

128) 배성수, 앞의 글, 2003, 150쪽.

129) 국립문화재연구소, 『강화의 국방유적』, 2004.

건평돈대 출토 불랑기(인천시립박물관)

최근 발굴된 건평돈대에서는 불랑기(佛狼機)라는 화포가 출토되었다.[130] 17세기말 간행된 강화읍지인 『강도지』에는 각 돈대에 불랑기 8문과 조총 10자루가 있었고 특히 중요도가 높은 월곶돈대와 갑곶돈대에는 대형 불랑기 2문이 추가로 배치된 것으로 전한다.[131] 실제로 돈대마다 배치된 무기의 수량을 정확히 알 수 없지만 불랑기는 돈대의 주력 무기인 것은 분명해 보인다. 불랑(佛狼)은 중국에서 유럽을 통칭하던 프랑크(Frank)의 음차로 불랑기는 유럽에서 중국 명나라에 전해진 서양식 화포를 부르는 이름이다. 조선에 불랑기가 도입된 것은 16세기 전반으로 추정되는데 임진왜란 당시 평양성 전투에도 사용된 것으로 알려져 있다. 불랑기는 탄약을 포구에 넣는 종래의 화포

130) 인천시립박물관, 앞의 책, 2017.

131) 『江都志』 墩煌.

와 달리 일종의 탄창인 자포(子砲)에 포탄을 넣고 이를 모포(母砲)에 끼워 발사하는 방식이다. 하나의 포신에 보통 5개의 자포가 세트를 이루면서[132] 빠른 속도로 연사가 가능한 점이 특징이다.

건평돈대에서는 모포만 출토되었고 자포는 확인되지 않았다. 출토 불랑기는 길이가 약 1m이며 구경은 40cm다. 1호부터 5호까지 크기별로 분류된 기준에 의하면 4호 불랑기에 해당되며 당시 가장 널리 사용된 종류다. 몸체에는 제작 년도와 제작 주체, 무게, 제작자 등을 자세히 기록한 명문이 남아 있다. 이에 따르면 건평돈대 출토불랑기는 돈대 축조 이듬해인 1680년(숙종 6) 2월 삼도수군통제영에서 주관하여 제작하고 강화도 돈대에 보급한 포 가운데 152번째 불랑기다. 병조판서 김석주가 돈대를 설치한 후 강화부에 소장된 불랑기가 부족하기 때문에 각 돈대에 나누어 줄 불랑기 제작을 건의하였는데[133] 건평돈대에서 당시 제작된 불랑기 실물이 확인된 것이다. 건평돈대 출토 불랑기는 제작 시기가 분명한데다가 실전 배치 장소에서 처음 출토된 것으로, 조선후기 강화도 방비체계에 대한 보기 드문 실물 자료로 가치가 높다.[134] 이 밖에 출토지는 정확히 알려져 있지 않지만 일본 헌병대장이 강화 초지돈대에서 가지고 온 것으로 전하는 불랑기 5문이 옛 유력 정치가의 별장에 장식품으로 있었다는 전언 등으로 미루어 보아[135] 돈대 폐기 이후 많은 무기들이 외부로 반출되었던 것으로 보인다. 이렇게 보면 지금까지 불랑기가 제자리에 있었던

---

132) 서울대규장각, 『火器都監儀軌』, 2003.
133) 『息庵遺稿』 墩臺畢築巡審後啓書.
134) 인천시립박물관, 앞의 책, 2017.
135) 육군박물관, 『한국군제사』, 1977.

것은 놀라운 일이라 할 수 있다.

조선 왕실의 보장처 강화도 방비를 위해 쌓은 돈대는 120여 년 전 공식적으로 임무를 다 했다. 그러나 돈대 가운데 일부는 강화에 주둔하는 해병대 진지로 사용되면서 군사 시설로서의 생명을 이어가고 있다. 돈대 자리가 지금도 군사적으로 중요한 요충지라는 이야기이도 하다. 만들어진지 330년이 지났지만 돈대는 여전히 국방의 최 일선에 복무중인 살아있는 유산인 것이다.

3) 바닷가에 쌓은 장성

강화도 해안 요충지에 돈대를 촘촘히 쌓았지만 여전히 방어에 허점이 있었다. 돈대 사이의 거리는 구간 마다 차이가 있지만 대략 1km 내외로 적의 상륙을 차단하는데 한계가 있었던 것이다. 돈대를 건설하기 이전부터 이러한 문제점을 인식하고 있었지만 당시 상황에서 돈대의 축조는 최선이었다. 조선 정부는 이를 보완하기 위해 강화도 해안가에 외성을 축조하는 방안을 추진하였다.[136] 진·보 중심의 강화도 방어 체계의 허점을 보완하기 위해 돈대를 쌓았듯이, 돈대 체계의 한계를 극복하고자 외성을 축조하고자 했던 것이다. 강화부성을 먼저 건설하자는 의견도 있었으나 우선 외성을 축조하기로 최종 결정하였다.[137] 당초 강화도 북쪽과 동쪽 해안 전체에 성을 축조할 계획이었으나[138] 그러기에는 많은 공력과 재원이 투입되어야 했기 때문에 우선 섬 동쪽에 축성을 시작했다.

---

136) 『肅宗實錄』 숙종 16년 9월 12일.
137) 『肅宗實錄』 숙종 16년 9월 27일.
138) 『備邊司謄錄』 숙종 16년 11월 14일.

1691년(숙종 17) 강화도 동북쪽 휴암돈대에서 남쪽의 초지까지 바닷가를 따라 성을 쌓았다.[139] 현재 사적 제452호로 지정되어 있는 강화외성은 적북돈대에서 초지까지 이어지며 길이는 약 23km로 알려져 있다. 그러나 외성을 처음 쌓은 뒤 섬 위쪽으로 성벽을 조금씩 추가로 축조했기 때문에 외성의 북쪽 끝이 어디까지인지 분명치 않다. 강화 옛 지도나 읍지마다 전하는 외성의 북쪽 한계는 적북, 휴암, 옥포, 숙룡 등으로 다양하다. 외성을 쌓은 지 몇 해 뒤에 간행된 『강도지』에 따르면 처음 외성을 쌓은 지 2년 뒤인 1693년(숙종 19)에 휴암돈대에서 북쪽으로 숙룡돈대까지 외성을 추가로 쌓았다.[140] 숙룡돈대는 적북돈대 북서쪽에 위치하기 때문에 이 기록대로라면 외성은 적북돈대 이북까지 건설되었던 것으로 보인다. 이와 관련해 1692년(숙종 18), 성을 쌓지 못한 휴암돈대 부터 인화까지 구간을 향후 강화유수들의 임기마다 나누어 쌓으면 유수 6명의 임기 내에 축성을 완료할 수 있다는 논의가 있었다.[141] 이를 감안하면 외성은 최소한 숙룡돈대까지는 연장된 것으로 보인다. 다만 현재까지 이 일대에서 외성의 흔적은 확인된 바는 없다.

돈대는 승군과 어영군이 쌓았지만, 외성은 중앙군인 훈련도감과 어영청, 금위영 등 3군문(三軍門)과 강화부 소속 군사가 동원되어 구간별로 나누어 축조했다. 처음 외성은 흙으로 만든 토성이었다. 성벽 위에 여장을 올렸는데 산지 구간에는 여장만 쌓은 구간도 있다.[142]

---

139) 『輿地圖書』 江都府誌 城池.

140) 『江都志』 城郭.

141) 『備邊司謄錄』 숙종 18년 3월 4일.

142) 『江都志』 城郭.

강화외성 전경(위: 갑곶 부근, 아래: 오두돈대 부근)

그런데 흙으로 쌓은 외성은 밀물 때 바닷물의 영향으로 성벽과 여장이 붕괴되는 일이 잦았다. 이에 강화 유수 김시혁이 벽돌로 성을 쌓자고 국왕에게 건의하였는데, 이것이 받아들여져 1743년 (영조 19) 무너진 구간을 헐어 버리고 벽돌로 다시 쌓았다. 김시혁이 사신단의 일환으로 북경을 방문하였을 때 벽돌을 구워 성벽을 쌓는 것을 목격하고, 이를 조선에 적용 시키고자 한 것이다.[143] 요즘으로 치면 공무원이 선진지 견학을 가서 배운 최첨단 기술을 실무에 적용한 셈이다. 강화외성은 우리나라에서 벽돌을 성곽 건설에 활용한 첫 사례로 성곽사에서 중요한 의미가 있다. 그런데 새로운 시도는 강화도의 현실에 맞지 않았다. 당시 쌓은 벽돌 성벽은 생각보다 내구성이 약하고 습한 환경을 견디지 못해 무너지는 곳이 많았던 것이다. 그래서 1746년(영조 22)부터 1758년(영조 34)에 걸쳐 구간 별로 돌로 성을 다시 고쳐 쌓았다.

당시 벽돌로 개축한 구간이 구체적으로 어디인지는 알 수 없는데, 현재 오두돈대 부근과 덕진진 부근에 전축(塼築) 성벽이 일부 남아있다. 이 중 일부 구간이 성벽 복원을 위한 발굴이 이루어져 축조 구조가 일부 밝혀졌다.[144] 성벽 바깥은 연약한 갯벌이어서 지반을 보강하기 위해 석렬을 설치한 뒤 석렬과 성벽 사이에 모래질과 점토질의 흙을 교대로 섞어 다졌다. 성벽 안쪽에도 성벽이 붕괴되는 것을 막기 위해 석렬을 설치하였다. 이렇게 다져진 지반 위에 얇은 지대석을 놓고 그 위에 성돌을 1~3단 쌓아 올렸다. 성돌 위에는 벽돌을 위에서 볼 때 성벽 축선과 평행한 가로 방향과 직교하는 세로 방향으로 번갈아 쌓았다. 벽돌 방향은 오두돈대 구간에서는 외벽과 내벽이 가로방향이고 내부가 세로 방향인데 비해 덕진진 구간에서는 이와 반대다. 성벽 안쪽은 벽체의 하중을 지탱하기 위해 벽돌을 쌓으면서 동시에 흙을 다짐해 넣었다.

---

143) 『英祖實錄』 영조 18년 10월 10일.

144) 한울문화재연구원, 『강화외성 덕진진 북측 성벽구간 유적 시굴 및 발굴조사 약식보고서』, 2015.

______________, 『강화외성내 강화전성』, 2016.

강화전성의 구조(오두리 구간)

외성은 처음에 흙으로 쌓았다가 벽돌로, 다시 돌로 고쳐 쌓았다고 하나 발굴 결과로 보면 실제 모든 구간을 일률적으로 수축한 것은 아니었던 듯하다. 더리미 부근 해안 도로 아래에서 초기에 흙으로 쌓은 외성의 흔적이 발견되었다.[145] 토성은 성 안팎 바닥에 돌을 놓고 그 사이에 흙을 쌓은 뒤 그 위를 다시 흙을 덮은 형태다. 이 밖에 발굴을 통해 구조가 확인되지 않았지만 광성보 손돌목돈대와 용당돈대 인근에서 석축 성벽의 기초 석렬이 지표에 노출되어 있다. 용당돈대~오두돈대 사이 개활지에는 여장만 설치된 구간도 확인되어 산지 구간은 여장만 축조되었다는 기록에 부합한다.[146]

외성에는 문루 6개를 비롯해 수문 17개, 암문 6개가 설치되었다.[147] 외성의 출입구인 성문은 북쪽부터 월곶의 조해루(朝海樓), 진

145) 한국고고인류연구소, 『강화외성 주변 공중화장실 신축부지내 유적발굴 약식보고서』, 2015.

146) 『江都志』 城郭.

147) 『輿地圖書』 江都府誌 城池.

안해루 (강화군청)

해사(鎭海寺) 부근 복파루(伏波樓), 오늘날 강화대교 아래 갑곶 진해루(鎭海樓), 용진진의 참경루(斬鯨樓), 광성보의 안해루(按海樓), 덕진진의 공조루(控潮樓)가 있다. 이 가운데 내륙과 강화를 잇는 갑곶나루와 이어지는 진해루가 대표적인 강화의 관문이다. 복파루와 진해루를 제외한 나머지 문루는 이미 복원되었고 진해루도 복원 사업이 계획되어 있다. 한편 조해루와 참경루, 안해루, 공조루가 각각 월곶진, 용진진, 광성보, 덕진진의 성문인 것으로 알고 있는 경우가 많다. 문루가 각 진·보와 인접해 있는데서 비롯된 것인데 초지돈대를 초지진이라 부르는 것과 같은 맥락인 것이다. 그러나 외성의 문루는 돈대처럼 해당 진·보의 관할 아래에 있기는 하지만 엄밀한 의미에서 진·보의 성문은 아니다. 진·보 자체는 단위 지휘부이기 때문에 관할과 시설은 나누어 이해할 필요가 있다.

덕진진 구간 외성의 구조

월곶진터와 외성

외성 문루 가운데 조해루와 진해루가 발굴되었는데, 특히 조해루에 인접해 월곶진의 건물지가 확인되었다.[148] 강화도에 설치된 진·보의 위치는 옛 지도를 통해서만 대략적으로 추정이 가능하지만 월곶진은 실제 유적이 확인된 것이다. 조해루는 기단 석축이 대부분 파괴된 상태로 내·외벽 일부만 남아있다. 월곶진은 조해루 북쪽에 위치한다. 경사면에 축대를 쌓고 2개의 건물을 배치하였는데 기단 일부와 기둥 초석 하부의 적심(積心)만 남아있다. 문루와 월곶돈대 사이에서는 외성의

148) 국립문화재연구소, 『강화 월곶진지』, 2010.

강화외성의 문루 발굴(위: 진해루, 아래: 조해루)

흔적이 확인되었다. 안팎으로 다듬은 화강암 석재를 놓고 내부에 작은 깬 돌을 채워 넣은 형태로 너비 90~120cm이다.

한편 강화외성은 고려시대 외성을 토대로 쌓았다고 알려져 있다. 이곳에 설치된 문화재 안내판에도 같은 내용이 적혀있다. 그러나 지금까지의 외성 발굴조사에서 고려의 흔적은 확인되지 않았다. 앞에서 보았듯이 천도기에 강화도 바닷가에 성이 있었는지는 아직 분명치 않다. 만일 있었다고 하더라도 해안 간척으로 지형 변화가 이루어진 점을 감안하면 고려의 해안 성은 강화외성 보다 섬 안쪽에 있었을 가능성이 높다.[149)]

강화외성은 섬의 방어를 위해 쌓은 성이다. 바닷가에 장성을 쌓은 예는 흔치 않은데 제주도 환해장성 정도를 꼽을 수 있을 듯하다. 한반도의 성제에서 독특한 경우라 할 수 있다. 외적에 의해 섬이 점령당했던 경험이 만들어낸 시대의 산물이기 때문이다.

돈대와 외성은 보장처 강화도 방어의 핵심 시설이었다. 바다 건너 문수산성과 행궁이 있는 강화부를 에워싸는 강화산성도 건설되었지만, 주 방어선은 돈대와 외성이었다. 그러나 18세기 중엽 이후 도성 방어체계가 피난에서 수성(守城)으로 변화하면서 강화도는 보장처가 아니라 수도 한양을 방어하는 거점으로서 역할을 부여 받았다. 그러면서 새로운 환경에 맞춰 돈대와 외성의 한계를 극복하기 위한 노력을 기울였다. 해안 포대가 그 가운데 하나다.

지금까지 강화도의 포대는 모두 8개로 알려져 있었다.[150)] 언제 건설되었는지, 얼마나 축조되었는지 정확히 알려져 있지 않지만 19세기 후반 두 차례의 양요를 겪는 과정에 축조되었던 것으로 여겨진다. 19세기 후반 강도부지도(서울대 도서관소장)에는 포대 10개소가 확인된다. 포대는 해안 저지대에 위치해 바다에서는 잘 보이지 않는 지점에 위치한다. 기습 공격에 유리한 곳이다. 서양 군대와의 전투에서 높은 곳에 있는 돈대에서의 공격이 효과를 보지 못했기 때문에 이에 대한 대비책으로 포대를 축조하였던 것으로 볼 수 있는 대목이다. 포대의

149) 이희인, 앞의 책, 133쪽.

150) 육군박물관, 앞의 책.

광성포대 전경

분포도 이를 뒷받침한다. 강화 남동쪽 덕진~초지 구간에 7개의 포대가 있고, 인화, 귀등곶돈대 부근 등 강화 서북쪽에 3개소가 분포한다. 전자는 남쪽 바다에서 염하로 진입하는 수로의 초입이며 후자는 서해먼 바다에서 강화 북쪽을 따라 한강으로 진입하는 루트의 입구에 해당한다. 다시 말해 포대는 바다를 통해 강화를 거쳐 한양으로 침입하는 적선을 격퇴하기 위한 시설로 돈대와 외성의 무력함을 보완하기 위해 설치된 것이다. 사실 조선이 두 차례 양요에서 패한 것은 방어 시설의 한계라기보다는 근본적으로 화포를 비롯한 무기의 열세 탓이었다. 그럼에도 포대를 새로 배치한 것에는 전투에서 체득한 교훈을 실제 방어체계에 적용함으로서 최대한 약점을 극복하고자 애썼던 조선의 의지가 반영된 것이다.

강화도 포대 가운데 실제 유적이 확인되는 곳은 덕진돈대 위쪽 남

광성포대 포좌(4호, 5호)

장포대와 손독목돈대 아래쪽 광성포대뿐이다. 이 중 발굴이 이루어진 손돌목 돈대 인근 광성포대를 보면 돈대의 포좌와 구조가 비슷한 구조의 장방형 포좌 13개를 설치하고 그 위에 산흙과 뻘을 교대로 쌓았다.151)

조선은 17세기 후반 강화의 방비를 강화하게 위해 진·보를 설치한 이후 꾸준하게 방어 체계의 약점을 보완해 왔다. 19세기 말 서양 제국의 근대화된 무력 앞에 무너졌지만, 전투에서 겪은 경험을 반영해 포대를 설치하는 등 최후까지 손을 놓지 않았다. 이로부터 120여년이 흐른 오늘날 우리가 처한 상황이 녹녹치 않다. 300여 년 전 강화와 수도의 방비를 위해 차례로 쌓은 50여개의 돈대와 외성, 강화산성 그리고 19세기 말 서양 제국에 맞서기 위해 쌓은 해안 포대가 단순히 문화재로만 보이지 않는 것은 필자만은 아닐 것이다.

151) 국립문화재연구소, 앞의 책, 2004.

4. 도심 건물 아래 인천

1) 도시의 층위를 밝히다

우리나라에서 전국적으로 이루어지는 발굴조사는 해마다 조금씩 부침이 있지만 매년 2,000 여 건이 넘는다. 고고학 연구자들에게 매년 쏟아져 나오는 방대한 자료를 챙겨보는 것이 큰 일이 되었다. 최근의 발굴은 학술적인 문제를 해결하거나 복원 등의 목적을 가지고 계획을 세워 진행하는 학술발굴도 있지만 현재의 지형을 변형 시키는 행위, 즉 도로나 공장, 주택 등을 짓는 개발에 따른 구제발굴(救濟發掘)이 다수를 차지한다. 역설적이지만 유적을 파괴하는 행위 때문에 문화재가 세상 빛을 보는 형상이다. 어쨌든 발굴은 사람이 살지 않는 야산이나 구릉, 하천 변 등에서 이루어지는 경우가 많다. 개발이 아니더라도 많은 건물이 들어선 도시 보다는 산과 들에 유적이 남아있을 가능성이 높은 것이 사실이다. 더구나 현실적으로 도시에서 발굴을 하기는 쉽지 않다. 건물이나 구조물 아래를 파 봐야 하는데 멀쩡히 사람이 살고 있는 집을 들어 낼 수는 없는 일이다. 그래서 우리나라에서 얼마 전 까지만 해도 도시는 고고학의 필드로서 그다지 주목받지 못한 곳이었다.

그런데 도시는 한 지역의 역사적 층위를 잘 보여줄 수 있는 곳이다. 선사나 고대뿐만 아니라 고려·조선시대를 거쳐 현대에 이르기까지 인간의 행위가 시간 순서에 따라 켜켜이 층을 이루기 때문이다. 우리나라 고고학의 관심은 지금까지 주로 선사와 통일신라시대 이전 고대에 집중되어 있다. 근래 중세 이후의 시기로 연구의 범위를 넓히려는 노력이 진행 중이지만 아직 시작단계다. 고고학은 인간이 남긴 물질 자료를 통해 과거를 연구하는 학문이다. 그래서 중세 이후 현대에 이르기까지 사람들이 남긴 유적과 유물은 당연히 연구 대상에 포함될 수밖에 없다.[152] 사실 오늘날 인류의 삶은 선사와 고대 보다는 중세 이후의 문화에서 영향을 훨씬 많이 받았다. 선사와 고대가 중요치 않다는 것이 아니라 오늘을 이해하는데 먼 과거보다 가까운 어제가 가지는 의미가 크다는 말이다. 일제강점기, 더 가깝게는 5~70년대에 만들어진 건축물과 석축, 도로의 흔적도 새 건물을 짓기 위해 부셔야할 낡은 유산이 아니라 오늘날 우리가 사는 도시의 형성과정을 잘 보여주는 귀중한 자료가 된다.

2000년대 중반 이후 서울의 사대문 안에서는 건물 신축이나 각종 재개발 사업과 관련되어 발굴이 많이 이루어졌다. 그 결과 조선시대부터 근·현대에 이르기까지 그동안 지하에 묻혀 있던 과거의 모습이 드러났다. 최신의 건축물과 달리 옛 건물들은 지하 깊은 곳까지 터파기를 하지 않았기 때문에 당시의 흔적이 비교적 온전히 드러날 수 있었다. 책에서만 보았던 조선시대 시전의 흔적이 종로 한복판에서 확인되었고, 광화문 광장 아래에서도 3차례 걸쳐 조성된 도로가 발견되기도 했다. 병기 제조를 관장했던 군기시(軍器寺)가 발굴되면서 무기가 다수 출토되었다. 광화문 앞에서는 조선 의정부 터도 발굴되었다. 좀 더 가까운 시기의 도시의 자취도 발견된다. 개항기 프랑스 공사관 건물과 대한제국시기부터 있었던 병원 건물도 햇빛을 보았다. 종로구 송현동의 토층 단면에는 조선시대부터 현대까지 이어지는 서울의 역사가 차곡차곡 드러나 있다. 가장 아래 조선시대 배수로 위로 일제강

152) 정의도, 「중세고고학의 진전을 위하여」, 『한국고고학보』 제100집, 한국고고학회, 2016, 274쪽.

점기에 만든 도로가 지나가고 그 위로 현대의 아스팔트 도로가 확인된 것이다.[153] 고고학 개론서에 나오는 층위 모식도와 같은 모습이다.

물론 모든 도시가 서울처럼 오랜 시간이 쌓인 층위를 갖고 있는 것은 아니다. 또, 서울을 제외한 다른 도시의 도심지에서 이렇게 발굴이 이루어진 예도 많지 않다. 도시의 역사적 깊이나 현실적 여건이 다르기 때문이기도 하지만 유적에 대한 관심과 이해의 차이도 존재한다. 인천도 예외가 아니다. 필자가 알기로는 인천에서 건축물이 빽빽하게 들어 서 있는 도심지에서의 발굴이 진행된 것은 학교 운동장에 묻힌 조선시대 건물터와 중구 개항장 아래 19세기 말 건물터뿐이다. 사실 땅 속은 그렇다 치더라도 그 위에 남아있는 가까운 과거의 유산에 대한 대접도 그리 좋지 못하다.

역사에 조금이라도 관심 있는 사람들은 인천을 근대 도시라 부르는데 주저하지 않는다. 때로는 개항 이전 인천의 역사는 없는 것처럼 생각될 정도다. 부정적인 함의와 그에 따른 논란도 있지만 '근대'는 인천의 정체성을 표현하는 중요한 단어임에 틀림없다. 그러나 130년 전 새로이 쌓이기 시작한 토층의 단면에 박혀 있는 흔적들이 큰 고민 없이 사라지고 있다. 인천의 근대 건축물들이 최근 몇 년 사이 지금을 살고 있는 사람들의 편의를 위해 자리를 내주고 있다. 2012년 일제강점기 남한에서 최초로 기계식 소주를 대량 생산한 조일양조(朝日釀造)건물이 허물어져 주차장이 되었고, 2017년에는 오늘날 애경그룹이 1954년 인천에서 창업했을 당시 인수한 비누공장 '애경사'도 주차장을 만들기 위해 철거되었다. 근 한 세기를 이어온 근대 산업유산

---

153) 민소리 外, 「한양도성 지표·시·발굴 조사방법론」, 『야외고고학』 14호, 한국매장문화재협회, 2012.

들이 사라지는데 뜻 있는 이들이 목소리를 내었지만 그 뿐이었다. 이 밖에도 개항기부터 일제강점기와 산업화시대를 거치면서 인천의 풍광을 만들어 온 여러 건물들이 소리 없이 사라져 갔고, 가고 있다. 문학산과 중구 개항장에서 옛 건물이 발굴된 것을 그나마 다행이라고 여겨야 하는 상황이 씁쓸하다.

2) 문학초등학교와 인천도호부 관아

문학초등학교와 발굴지(국토문화재연구원)

지난 2016년 여름 방학을 맞은 인천의 한 초등학교 운동장에 낯선 모습이 보였다. 문화재 발굴 현장이었다. 모래 운동장 한쪽에 펜스를 치고 깊이 1.5m 를 파내려가자 바닥에서 옛 건물 자취가 드러났다. 기둥자리와 기단석만 남아있지만 건물이 여러 동 있었던 것은 분명해 보였다. 조사단은 발굴된 유구를 인천도호부 관아의 일부 건물로 추정했다.[154] 그런데 인천도호부 관아는 현재 인천 문학경기장 건너편 언덕에 자리하고 있다. 발굴 현장과 직선거리로 300m가 넘는 거리다. '인천도호부청사'에서는 정월과 추석에 민속행사가 벌어지고 가을에는 대제(大祭)도 개최된다. 궁궐도 아닌 지방 관아 치고는 규모가 너무 큰 것은 아닐까? 이야기를 하기 앞서 인천도호부가 관할했던 고을에 대해 먼저 살펴보는 것이 순서일 듯싶다.

인천(仁川)을 한자 그대로 풀면 '어진 내'가 된다. 성품이 좋아 홍수나 가뭄이 없는 강이라는 말인지. 무슨 깊은 사연이 있는 게 아닐까 궁금해 하는 이도 있을 듯하다. 그러나 많은 사람들이 이미 알고 있듯이 인천이라는 이름에 담긴 특별한 뜻은 없다. 인천은 고려시대 인주, 경원군, 경원부로 여러 차례 이름이 바뀌었고 조선 초에 다시 인주(仁州)로 불렸다. 인천이라는 이름이 등장한 것은 1413년(태종 13)이다. 당시 새 왕조를 연 후 고려시대의 지방 제도를 시대에 맞춰 전면적으로 고치는 작업이 진행되었다. 큰 읍(邑) 이름에 주로 붙이는 주(州)를 중·소 규모의 군현에도 붙이는 관행을 바로 잡는 것이 그 중 하나였다.[155] 정 3품 목사 이상이 다스리는 큰 고을에만 주(州)를 쓸 수 있도록 하였고 그 보다 작은 군현에는 주 대신 산(山) 또는 천(川)을 붙였다. 인주의 주(州)를 천(川)으로 바꾸면서 인천이라는 이름이 생긴 것이다. 당시 59개 군현의 이름을 바뀌었는데, 과천(果川), 안산(安山), 포천(抱川), 아산(牙山) 등이 그 때 생긴 이름이다.

---

154) 국토문화재연구원, 『인천시 남구 인천문화초등학교 다목적강당 증축부지 내 유적 발굴조사전문가 검토회의 자료』, 2016.

155) 서영대, 「인천의 읍격 변화와 그 원인 연구」, 『인천학연구』 13, 인천대학교 인천학연구원, 2010, 114쪽.

현재 인천의 면적은 2016년 현재 특별시와 광역시 가운데 가장 넓다.[156] 해안가를 매립해 땅이 계속 늘어났기 때문이다. 어쨌든 광활한 넓이만큼 오늘날 인천의 관할 구역에는 삼국시대부터 조선시대에 이르기까지 조금씩 성격이 다른 '문화권'이 있었고 행정 구역도 여러 개 있었다. 인천, 부평, 강화, 옹진, 교동이 그것이다. 이렇게 보면 인천이야 말로 진정 광역시인 셈이다. 인천의 지리를 보면 그 이유를 찾을 수 있다. 인천은 지리적으로 도서 해안과 내륙으로 크게 나누어 볼 수 있다. 이 중 내륙은 한남정맥(漢南正脈)을 기준으로 동부와 서부로 나뉜다. 한남정맥은 경기도 안성의 칠장산에서 김포 문수산까지 이어지는 낮은 구릉성 산지다. 정맥의 인천 구간 동쪽은 오늘날 계양구와 부평구가, 서쪽에는 서구, 중구, 동구, 남구, 연수구, 남동구가 자리한다. 이 가운데 서구의 상당 면적은 과거 청라도, 장금도, 율도 등 소규모 도서가 분포하고 있었던 지역을 매립하면서 육지화 된 곳이다. 그래서 본래의 지형을 기준으로 보면 한남정맥 서쪽에서는 문학산 일대를 중심으로 하는 인천의 서남부 지역만이 내륙의 형세를 갖추고 있다. 따라서 해안선이 지금처럼 변화하기 전 인천은 도서 해안과 문학산을 중심으로 하는 서남부 내륙, 그리고 계양산 일대의 동북부 내륙 등 3개 지역으로 나누어 볼 수 있다.[157]

인천의 산들은 높지 않지만 지역별로 문화의 차이를 만들어냈고 근대 이전 행정구역의 기준이 되었다. 오늘날 계양구와 부평구가 자리한 인천 동북부지역은 조선시대 부평으로, 문학산 일대는 인천으

---

156) YTN 2016.11.10. 보도.

157) 이희인, 「인천지역 백제유적의 현황과 성격」, 『고고학』 7-1, 서울경기고고학회, 2008, 24~25쪽.

로 나뉘어졌던 것은 바로 이 때문이었다. 바다 너머 강화와 교동, 옹진은 더욱 그러했다. 이렇게 보면 문학산 일대를 중심으로 하는 인천은 지리적으로 인천의 중심이 아니고 역사적으로도 과거 부평, 강화, 옹진과 함께 현재 인천 관할에 있었던 지방 군현 가운데 하나였다. 오히려 과거 부평과 강화는 인천보다 세(勢)가 더 컸다. 다만 오늘에 이르기까지 역사적 연속성을 고려해 보면 문학산 일대의 인천은 현재 인천광역시의 역사적 흐름의 중심에 서 있다고 볼 수 있다.

600여 년 전 인천이라는 이름이 처음 등장할 때 인천의 읍격(邑格)은 종 4품의 관리가 다스리는 군(郡)이었다. 고려시대 인주와 비할 바가 아니었다. 이로부터 약 50년 뒤인 1460년(세조 6) 세조의 왕비인 자성왕후(=정희왕후)의 외가라는 이유로 인천은 군에서 도호부(都護府)로 승격되었다.[158] 도호부는 종 3품의 도호부사가 책임자다. 이후 광해군과 숙종 그리고 순조 연간에 잠시 현(縣)으로 강등되기도 했지만 1894년 지방제도가 바뀔 때 까지 인천은 도호부로서 읍격을 유지했다.[159]

각 고을에 관아가 있듯이 인천도호부에도 관아가 있었다. 언제 건설되었는지는 알 수 없지만 1530년 『신증동국여지승람』에 도호부 객사(客舍)에 대한 내용이 있는 것으로 볼 때 당시 규모는 알 수 없지만 조선 초부터 관아 건물이 있었던 것으로 보인다.[160] 객사는 조선시대 다수의 일반 군현에 설치된 관아의 중심 건물이었다. 왕의 전패를 모시는 공간으로 사신이나 출장 내려온 관리들의 숙소로도 사용된

---

158) 서영대, 앞의 글, 2010, 115~117쪽.

159) 서영대, 앞의 글, 2010, 118~121쪽.

160) 『新增東國輿地勝覽』 京畿, 仁川都護府, 宮室.

객사는 관아 건물 가운데 위계가 가장 높았다.

인천은 개항 이전 별 볼일 없는 도시라 치부하기도 하지만 오랜 역사가 엄연히 존재한다. 조선시대 지방 고을은 관아와 향교를 중심으로 공간이 구성되는데 인천은 문학산 일대가 중심이었다. 1883년 개항 이후 응봉산 일대 바닷가에 새로운 공간이 형성되기 시작했지만 그 후로도 한 동안 도호부 관아가 자리한 오늘날 관교동 일대가 인천의 중심지였다. 관교동이라는 이름도 관청리와 향교리를 합쳐서 탄생한 것으로[161] 관아와 향교가 있었던 사실을 보여준다.

조선시대 지방 군현의 공간 배치는 관아의 동쪽에 향교가 있는 경우가 많다. 물론 그렇지 않은 예도 많다. 지금의 '인천도호부청사'는 향교 동쪽에 자리한다. 그런데 인천도호부 관아의 배치가 자세하게 그려진 화도진도(花島鎭圖)와 1899년『인천부읍지(仁川府邑誌)』수록 인천도호부청사도(仁川都護府廳舍圖)에는 향교가 관아의 동쪽에 자리한다. 지도에 따르면 도호부 관아는 본래 위치는 지금의 문학초등학교 일대다. 현재 '인천도호부청사'는 2002년 월드컵대회를 맞아 관광 자원으로 활용하기 위해 옛 지도에 그려진 배치를 토대로 본래의 자리가 아닌 곳에 '재현(再現)'한 것이다. 일종의 인천 민속촌인 셈이다. 진짜 도호부의 자취는 현재 문학초등학교 교정 한 켠에 남아있는 객사와 내동헌 건물 뿐이다.

1899년『인천부읍지』에 따르면 도호부 관아는 30칸의 객사, 10칸의 동헌, 33칸의 내동헌을 비롯해 여러 채의 건물이 있었다.[162] 그러나 관아로서 기능을 잃고, 1914년 행정구역 개편 당시 문학산 일대가

161) 인하대학교박물관,『문학산의 역사와 문화유적』, 2002. 41쪽.
162)『仁川府邑誌』公廨.

인천부에서 분리되어 부천군으로 편입된 후[163] 부천군청 등으로 사용되다가 1918년 부천공립보통학교(현 문학초등학교)로 바뀌었다. 이 과정에서 관아 건물이 훼손되었고 동헌과 객사 건물만 남았다. 남은 건물도 1950년 경 그 자리에 학교 건물이 들어서면서 지금의 자리로 옮겨졌다.

2016년 발굴은 문학초등학교에 강당 건물을 짓기 전 사전 조사로 진행되었다. 운동장을 만들면서 복토한 약 1.5m 두께의 땅 아래에서 조선시대 석렬과 담장, 건물터 4개소가 확인되었다. 문학초등학교가 인천도호부 터라는 것은 이미 알려져 있었지만 실제 흔적이 드러난 것은 처음이었다. 조사단에서는 발굴된 유구가 옛 지도에서 도호부 가장 서쪽 끝에 있는 것으로 나타나 있는 군기고나 수미고 등 창고시설이나 좌기청, 향청의 일부일 것으로 추정한다. 또 층위와 유구의 양상으로 볼 때 최소 4번 이상 증·개축이 이루어진 것으로 파악된다.[164] 문헌에는 기록되지 않지만 여러 차례 도호부 관아의 규모나 구조의 변화가 있었던 것을 암시한다. 발굴에서 확인된 유구가 도호부 창고 건물의 흔적라면 인천도호부 관아의 범위는 문학초등학교 주변까지 더 확대될 가능성이 높다. 학교 주변 주택가 아래에도 관아 건물터가 있다는 이야기다. 이는 옛 인천도호부의 실체를 밝히려면 많은 시간과 노력이 필요하다는 뜻이기도 하다.

오랫동안 인천의 행정을 관장하던 인천도호부 관아는 왕조의 몰락과 운명을 같이 하면서 오늘날까지 옛 모습을 되찾지 못하고 있다. 산 너머 부평을 관할했던 부평도호부의 처지도 이와 크게 다르지 않

163) 인천광역시사편찬위원회, 『인천광역시사』 2권, 2002, 594~595쪽.
164) 국토문화재연구원, 앞의 자료.

문학초등학교내 유적(국토문화재연구원)

다. 부평은 고려시대 계양과 길주로 불리다가 1310년(충선왕 2) 부평이라는 이름이 처음 등장했다. 1413년(태종 13) 지방제도 개혁 당시 부평은 도호부가 되었고 인천과 마찬가지로 여러 차례 현으로 강등되기도 했지만 대체로 조선말까지 읍격이 유지되었다. 부평도호부 관아는 계양산 아래, 현재 계양구 계산동 일대에 있었다. 인천의 주요 공간이 문학산 일대였듯이 계양산 일대는 삼국시대부터 부평의 중심이었다. 기록에 전해지는 부평 관아의 규모는 인천 관아보다 컸지만[165] 현재 남아 있는 것은 건물 1채 뿐이다. 관아의 정확한 위치와 형태는 알 수 없는데, 지도라도 남아있는 인천도호부에 비해 부평도호부는 형편이 더 안 좋다. 부평 관아는 1909년 부평공립보통학교(지금의 부평초등학교)가 들어서면서 모습이 많이 변형되었다. 현재 부평초등학교 교정에 있는 관아 건물도 1960년대 인근에서 옮겨온 것이며 그나마 건물의 형태도 변형된 것으로 알려져 있다. 인천과 부평 관아가 퇴락하는 과정과 오늘의 처지는 약속이나 한 듯이 똑같다. 일제는 조선왕조의 흔적을 지우기 위해 동헌과 객사를 관청이나 학교 건물로 변용하였다.[166] 20세기 초반, 시대가 만들어 낸 산물인 것이다. 당장은 어렵겠지만 격동의 시대, 역사의 흐름에 떠밀려 땅속에 묻혀 버린 옛 인천과 부평의 자취가 다시 세상에 드러날 수 있기를 기대해 본다.

3) 대불호텔과 중화루

2011년 봄쯤으로 기억한다. 중구 개항장에 위치한 청·일조계지 경계계단에서 남쪽으로 한 블럭 떨어진 공터에 상가 건물을 짓는 공사가 시작되었다. 건물 기초를 만들기 위한 공사가 진행될 무렵 구청 문화재 담당 직원과 관계 전문가들의 눈에 붉은 벽돌이 희미하게 드러난 모습이 들어왔다. 공사는 바로 중지되었고 그 해 여름 정식으로 발굴조사가 이루어졌다. 땅 밑에서 벽돌로 만든 건물의 기초가 드러

---

165) 『富平府邑誌』 公廨.

166) 이순자, 앞의 글, 20~45쪽 참조.

지하실 계단

건물지 기초부

대불호텔터 유구(서경문화재연구원)

났다. 그동안 기록과 사진으로만 볼 수 있었던 한국 최초의 호텔인 대불호텔이자 인천에서 가장 큰 중국 요리집이었던 중화루의 흔적이 우리 눈앞에 나타난 것이다.

땅 밑에서 드러난 벽돌 건물의 흔적은 남북 16.6m, 동서 13.7m의 규모다. 상부는 일찌감치 철거 되어 있었지만 지하 공간은 비교적 잘 남았다. 요즘 건물처럼 기둥을 세워 건물을 올리는 것이 아니라 벽돌을 두텁게 쌓아 올린 벽이 건물의 무게를 지탱하는 방식이다. 남아있는 구조물로 보면 건물 내부에는 중앙에서 옆으로 치우친 긴 복도를 중심으로 양 쪽에 크고 작은 방이 있었던 것으로 보인다. 건물을 짓기 전 경사면을 평탄하게 만든 흔적도 발견되었다. 벽체가 들어설 자리에는 크고 작은 석재를 줄지어 쌓아 기초를 다져 넣었다. 대불호텔

당시의 것으로 단정할 수 있는 유물은 확인되지 않았지만 중화루 당시의 도자기편 등이 일부 출토되었다.[167]

발굴에서 밝혀진 것은 벽돌 건물의 지하 층 뼈대와 몇 점의 깨진 그릇 조각뿐이다. 그야 말로 별 볼일 없는 유적인 것이다. 그러나 이 건물터에 담겨 있는 의미는 그리 작지 않다. 벽돌 한 장 한 장마다 130여 년 전부터 지금까지 인천이라는 도시가 겪어온 파란만장한 굴곡이 새겨져 있기 때문이다.

1883년 인천이 개항되면서 일본과 청국, 서구인들이 배를 타고 드나들기 시작했다. 지금처럼 교통편이 좋지 않은 당시 상황에서 배에서 내린 외국인들에게 인천에 근거지가 있는 경우를 제외하면 숙식 해결은 중요한 문제였다. 특히 개항 직후에는 외국인을 위한 숙박시설은 전혀 준비되어 있지 않아 외국영사관에서 숙소를 제공하거나 소개해주었다고 한다.

『인천부사』의 기록에 의하면 이러한 인천항의 상황을 간파한 일본인 무역상이자 해운업자인 호리 히사타로[堀久太郎]가 1887년과 이듬해에 걸쳐 일본 거류지 12호지(현 중앙동 1가 18번지)에 벽돌로 된 서양식 3층 건물을 지었고, 대불호텔(大佛 ホテル)이라는 상호를 붙였다.[168]

풍채가 좋은 호리의 외모를 고려하여 대불이라 이름 붙였다고 전하는 이 호텔은 1888년 건물이 완공된 후 영업을 개시하였다. 그런데 1885년 인천항에 온 아펜젤러와 언더우드의 회고기에 다이부츠(대불의 일본어 발음) 호텔에 머물렀다는 기록이 있고 역시 같은 해 인

167) 서경문화재연구원, 『인천 중구 중앙동 근린생활시설 부지내 문화재 발굴조사 약보고서』, 2011.

168) 인천부, 『仁川府史』, 1933, 797쪽.

대불호텔 터 출토 유물(서경문화재연구원)

천항에 온 영국영사의 기록에는 자신의 숙소가 일본인 거류지에서 단 한 채 밖에 없는 2층집의 이층이었다고 전한다. 이러한 내용으로 본다면 대불호텔은 1888년 이전 부터 인천에서 영업을 하고 있었던 것이 된다. 이들 외국인들이 남긴 기록과 함께 여타의 자료에 보이는 정황 등을 종합해 볼 때 3층 벽돌 건물이 들어선 자리에 바로 인접해 2층의 목조 건물이 있었고, 그 곳에서 1885년경부터 호텔 영업을 시작했던 것으로 여겨지고 있다. 목조 건물이 있었던 것으로 추정되는 곳은 발굴 지역에 포함되지 않아 존재 여부를 알 수 없다.

대불호텔은 인천항이 건설되기 이전 배를 대었던 잔교(棧橋)에서 육지로 올라오면 바로 닿는 곳에 있어 여행객을 위한 숙소로서의 위치도 좋았다. 『인천사정』에 따르면 당시 대불호텔의 객실은 11개였고 객실료는 상등 2원50전, 중등 2원, 하등은 1원 50전이었다. 대불호텔의 숙박비는 당시 인천에서 큰 숙박시설이었던 이태(怡泰)호텔이나 일본식 여관인 수월루(水月樓)에 비해 비쌌다.[169] 그럼에도 외

중화루

국인의 왕래가 지속적으로 늘어나면서 대불호텔은 성황을 이루었다.

호텔은 영업을 시작한 후 10여 년 간 호황을 누리다가 1899년 경인선이 완공되면서부터 쇠락의 길을 걷기 시작한다. 철도가 놓이기 전까지 인천에서 서울까지는 꼬박 하루 거리였기 때문에 서울을 가기 위해서는 배에서 내려 인천에서 하루를 머물고 가야 했다. 하지만 철도로 1시간 30분 정도에 갈수 있게 되면서[170] 숙박이 필요한 경우가 줄어들었고 자연스럽게 호텔의 영업은 타격을 입게 되었다. 게다가 러일전쟁에서 일본이 승리한 후 호텔의 운영은 더욱 어려워지게 된다. 전쟁 이후 조선이 완전히 일본의 영향 하에 있게 되면서 인천

169) 青山好惠, 『仁川事情』, 인천광역시 역사자료관 譯註, 1892.
170) 조우성, 『인천이야기 100장면』, 인아트, 2004, 51쪽.

을 찾는 서양인의 수가 급격히 줄어들었기 때문이다. 주 고객층이 사라진 대불호텔은 결국 경영난을 견디지 못하고 폐업했는데 대략 그 시기는 1907년경으로 알려져 있다.[171]

호텔이 문을 닫은 후 3층짜리 벽돌 건물은 여러 사람에게 임대되었다가 창업주의 아들인 호리 리키타로(堀力太郎)가 중국인 뢰소정(賴紹晶)을 비롯한 중국 상인들에게 건물을 매각하였다. 건물을 인수한 중국인들은 1918년경 중국 요리 전문점인 중화루(中華樓)를 열었다.[172] 당시 인천에는 공화춘(共和春)이 대표적인 중국 요리점으로 자리 잡고 있었는데 중화루는 개업을 하자마자 그 명성이 인천은 물론 경성에까지 알려지면서 '인천 바닥에서 제일 큰 요리집'이 되었다.

중화루는 주사부 혹은 주대인이라 불리던 일급 주방장, 즉 요즘 유행하는 셰프를 북경에서 초빙했다고 한다. 그가 만든 북경요리는 인천은 물론 당시 경성의 부자들에게도 소문이나 전국 각지에서 미식가들이 찾아왔고, 경성까지 요리를 배달했었다는 이야기도 전한다.[173] 중화루가 성공하면서 쇠락했던 건물은 사람들로 다시 북적였다.

당시 중화루와 공화춘 등 중국요리집이 성업을 이룰 수 있었던 배경에는 인천 화교사회의 변화가 있었다. 청일전쟁 이후 인천에서 중국인들의 세력이 위축되었지만 19세기 말 20세기 초 산동 지역의 정치적 혼란과 자연 재해, 가뭄 등으로 산동 주민의 외국으로 이주가 늘어나면서 인천의 화교 수는 꾸준히 증가했다. 1910~20년대에 산동에서 온 중국인들은 상당수가 쿨리(苦力)라 불리는 노동자들이었

171) 김창수, 「인천 대불호텔·중화루의 변천사 자료 연구」, 『인천학연구』 13, 2010, 288쪽.
172) 인천부, 앞의 책, 1479쪽.
173) 『京鄕新聞』 1978.07.05.

는데, 인구가 늘어난 만큼 이들의 생활에 필요한 각종 음식점과 가게들도 증가하게 되었던 것이다.

중화루의 전성기는 1931년 중국 장춘에서 벌어진 만보산(萬寶山) 사건을 계기로 한국 내 중국인에 대한 반감이 증가하고 충돌도 많아지면서 서서히 내리막길을 걷기 시작했다.[174] 1949년 중국에 사회주의 국가가 들어서면서 화교의 유입이 사라졌고, 1961년 외국인 토지 취득 금지와 1962년 화폐 개혁으로 화교의 경제적 기반이 무너지면서 화교의 숫자는 차츰 줄어만 갔다. 그 결과 60년대 이후 인천 청관(淸館)은 사람들이 사라지면서 아이들과 관련한 괴담이 퍼질 정도로 거리가 한산해졌다.

청관과 함께 중화루도 쇠락하면서 1970년 초 결국 문을 닫는다. 가게가 문을 닫은 후 건물에는 화교들이 세를 들어 살았고,[175] 1978년 주안의 현 모씨가 호텔을 세우기 위해 1,400만원에 건물을 매입한 뒤 철거하였다.[176] 중화루가 문을 닫은 후에도 건물 외벽에는 중화루라 쓴 커다란 간판이 여전히 걸려 있었는데 이 간판은 나중에 인천시립박물관에 기증되었다. 중화루의 간판은 박물관 수장고에 남아 있지만 건물은 철거된 후 어찌된 이유인지 30여년 넘게 빈 공터로 있게 된다.

인천시립박물관에는 중화루 간판이 2개가 있다. 그중 하나는 가로로 긴 판자 4개를 붙인 후 그 위에 '中華樓'를 새겨 넣었다. 판자는 노란색 페인트로, 글자는 검은색으로 칠했는데 검은 바탕에 노란색

174) 『東亞日報』 1931.10.30.
175) 『東亞日報』 1976.02.13.
176) 『京鄕新聞』 1978.07.05.

으로 상호를 쓴 공화춘 간판과 반대인 점이 흥미롭다. 상호 오른쪽에는 '임술중춘(壬戌仲春)' 이라 새겨져 있는데 이것으로 볼 때 이 간판이 1922년 음력 2월에 만들어졌던 것으로 추정된다. 중화루 글자 주위로는 기명절지(器皿折枝), 즉 꽃가지와 과일, 문방구 등의 문양을 노란색 페인트가 마르기전 찍어 내었다. 이 간판은 중화루 1층 출입구 위에 부착되어 있던 것으로 가로 2.3m 세로 1.3m 크기다.

다른 하나는 삼각형 모양의 대형 간판이다. 중화루 2층과 3층 사이에 장식용으로 걸려있던 이 간판은 크게 3매의 판재를 이어 판을 만들고 삼면에 테두리를 둘렀다. 좌우상단 테두리에는 구름문양의 장식을 부착했다. 판자 중앙 상단에는 원형 목재를 부착하고 그 위에 금속으로 '新'자를 오려 붙였다. 그 아래에는 좌우로 각각 1마리의 용이 마주보며 구름 위를 나는 장면이 묘사되어 있다.

얼마 전 옛 사진을 참고해 '복원'이 이루어진 3층 벽돌건물이 보여주는 흥망기(興亡記)는 매우 극적이다. 여태껏 우리는 이 건물이 가지고 있는 한국 최초의 호텔, 인천 최대의 요리 집이었다는 흥미로운 타이틀에 주목하면서도, 정작 건물의 성쇠에 개항 이후 인천이 겪어왔던 변화의 과정이 담겨 있다는 사실은 잊고 있었다. 따지고 보면 인천의 건축물 가운데 대불호텔과 중화루 건물만큼 130여 년 전부터 지금까지 인천의 사회 경제적 변화를 잘 보여주는 예가 또 있을까 싶다.

대불호텔의 영화와 몰락은 개항 이후 세계인들이 드나들던 국제항구에서 경인선 개통으로 외국인들이 거쳐 가는 관문도시로, 다시 러일전쟁 후에는 일본의 식민도시로 변화되는 인천의 모습과 닮아 있다. 중화루의 흥망도 청일전쟁으로 쇠락했던 인천 화교사회가

1910년대부터 중국 노동자의 유입으로 다시 북적이다가 쇠락의 길을 걸었던 과정을 함축하고 있다.

이 책을 읽는 독자들이 혹시라도 차이나타운을 방문할 기회가 있으면 짜장면 한 그릇을 먹고 새로 지은 건물 앞에서 지나온 노정을 잠시 상상해 볼 것을 권한다. 아마도 색다른 경험이 될 듯하다.

땅속 인천 이야기를 마치며

우리가 인천을 터전으로 삼아 오늘을 살아가는 것처럼 이 땅에는 아주 오래전부터 수많은 사람들이 삶을 이어왔다. 이들이 남긴 흔적은 우리가 걸어 다니는 땅속 깊은 곳에 층층이 쌓여 왔다.

인천 지역에서는 지금으로부터 약 3~4만 년 전 돌을 도구로 만들었던 구석기인들이 생활을 시작했다. 다만 아직 발견된 유적이 많지 않아 당시의 문화상을 파악하는데 어려움이 있다. 인천 지역에서 본격적으로 사람들의 흔적이 확인되기 시작한 때는 지금으로부터 약 5~6천 년 전 부터다. 신석기시대 인천·서해안 일대의 풍요로운 바다와 넓은 갯벌은 사람들에게 더할 나위 없는 환경이었다. 그래서 인천 연안의 대부분의 섬에는 규모의 차이는 있지만 조개무지가 남아 있고, 영종도와 연평도 등 비교적 큰 섬에는 집자리와 화덕자리 등 오랜 기간 머물면서 생활했던 흔적이 발견된다. 이 곳에서 생활하던 사람들은 빗살무늬토기와 보다 정교해진 석기를 만들었고, 배를 이용해 육지에서 멀리 떨어진 섬까지 나아가 어로와 채집을 하였다.

청동기시대에 접어들면서 유적의 수는 더 많아지고 종류도 다양해진다. 고인돌은 강화도와 서구 대곡동을 중심으로 약 250여기가 분포하는데 이는 한반도의 고인돌 최대 밀집지역인 전남 지역에 비할 바는 아니지만 한반도 중부지역에서는 밀집도가 가장 높다. 집자리는 서구 검단과 문학산, 강화도를 중심으로 최근 조사가 많이 이루어졌다. 집자리는 전기부터 후기까지 편년이 다양해 오랜 시간 동안 인천 지역에서 청동기문화가 전개되었음이 밝혀졌다. 한편 청동기유적이 주로 강화 북부, 검단, 문학산 일대에 밀집 분포하는 점이 주목된다. 각 지역에서 조사된 청동기시대 마을 유적이 인근 고인돌군과 관련이 있을 가능성이 있다는 것이다. 고인돌의 축조 시기나 문화적 양상이 아직 파악되지 않은 상황에서 섣불리 이야기 할 수는 없지만 위의 세 지역이 청동기시대 사람들의 중요한 삶의 터전이었음은 분명해 보인다. 이 지역에서 활발하게 전개되었던 청동기 문화는 이후 인천 지역에서 전개된 역사적 활동의 밑바탕이 되었을 것이다.

고대 인천은 미추홀의 근거지로 알려져 있었지만 얼마 전까지만 해도 고고학적으로 공백지역에 가까웠다. 최근 분구묘와 주거지가 발견되면서 인천 지역은 기원후 3~4세기까지 마한의 영역이었음이 확인되었다. 게다가 영종도는 고대부터 중국과 한반도의 다른 지역과의 교류의 정거장이었던 것이 확인되었다. 그러나 고대 인천의 모습은 밝혀져야 할 부분이 여전히 많다. 한편 인천 지역은 고대부터 관방의 요지로서 계양산성과 문학산성 등 산성이 들어섰다.

인천 지역에서 고려시대 이후 고고학적 조사 성과는 내륙보다 강화에 집중되었다. 여몽전쟁 기간 동안 고려의 도읍이었던 강화에는 궁궐과 도성, 왕릉이 건설되었다. 오늘날 미궁에 빠져 있는 궁궐의 위치 문제는 최근 강화읍 관청리 일원에서 개경의 궁궐과 구조가 비슷한 건축물의 흔적이 발견되면서 궁궐터 발견에 희망을 주고 있다.

궁궐의 실체는 아직 땅속에 묻혀 있지만 강화읍 일대를 둘러싼 거대한 도성의 구조가 확인되었다. 왕릉도 발굴되어 구조와 전반적인 모습이 개경의 그것과 같은 것으로 확인되었다. 조선시대 강화의 국방 유적도 고고학적 조사 대상이다. 조선 왕실의 보장처인 강화도 방비를 위해 쌓은 돈대와 외성, 19세기말 서양의 침입에 맞서기 위해 건설한 포대가 발굴되었다. 이를 통해 80일 만에 48개를 쌓은 돈대의 구조와 길이 20km가 넘는 강화외성의 축조 방식이 드러났다. 이 밖에 우리나라 최초의 호텔 건물도 발굴되어 근대 인천의 자취가 우리 눈앞에 나타났다.

지금까지 인천 지역에서는 구석기시대부터 근대에 이르기까지 다양한 유적들이 발굴되었으나 당시의 생활상과 문화상을 이해하기에는 충분하지 않다. 우리의 발 밑 땅속에는 여전히 많은 시간의 흔적이 숨겨져 있으나 이들이 세상에 모습을 보이기까지는 더 많은 시간이 필요하다. 아마도 수십 년 뒤 고고학자가 밝혀낸 인천의 옛 모습은 이 책에 담겨진 내용과는 사뭇 다를 것이다. 미래를 기대해 보자.

참고문헌

• 사료

『江都志』

『京畿誌』

『高麗史』

『東國李相國集』

『富平府邑誌』

『補閑集』

『備邊司謄錄』

『三國史記』

『三國志』

『三都賦』

『新增東國輿地勝覽』

『宣和奉使高麗圖經』

『承政院日記』

『息庵遺稿』

『輿地圖書』

『仁川府邑誌』

『朝鮮王朝實錄』

• 단행본

국립문화재연구소, 『고고학사전』, 2001.

서울대규장각, 『火器都監儀軌』, 2003.

손영식, 『한국의 성곽』, 주류성, 2009.

이경성, 『인천고적조사보고』, 배성수 엮음, 인천문화재단, 2012.
이상희 · 윤신영, 『인류의 기원』, 사이언스북스, 2015.
이희인, 『고려 강화도성』, 혜안, 2016.
육군박물관, 『한국군제사』, 1977.
윤용혁, 『고려대몽항쟁사연구』, 일지사, 1991.
_____, 『삼별초』, 혜안, 2014.
인천광역시사편찬위원회, 『인천광역시사』, 2002.
인천광역시, 『인천의 지명유래』, 1998.
인천부, 『仁川府史』, 1933.
인천시립박물관, 『인천시립박물관 70년』, 2016.
조우성, 『인천이야기 100장면』, 인아트, 2004.
靑山好惠, 『仁川事情』, 인천광역시 역사자료관 譯註, 1892.
한국고고학회, 『한국고고학강의』, 사회평론, 2007.
__________, 『국가형성의 고고학』, 사회평론, 2008.
한국역사연구회, 『고려의 황도 개경』, 창작과 비평사, 2002.
한성백제박물관, 『백제 마한과 하나 되다』, 2013.
Renfrew, Colin and Paul Bahn, Archaeology: Theories, Methods, and Practice, Fourth Edition : Thames & Hudson, 2004.

• 보고서

기전문화재연구원, 『하남 덕풍리 수리골 유적』, 2005.
경기도박물관, 『연천 삼거리유적』, 2002.
__________, 『도서해안지역 종합학술조사 III』, 2002.
국립문화재연구소, 『강화 석릉』, 2001.
______________, 『소연평도패총』, 2002.
______________, 『연평 모이도 패총』, 2003.
______________, 『강화의 국방유적』, 2004.

국립문화재연구소, 『대연평도 까치산 패총』, 2005.
__________, 『강화 고려왕릉』, 2007.
__________, 『강화 월곶진지』, 2010.
__________, 『개성 고려궁성』, 2012.
국립중앙박물관, 『암사동』, 1994.
국토문화재연구원, 『인천시 남구 인천문화초등학교 다목적강당 증축부지 내 유적 발굴조사전문가 검토회의 자료』, 2016.
겨레문화유산연구원, 『강화 조선궁전지Ⅱ』, 2011.
__________, 『강화 고려궁지 6차 발굴(시굴)조사 약보고서』, 2012.
__________, 『강화 고려궁지 7차 발굴(시굴)조사 약보고서』, 2015.
__________, 『인천 소야도 유적』, 2017.
계림문화재연구원, 『강화읍 관청리 145번지 유적』, 2014.
동아대학교박물관, 『사천 늑도 C Ⅰ』, 2005.
__________, 『사천 늑도 C Ⅱ』, 2008.
문화재관리국, 『문화유적총람』, 1977.
서경문화재연구원, 『인천 중구 중앙동 근린생활시설 부지내 문화재 발굴조사 약보고서』, 2011.
__________, 『강화 관청리 향교골 유적』, 2012.
__________, 『인천 가정동 구석기유적』, 2014.
__________, 『인천 수산동 유적』, 2015.
__________, 『인천 남북동 유적 Ⅱ』, 2016.
서해문화재연구원, 『인천 가정동 유적 Ⅰ』, 2016.
서울시립대학교박물관·인천광역시립박물관, 『영종도 송산 선사유적』, 1996.
서울대학교인문학연구소, 『영종도 는들 신석기유적』, 1999.
서울대학교박물관, 『오이도패총』, 1988.
__________, 『미사리』, 1994.
__________, 『용유도 남북동·을왕동Ⅰ유적』, 2006.

선문대학교 동양고고학연구소, 『인천 대곡동 고인돌 무덤』, 2001.
세종대학교박물관, 『하남 덕풍골 유적』, 2006.
______________, 『하남 덕풍골 유적Ⅱ』, 2007.
인천시립박물관, 『영종·용유지역 문화유적지표조사보고서』, 1994.
_____________, 『인천남부종합학술조사』, 2003.
_____________, 『강화 고려고분 지표조사보고서』, 2003.
_____________, 『서해도서 종합학술조사 2』, 2005.
_____________, 『강화의 국방유적』, 2011.
_____________, 『문학산성 정밀지표조사보고서』, 2017a.
_____________, 『건평돈대 발굴조사보고서』, 2017b.
인천시, 『仁川鄕土史資料』, 1956.
인하대학교박물관, 『인천 문학동 선사유적』, 2000.
______________, 『문학산의 역사와 문화유적』, 2002.
______________, 『대곡동 지석묘: 인천 대곡동지석묘 정밀지표조사보고서』, 2005.
______________, 『인천 원당동유적』, 2009.
______________, 『인천 문학동 유적』, 2010.
______________, 『강화 중성유적』, 2011.
육군박물관, 『강화도의 국방유적』, 2000.
제주 고고학연구소, 『제주 항파두리 항몽유적 토성 발굴조사 간략보고서』, 2012.
중부고고학연구소, 『인천 검암동 유적』, 2014.
중앙문화재연구원, 『인천 을왕동 유적』, 2006.
______________, 『인천 장금도 패총』, 2008.
______________, 『인천 운서동유적 I』, 2010.
______________, 『인천 중산동유적』, 2011.
______________, 『강화 신봉리,장정리 유적』, 2013.

중원문화재연구원, 『강화 옥림리 유적』, 2012.
한강문화재연구원, 『강화 관청리 유적』, 2009.
______________, 『인천 경서동 유적』, 2012a.
______________, 『인천 운북동 유적』, 2012b.
______________, 『인천 중산동유적』, 2012c.
______________, 『인천 구월동 유적』, 2014.
한국문화재보호재단, 『인천 불로동 유적』, 2007a.
________________, 『인천 동양동 유적』, 2007b.
________________, 『인천 원당동 유적(Ⅱ)』, 2008.
________________, 『강화 신정리 233-12번지 발굴조사 전문가검토회의 자료집』, 2016.
한국문화재보호재단·인하대학교박물관, 『인천검단토지구획정리사업지구문화유적조사보고서』, 2003.
한국고고인류연구소, 『강화외성 주변 공중화장실 신축부지내 유적발굴 약식보고서』, 2015.
________________, 『인천 문학산성 주변 유적 발굴조사 약식보고서』, 2016.
________________, 『강화 남산리 69-6 강화중성 훼손구간 내 발굴(시굴)조사 학술자문회의 자료집』, 2016.
한국고고환경연구소, 『인천 운남동 패총』, 2012.
한국문화유산연구원, 『강화 성광교회~동문간 도시계획도로 개설공사구간내 문화유적 발굴조사보고서』, 2011.
________________, 『강화 관청리 163번지 유적』, 2015.
한림대학교박물관, 『강화 조선궁전지 발굴조사 보고서』, 2003.
한성문화재연구원, 『강화 관청리 도시계획도로 개설공사 사업부지내 문화재 발굴조사 자문회의자료집』, 2017.
한양대학교박물관, 『시흥시 계수동 지석묘』, 1999a.
______________, 『김포시의 역사와 문화유적』, 1999b.

한양대학교박물관, 『영흥도 외1리 패총』, 2005.
한울문화재연구원, 『강화국방유적계룡돈대』, 2010a.
______________, 『강화 비지정 문화재 학술조사 보고서』, 2010b.
______________, 『강화외성 덕진진 북측 성벽구간 유적 시굴 및 발굴조사 약식보고서』, 2015.
______________, 『강화외성내 강화전성』, 2016.
今西龍, 「高麗諸陵墓調査報告書」, 『大正五年度古蹟調査報告』, 1916.

• 논문

김기옥, 「원삼국~삼국시대 분묘유적의 조사현황과 성격」, 『인천, 마한과 만나다』, 검단선사박물관, 2014.
김길식, 「원삼국~백제초기 한강하류 지역집단의 성격」, 『김포 정명 1260년, 기원을 말하다』, 김포문화원 학술대회자료집, 2017.
김원룡, 「韓國史前遺蹟遺物地名表」, 『서울대학교 고고인류학총간』, 1953.
김장석, 「중서부 신석기시대 편년에 대한 비판적 검토」, 『한국신석기연구』 5, 한국신석기학회, 2003.
김장석·양성혁, 「중서부 신석기시대 편년과 패총 이용전략에 대한 새로운 이해」, 『한국고고학보』 45, 한국고고학회, 2001.
김용민, 「부소산성의 성벽축조기법 및 변천에 대한 고찰」, 『한국상고사학보』 26, 한국상고사학회, 1997.
김호준, 「경기도 평택지역의 토성 축조방식 연구」, 『문화사학』 27, 한국문화사학회, 2007.
_____, 「인천 계양산성 축성 및 활용에 대한 시고」, 『계양산성』, 검단선사박물관, 2013.
김창수, 「인천 대불호텔·중화루의 변천사 자료 연구」, 『인천학연구』 13, 인천대 인천학연구원, 2010.
김창현, 「고려 서경의 성곽과 궁궐」, 『역사와 현실』 41, 한국역사연구회, 2001.

김창현, 「고려 개경과 강도의 도성 비교 고찰」, 『한국사연구』 127, 한국사연구회, 2004.

______, 「고려시대 강화도읍 궁궐」, 『고려 강도의 공간구조와 고고유적』, 인천시립박물관·강화고려역사재단 공동학술회의 자료집, 2016.

구자진, 「중부 서해안지역의 신석기시대 집자리 연구」, 『숭실사학』 19, 숭실대학교 사학회, 2006.

______, 「中部 西海岸地域 新石器時代 마을의 生計·住居方式 檢討」, 『한국상고사학보』 60, 한국상고사학회, 2008.

______, 「한반도 신석기시대 집자리의 특징과 전개양상」, 『한국의 신석기시대 집자리』, 한국신석기학회·(재)한강문화재연구원, 2009.

나동욱, 「경남지역의 토성 연구-기단석축형 판축토성을 중심으로」, 『박물관연구논집』 5, 부산박물관, 1996.

민소리 外, 「한양도성 지표·시·발굴 조사방법론」, 『야외고고학』 14호, 한국매장문화재협회, 2012.

박성우, 「인천지역 청동기시대 주거지의 현황과 성격」, 『사림』 34, 수선사학회, 2009.

박순발, 「유물상으로 본 백제의 영역화 과정」, 『백제 마한과 하나 되다』, 한성백제박물관, 2013.

박양진, 「중국 초기 도시의 고고학적 일고찰」, 『지방사와 지방문화』 6-1, 역사문화학회, 2003.

박희현, 「영종도 송산유적 출토 신석기시대 흑요석제 석기의 산지분석」, 『백산학보』 103, 백산학회, 2015.

배성수, 「숙종 초 강화도 돈대의 축조와 그 의의」, 『조선시대사학보』 27, 조선시대사학회, 2003.

______, 「강화외성과 돈대의 축조」, 『강화외성 지표조사보고서』, 한국문화재보호재단, 2006.

______, 「강화 해양관방유적의 보수 경과와 보존 관리 방안」, 『강화해양관방유적의 세계유산적가치와 보존방안』, 강화고려역사재단, 2016.

백종오, 「부소산성의 축성기법과 특징」, 『부소산성』, 부여군, 2006.
_____, 「인천연안의 고대성곽에 대하여」, 『문화사학』 27호, 한국문화사학회, 2007.
신숙정, 「중서부지역 신석기문화 연구의 성과와 전망」, 『한국 신석기연구』 15, 한국신석기학회, 2008.
심광주, 「계양산성의 축조방식과 축조시기」, 『인천 계양산성의 역사적 가치와 활용방안』, 계양구·겨레문화유산연구원, 2013.
서영대, 「인천의 읍격 변화와 그 원인 연구」, 『인천학연구』 13, 인천대학교 인천학연구원, 2010.
서현주, 「인천·김포지역 원삼국시대 생활유적의 조사현황과 성격」, 『인천,마한과 만나다』, 검단선사박물관, 2014.
성춘택,「한국 구석기시대 석기군 구성의 양상과 진화시론」, 『한국상고사학보』 51, 한국상고사학회, 1996.
손준호, 『한반도 청동기시대 마제석기 연구』, 고려대학교 박사학위논문, 2006.
이경성, 「仁川의 先史遺蹟遺物 調査概要」, 『梨大史苑』第1輯, 1959.
이상균, 「한반도 중서부 빗살문양토기의 기원과 전개」, 『한국고고학보』 46, 한국고고학회, 2002.
이상준, 「고려왕릉의 구조 및 능주 검토」, 『문화재』 45-2, 국립문화재연구소, 2012.
_____, 「고려 강도 궁궐의 위치와 범위 검토」, 『문화재』 47, 국립문화재연구소, 2014.
_____, 「강화 고려왕릉의 구조와 성격」, 『고려 강도의 공간구조와 고고유적』, 인천시립박물관·강화고려역사재단 공동학술회의, 2016.
이선복, 「임진강유역의 플라이스토세 전기-중기초 구석기유적 상보」, 『한국고고학보』 46, 한국고고학회, 2002.
이순자, 『일제강점기 고적조사사업 연구』, 숙명여대 박사학위논문, 2007.
이승윤, 「중서부지방의 신석기시대 주거지에 대한 일 연구」, 『고고학』 7-2, 서울·경기고고학회, 2008.

이준정, 「패총유적의 기능에 대한 고찰」, 『한국고고학보』 46, 한국고고학회, 2002.

이형구, 「인천 계양산성의 성격과 역사적 위상」, 『인천 계양산성의 역사적 가치와 활용방안』, 계양구·겨레문화유산연구원, 2013.

이희인, 「경기지역 고려고분의 구조와 특징」, 『고고학』 6-1, 서울·경기고고학회, 2007.

_____, 「인천지역 백제유적의 현황과 성격」, 『고고학』 7-1, 서울·경기고고학회, 2008.

_____, 「인천 서해도서지역의 고고학적 조사성과」, 『박물관지』 14, 인하대박물관, 2011.

_____, 「고려 강도 시기 성곽 연구의 현황과 과제」, 『고려 강도의 공간구조와 고고유적』, 인천시립박물관·강화고려역사재단 공동학술회의 자료집, 2016.

임상택, 「서해중부지역 빗살무늬토기 편년연구; 신석기 후기편년 세분화 시론」, 『한국고고학보』 40, 한국고고학회, 1999.

_____, 「신석기시대 중서부지역 상대편년 형성과정 검토」, 『고고학』 7-1, 서울·경기고고학회, 2008.

임승경, 「중국 동북지역 신석기시대 옥문화」, 『한국 선사·고대의 옥문화 연구』, 복천박물관, 2013.

임효재, 「경기도 김포반도의 고고학 조사연구」, 『연보』 2, 서울대학교박물관, 1990.

유용욱, 「임진-한탄강 유역 주먹도끼의 특성에 대하여」, 『한국고고학보』 36, 한국고고학회, 1997.

_____, 「속 임진-한탄강 유역 주먹도끼의 특성에 대하여」, 『한국고고학보』 101, 한국고고학회, 2016.

양성혁, 「중서부지방 신석기시대 편년 재검토」, 『한국신석기연구 제3호』, 한국신석기학회, 2002.

염경화, 「영종도 송산유적 빗살무늬토기의 특성」, 『선사와 고대』 15, 한국고대학회, 2000.

윤용구·강동석, 「인천의 청동기문화」, 『인천 문학동 선사유적』, 인하대박물관, 2000.

윤용혁, 「고려시대 강도의 개발과 도시정비」, 『역사와 역사교육』 7, 역사교육연구회, 2002.

_____, 「고려 도성으로서의 강도의 제문제」, 『한국사연구』 40, 한국사연구회, 2010.

전룡철, 「고려의 수도 개성성에 대한 연구(1)」, 『력사과학』 2호, 1980.

_____, 「고려의 수도 개성성에 대한 연구(2)」, 『력사과학』 3호, 1980.

정의도, 「祭場으로서 고대산성연구」, 『한국성곽학회 초대회장 심봉근박사 퇴임기념논총』, 한국성곽학회, 2010.

_____, 「중세고고학의 진전을 위하여」, 『한국고고학보』 제100집, 한국고고학회, 2017.

정재윤, 「미추홀의 위치에 대한 재검토」, 『박물관지 4』, 인하대학교박물관, 2002.

추연식, 「패총의 형성과정」, 『한국고고학보』 29, 한국고고학회, 1993.

岡田貢, 「仁川近郊の史蹟と史話」, 『朝鮮硏究』, 1929.

Binford, L. R, "Willow smoke and Dogs tails: hunter-gatherer settlement systems and archaeological site formation", American Antiquity 45(1).1980.

Boydston, Roger A. "Cost-benefit Study of Functionally Similar Tools", Time, Energy, and Stone Tools, edited by Robin Torrence, Cambridge University, 1989.

Hayden, Brian,"From Chopper to Celt: the Evolution of Resharpening Techniques", Time, Energy, and Stone Tools, 1989.

찾아보기

박성우

인하대학교박물관 선임연구원
University of Wisconsin-Milwaukee, Ph.D. (고고학)

이희인

인천시립박물관 학예연구관
성균관대학교 문학박사 (고고학)

인천학연구총서 39
토층에 담긴 인천의 시간

2018년 2월 23일 초판 1쇄

기 획 인천대학교 인천학연구원
지은이 박성우 · 이희인
발행인 김흥국
발행처 보고사

등록 1990년 12월 13일 제6-0429호
주소 경기도 파주시 회동길 337-15 보고사 2층
전화 031-955-9797(대표)
02-922-5120~1(편집), 02-922-2246(영업)
팩스 02-922-6990
메일 kanapub3@naver.com / bogosabooks@naver.com
http://www.bogosabooks.co.kr

ISBN 979-11-5516-763-2 94300
979-11-5516-336-8 (세트)

정가 25,000원